Third Edition

INTERMEDIATE CONVERSATIONAL GERMAN

Lothar Kahn   *Central Connecticut State College*

Donald D. Hook   *Trinity College*

D. VAN NOSTRAND COMPANY

NEW YORK · CINCINNATI · TORONTO · LONDON · MELBOURNE

D. Van Nostrand Company Regional Offices:
New York   Cincinnati   Millbrae

D. Van Nostrand Company International Offices:
London   Toronto   Melbourne

Published by D. Van Nostrand Company
450 West 33rd Street, New York, N.Y. 10001

Published simultaneously in Canada by
Van Nostrand Reinhold Ltd.

10 9 8 7 6 5 4 3 2 1

PREFACE

The Third Edition of *Intermediate Conversational German* is a new book. It is also a book that evolved out of tested principles of two earlier editions. We have retained the dominant feature of past editions—the analogical approach through basic patterns—but, on the assumption that patterns alone will not lead to speaking ability, we have developed dialogues with drills and added reading material. The sequence of chapter elements has also been altered to provide a more integrated presentation.

To illustrate concretely: "Real-life" situations in the form of *Gespräche* now begin each chapter and provide a mood, theme, or situation constructed of grammatical points presented in the chapter and aimed at the inductive approach to language learning. The *Gespräche* are followed by opportunities for verbal exchanges and idiomatic practice.

The second major chapter section, called *Grammatik und Übung*, contains *Konversation*, *Erklärungen*, and *Übungen*. *Konversation* merits the label only in the sense that each question and answer or each statement and response suggest conversational exchange. Their chief aim remains the introduction and fixing of grammatical patterns essential to any situation. An effort has been made to provide some thematic continuity within each *Konversation*, the vocabulary of which is a common, controlled group of words and expressions.

The pattern illustrated in each *Konversation*, to be learned by analogic variation, is then analyzed and discussed in the *Erklärungen*, which are then followed by further *Übungen* of the patterns through a variety of exercises. These *Übungen* are designed to provide rapid oral and written practice of the grammatical points introduced in *Konversation* and described in the *Erklärungen*.

Review of supplementary and less frequent points is treated in *Wiederholung und Bemerkungen*. Verb forms are reviewed in *Wiederholung von Verbformen*. The *Schlußübungen*, consisting of oral and written translation from English to German, are followed by an *Aufsatz* with suggested topics and subtopics.

Lastly, interspersed throughout the book are short selections by well-known, modern authors, each capped by two discussion questions and a vocabulary exercise framed somewhat in the style of the particular selection. The narratives were selected partly for their interest and literary value, but also for the grammatical illustrations they supply of points covered in one or several of the previous lessons. Thus, reading is linked early to speaking. We maintain that speaking cannot be divorced entirely from reading and that a suitable transition must be found from the vocabulary of everyday life to that of a more select literary *Wortschatz*. A final selection, containing examples of various genres, furnishes a sort of bridge to literature-oriented courses.

We suggest that courses meeting three times a week strive to complete one lesson a week; those meeting five times, three lessons every other week. It is conceivable that the amount of reading matter integrated into this edition will be sufficient for some courses.

We wish to express our sincere thanks to Mrs. Lilo Blank and Mr. Gerhard Strasser for their generous help.

Because this book is primarily a classroom text, we have limited the tape program to the *Gespräch* and *Konversation* materials in each chapter, comprising about 30 minutes of recorded content. These sections are best suited to reinforce the listening and speaking experience gained in the classroom, and we urge that the tapes be used to complete control of the constructions. Information about the tapes accompanying *Intermediate Conversational German, Third Edition* appears opposite the title page of this book. To facilitate planning of language lab periods, taped materials are starred in the text.

CONTENTS

ERSTES KAPITEL   **1**

1. Consistent Pattern of German Verbs in the Present Tense. 2. Present Tense Shift from **ich** to **Sie**; Ending **–en**. 3. Conventional Imperative. 4. Inseparable Prefixes. 5. Separable Prefixes. 6. Second and Third Persons Singular

ZWEITES KAPITEL   **15**

1. Use of **doch**. 2. Modal Auxiliaries. 3. Asking for Information: **wissen, können**. 4. Reflexive Verbs.

DRITTES KAPITEL   **29**

1. Direct Object Pronouns, Third Person. 2. Direct Object Pronouns: **Sie–mich**. 3. Indirect Object Pronouns, Third Person. 4. Indirect Object Pronouns: **Ihnen–mir**. 5. Two Objects: Word Order.

HEINRICH BÖLL: Die ungezählte Geliebte   **43**

VIERTES KAPITEL   **46**

1. Questions. 2. Expressing the Future. 3. Probability. 4. **Da–** and **Wo–**Compounds.

FÜNFTES KAPITEL 60

1. Present Perfect. 2. Modal Auxiliaries in the Present Perfect; Double Infinitive. 3. Position of Object or Reflexive Pronouns in Compound Tenses.

BERTOLT BRECHT: Die jüdische Frau 72

SECHSTES KAPITEL 80

1. Simple Past. 2. Past Perfect. 3. Future Perfect. 4. Idiomatic Present and Past.

KURT KUSENBERG: Ein gefälliger Mensch 93

SIEBTES KAPITEL 96

1. Impersonal Verbs and Expressions. 2. **Es gibt**; **es sind**. 3. Use of **man**. 4. Other Impersonal Pronouns.

ACHTES KAPITEL 108

1. The Article. 2. Nominative. 3. **Ein**–Words. 4. **Der**–Words. 5. **Ein**–Words as Pronouns.

NEUNTES KAPITEL 121

1. Accusative; Direct Object. 2. Accusative of Time and Space. 3. Prepositions with the Accusative.

LUDWIG THOMA: Amalie Mettenleitner 133

ZEHNTES KAPITEL 137

1. Dative; Indirect Object. 2. Prepositions with the Dative. 3. Prepositions with Dative or Accusative. 4. Verbs and Adjectives with Dative Objects.

ELFTES KAPITEL 149

1. Genitive; Possessive. 2. Prepositions with the Genitive. 3. Adverbial Use of the Genitive. 4. Nouns of Quantity and Place.

HELGA NOVAK: Eis 160

ZWÖLFTES KAPITEL 162

1. No Ending in Plural. 2. Plural Ending –e. 3. Plural Ending –er. 4. Plural Ending –en. 5. Dative Plural –n.

KURT KUSENBERG: Geteiltes Wissen 174

DREIZEHNTES KAPITEL 178

1. Predicate Adjectives. 2. Adjectives Before Nouns. 3. Comparison of Adjectives. 4. Superlative. 5. Adverbs; **gern, lieber, am liebsten.**

VIERZEHNTES KAPITEL 196

1. Word Order: Main Clauses. 2. Word Order: Dependent Clauses. 3. Word Order: Main Clause Follows Dependent Clause. 4. Omission of Certain Subordinating Conjunctions.

FÜNFZEHNTES KAPITEL 212

1. Relative Pronouns; Relative Clauses. 2. Relative Pronouns; Objects of Prepositions 3. **Wer** and **Was** as Relative Pronouns.

WILHELM SCHÄFER: Der Nichtraucher 227

SECHZEHNTES KAPITEL 230

1. Passive Constructions. 2. Expressing the Agent and Means in a Passive Construction. 3. Apparent Passive: Expressing a State or Condition. 4. Impersonal Passive Construction. 5. Substitute Constructions for the Passive.

SIEBZEHNTES KAPITEL 246

The Subjunctive: 1. Contrary-to-Fact Conditions in Present Time. 2. Contrary-to-Fact Conditions in Past Time. 3. Unfulfilled Wishes. 4. Subjunctive after **als ob.**

ACHTZEHNTES KAPITEL   261

1. Indirect Discourse: Present Time. 2. Indirect Discourse with **daß**-Clause. 3. Indirect Discourse: Past Time. 4. Indirect Questions and Commands. 5. Indicative in Indirect Discourse. 6. Other Uses of the Subjunctive.

HANS BENDER: Mit dem Postschiff   275

FRIEDO LAMPE: Eine kleine Formfibel   280

APPENDIX   287

VOCABULARIES

German–English   312

English–German   346

INDEX   354

ERSTES KAPITEL

GESPRÄCH*

Es ist Sonntag früh. Dieter und Ernst wollen um 11 Uhr eine Radtour machen. Plötzlich klingelt das Telefon bei Ernst. Er steht langsam auf und geht verschlafen an den Apparat.

DIETER: Ernst, bist du est? Hier Dieter.

ERNST: Du bist aber früh auf. Wir haben uns doch erst für elf verabredet.

DIETER: Bitte, laß mich aussprechen! Leider kann ich nicht mitfahren.

ERNST: Was ist denn passiert? Ist etwas los?

DIETER: Nein, alles in Ordnung. Ich hatte nämlich gerade einen Anruf von meinem amerikanischen Freund Dick Walters.

ERNST: Der sollte doch erst Dienstag ankommen.

DIETER: Er mußte im letzten Augenblick alles umändern. Es hat irgendwas mit seiner Familie zu tun. Ich weiß nicht genau, worum es sich handelt.

ERNST: Wie lange hält er sich in Hamburg auf?

DIETER: Er hat vor, mindestens zwei Semester hier zu studieren. Er interessiert sich für Volkswirtschaft.

ERNST: Dann ist ja die hiesige Universität die richtige. Er hat eine gute Wahl getroffen.

DIETER: Sag mal, kannst du rüberkommen? Dick ist doch in unserem

1

Alter und ein durchaus netter Kerl. Wir führen ihn zusammen aus.

ERNST: Wollt ihr nicht zunächst unter euch sein?

DIETER: Natürlich möchte ich mich über seine Eltern erkundigen. Seine Familie war voriges Jahr sehr nett zu mir in Chicago.

ERNST: Wie wäre es, wenn ich kurz nach dem Mittagessen käme? Das gibt euch Zeit, auf Freunde und Bekannte loszuschlagen!

DIETER: Also gut. Dick wird sich freuen, deine Bekanntschaft zu machen. Bis später.

ERNST: Auf Wiedersehen.

Übungen

A. *Beantworten Sie die folgenden Fragen!*

1. Warum muß Ernst plötzlich aufstehen?
2. Wieso wundert sich Ernst über Dieters Anruf?
3. An welchen Fragen merkt man, daß Ernst besorgt ist?
4. Warum kommt Dick viel früher als erwartet?
5. Was hat der Amerikaner vor, in Hamburg zu studieren?
6. Was hält Ernst von der Wahl des Amerikaners mit Bezug auf die Universität?
7. Weshalb zögert Ernst, sofort herüberzukommen?

B. *Erklären Sie:*

1. aus welchen Gründen Dieter seinen Freund anruft!
2. wie es kommt, daß Dieter den jungen Amerikaner kennt!
3. zu welchem Zweck Dick nach Hamburg gekommen ist!

C. *Sagen Sie auf deutsch, indem Sie den Beispielen folgen!*

(a) Bist du es? *(Is it you?)*

1. Yes, it's me.   2. Is it you, Mr. Schmidt?   3. Who is it?—It's us, Georg and Richard.

(b) Ernst wunderte sich über Dieters Anruf. *(Ernst was surprised at Dieter's call.)*

1. Would you be surprised at that, too?   2. Don't be surprised at his name.   3. The American was not surprised at the big city of Hamburg.

(c) Wir haben uns für 11 Uhr verabredet. (*We made a date [appointment] for 11 o'clock.*)

1. They made a date for tomorrow.   2. May I make an appointment for 8 o'clock?   3. Shall we make a date for 4 o'clock?

(d) Wie kommt es, daß Dieter den jungen Amerikaner kennt? (*How does it happen that Dieter knows the young American?*)

1. How does it happen that the American is in Hamburg?   2. How did it happen that Hamburg got so big?   3. How does it happen that Ernst isn't going to take a bike ride?

(e) Er ist in unserem Alter. (*He is our age.*)

1. Are they your age?   2. She is not my age.   3. We are their age.

(f) Wir führen ihn zusammen aus. (*We'll take [invite] him out together.*)

1. Let's take them out together.   2. They're going to invite us out.   3. Do you want to invite her out?

(g) Wollt ihr unter euch sein? (*Do you want to be by yourselves?*)

1. We want to be by ourselves.   2. They don't want to be by themselves.   3. Don't you want to be by yourselves now?

(h) Wie wäre es, wenn ich kurz nach dem Mittagessen käme? (*How would it be if I came shortly after lunch?*)

1. How would it be if I came this evening?   2. How would it be if you came over here?   3. How would it be if I didn't come over at all?

D. *Sagen Sie auf deutsch!*

Dieter: I'm calling you early. Sorry, but I can't take the bike ride with you. I have just heard from an American friend of mine. He is in Hamburg on a visit, and I would like to show him the city. His family was very nice to me in Chicago last year. Would you like to come along with us?

Ernst: I'd like that. I certainly don't want to take a bike ride alone. If your American friend doesn't want to see you in private, I'll come over as soon as I'm ready. And thanks!

GRAMMATIK UND ÜBUNG

Present Tense

German has only one form of the present indicative, which is equivalent to three meanings in English:

> ich **schreibe** *I write; I am writing; I do write*

The present tense may also express future time, especially when the context indicates or implies a clear reference to the future:

> Er **kommt morgen** wieder.
> Er **fährt nächsten Sommer** nach Europa.

1. Consistent Pattern of German Verbs in the Present Tense

Endings: ich-Form

KONVERSATION*

Der Lehrer stellt die folgenden Fragen. Sie beantworten sie alle mit „ja".

A	B
Der Lehrer:	Sie:
Lesen Sie Deutsch?	**Ja, ich lese Deutsch.**

1. Sprechen Sie auch Deutsch? 2. Haben Sie eine gute Aussprache? 3. Verbessern Sie sie mit Übungen? 4. Hören Sie alles klar und deutlich? 5. Antworten Sie sofort? 6. Studieren Sie schon lange hier? 7. Finden Sie das Studium schwer? 8. Arbeiten Sie meistens in der Bibliothek? 9. Essen Sie in der Mensa? 10. Besuchen Sie alle Vorlesungen? 11. Lernen Sie schon viel? 12. Schreiben Sie auch immer auf deutsch?

ERKLÄRUNGEN

All but eight German verbs have the ending **–e** in the present with subject **ich**, namely, the modal auxiliaries and the verbs **sein** and **wissen**:

ich **kann**	ich **darf**
ich **mag**	ich **muß**
ich **soll**	ich **will**

ich **bin**

ich **weiß**

The **Sie** form[1] ends in **–en** and is identical with the infinitive (exceptions: **Sie sind** and a few verbs like **handeln** and **erinnern**):

Sie schreiben sehr gut Deutsch.

Sprechen Sie es auch gut?

To shift from a question with **Sie** to an answer with **ich**, simply drop **–n**:[2]

Sprechen Sie Deutsch?	Ja, **ich spreche** Deutsch
Verstehen Sie alles?	Ja, **ich verstehe** alles.
Fahren Sie jetzt ab?	Ja, **ich fahre** jetzt ab.
Kommen Sie bald zurück?	Ja, **ich komme** bald zurück

Übung

Übersetzen Sie ins Deutsche und antworten Sie mit „ja"!

1. Do you find German difficult?   2. Have you been studying it long?
3. Do you always speak distinctly?   4. Do you find the lectures hard?
5. Do you read a lot in German?   6. Do you speak mostly in German?
7. Do you always answer right away?

Endings: wir-Form

KONVERSATION*

Der Lehrer stellt weitere Fragen. Sie antworten jetzt für die ganze Klasse.

A	**B**
Sprechen Sie Deutsch?	**Ja, wir sprechen Deutsch.**

1. Kommen Sie aus Deutschland?   2. Reisen Sie jeden Sommer nach Europa?   3. Besuchen Sie auch England?   4. Lesen Sie Englisch schneller als Deutsch?   5. Schreiben Sie fehlerfreies Deutsch?
6. Erinnern Sie sich an alles?   7. Vergessen Sie oft, was Sie lernen?
8. Verstehen Sie meine Fragen?   9. Haben Sie Angst vor Prüfungen?

---

1. The **Sie** form is the conventional form of address, both singular and plural.
2. Verbs ending in **–ern** drop **–n** and add **–e** to the stem: Ich **erinnere** mich daran. Those ending in **–eln** usually have the first-person ending **–le**: Ich **handle**.

10. Fürchten Sie sich vor der Abschlußprüfung?   11. Denken Sie oft an die Ferien?

ERKLÄRUNGEN

The plural subject **wir**, with only one exception (**wir sind**), also takes the ending **–en**. Thus, in shifting from **Sie** to **wir**, no change in ending occurs.

Übung

Übersetzen Sie ins Deutsche und beantworten Sie die Fragen mit „wir"!

1. Do you visit Europe every summer?   2. Do you remember Germany?   3. Do you also visit England often?   4. Do you speak English faster than German?   5. Do you write German well?   6. Do you remember everything that you learn?

2. Present Tense Shift from *ich* to *Sie*; Ending *–en*

KONVERSATION*

Der Professor drückt einen Wunsch aus, und Sie fragen ihn, warum er seinem Wunsch nicht nachgeht.

A	B
Der Professor:	Sie:
Ich möchte heute abend ins Kino gehen.	**Warum gehen Sie denn nicht ins Kino?**

1. Ich will danach vielleicht tanzen gehen.   2. Ich würde morgen gerne Tennis spielen.   3. Ich möchte bald mehrere Wochen verreisen.
4. Diesen Winter will ich aber zu Hause bleiben.   5. Ich habe vor, nächstes Jahr nach Italien zu reisen.   6. Danach möchte ich Griechenland besuchen.   7. Ich will auch nach Wien fahren.

ERKLÄRUNGEN

To shift from **ich** to **Sie**, add the ending **–n**:

ich **lese**   Sie **lesen**

The **–en** ending, which is also the ending of the plural subject **sie** (*they*), thus occurs in the infinitive and all plural forms except one: [1]

INF.	gehen		trinken		lesen
wir	gehen	wir	trinken	wir	lesen
Sie	gehen	Sie	trinken	Sie	lesen
sie	gehen	sie	trinken	sie	lesen

Übungen

A. *Bilden Sie Fragen!*

BEISPIEL: Ich bleibe hier.

Bleiben Sie auch hier?

1. Ich mache einen Ausflug. 2. Ich fahre ans Meer. 3. Ich packe meinen Rucksack. 4. Ich verlasse jetzt das Haus. 5. Ich fahre mit dem Autobus. 6. Ich steige an der Ecke ein. 7. Ich esse etwas unterwegs. 8. Ich spreche mit dem Chauffeur. 9. Ich sehe schon das Meer. 10. Ich steige jetzt aus. 11. Ich habe Wasser gern. 12. Ich liege lange im Sand. 13. Ich schaue nicht auf die Uhr. 14. Ich sehe keine Leute mehr. 15. Ich fahre jetzt zurück.

B. *Ändern Sie die Sätze, indem Sie den Beispielen folgen!*

BEISPIELE: Ich brauche seine Hilfe.

Wir brauchen seine Hilfe.

Sie brauchen seine Hilfe.

1. Ich erkläre ihm das Problem. 2. Ich sage ihm die Wahrheit. 3. Ich verschweige nichts. 4. Ich höre ihm zu. 5. Ich verstehe, was er sagt. 6. Ich bewundere seine Intelligenz. 7. Ich danke ihm vielmals. 8. Ich folge seinem Rat. 9. Ich besuche ihn bald wieder.

3. Conventional Imperative

KONVERSATION·

Der Professor bittet Sie, etwas zu tun.

---

1. This exception is the **ihr** form, which ends in **–(e)t**. The **ihr** form (familiar plural) is used when addressing relatives, close friends, children, or pets.

A	B
Er bittet Sie, Ihre Hausarbeit zu machen.	**Bitte machen Sie Ihre Hausarbeit!**

Der Professor bittet Sie,

1. pünktlich zur Klasse zu kommen.   2. weniger Zeit zu verschwenden.   3. nicht über die Arbeit zu klagen.   4. immer Deutsch zu Hause zu sprechen.   5. ihn ab und zu im Büro zu besuchen.   6. alle Probleme mit ihm zu besprechen.

Ein Student sagt energisch, was er tun will. Ein anderer sagt ihm ebenso energisch, er solle es doch tun.

A	B
Heute möchte ich eine Radtour machen.	**Nun, machen Sie doch eine Radtour!**

1. Ich will meinen Rucksack packen.   2. Ich möchte ans Meer fahren.   3. Ich würde gerne schwimmen.   4. Ich möchte mehrere Stunden da bleiben.   5. Ich will dort zu Mittag essen.   6. Ich will gegen Abend nach Hause fahren.   7. Ich möchte bald wieder einen Ausflug machen.

ERKLÄRUNGEN

Sie after a verb in **–en**, with falling sentence intonation, signals a conventional command, request, or suggestion:

> **Kommen Sie herein!**
> Bitte **besuchen Sie** uns bald!
> **Steigen Sie doch ein**, Fräulein!

Note: A German imperative is usually punctuated with an exclamation point.

Übung

Sagen Sie Ihrem Nachbar, er soll

1. jetzt seine Aufgaben machen!   2. dann ins Kino gehen!   3. später die Eltern besuchen!   4. dann an einen Freund schreiben!   5. ihm alles Neue berichten!   6. am Nachmittag in die Bibliothek gehen!   7. dann zu Hause bleiben!

4. Inseparable Prefixes

KONVERSATION*

Beantworten Sie die folgenden Fragen!

A	**B**
Verstehen Sie den Lehrer immer?	Ja, ich verstehe ihn immer.

1. Besprechen Sie Ihre Probleme mit ihm? 2. Versuchen Sie, Ihre Probleme zu erklären? 3. Erklären Sie, warum Sie seine Hilfe brauchen? 4. Benötigen Sie oft seine Hilfe? 5. Verstehen Sie, warum er nicht immer helfen kann? 6. Befolgen Sie immer seinen Rat? 7. Entschuldigen Sie ihn, wenn der Rat schlecht ist? 8. Verzeihen Sie ihm, wenn er Sie nicht empfangen kann? 9. Begegnen Sie ihm oft auf der Straße? 10. Begrüßen Sie ihn immer?

ERKLÄRUNGEN

German has nine inseparable prefixes: **be–, emp–, ent–, er–, ge–, miß–, ver–, wider–, zer–**. The prefixes, like the English prefixes in the verbs *resign, employ, dissolve,* are never separated from the stem. Verbs with inseparable prefixes are stressed on the stem:

ich bespreche (*I discuss*)   ich bestehe (*I insist*)
ich verspreche (*I promise*)   ich verstehe (*I understand*)

5. Separable Prefixes

KONVERSATION*

Beantworten Sie die folgenden Fragen!

A	**B**
Schreiben Sie den Satz ab?	Ja, wir schreiben ihn ab.

1. Fangen Sie jetzt zu lesen an? 2. Lesen Sie gerne Gedichte vor? 3. Sprechen Sie jedes Wort klar aus? 4. Drehen Sie bald den Fernsehapparat an? 5. Schalten Sie auch das Radio ein? 6. Hören Sie gut zu? 7. Bleiben Sie spät auf? 8. Fahren Sie morgen früh ab?

9. Stehen Sie also früh auf? 10. Kommen Sie spät von der Arbeit zurück? 11. Rufen Sie Ihre Eltern an? 12. Drehen Sie bald das Licht aus?

ERKLÄRUNGEN

Separable prefixes are usually prepositions and occasionally adverbs. A separable prefix is separated from the verb only in a *main clause* and only in the *present, simple past,* and *imperative.* When separated, the prefix stands at the end of a main clause. Verbs with separable prefixes are stressed on the prefix.

einsteigen

ich **steige . . . ein**

mitbringen

ich **bringe . . . mit**

zurückkommen

ich **komme . . . zurück**

zuhören

ich **höre . . . zu**

Übungen

A. *Sagen Sie auf deutsch!*

1. I am copying the paragraph. 2. We are copying it, too. 3. I am beginning to read. 4. Read this poem aloud. 5. I am listening now. 6. We are all listening. 7. Why is he getting up? 8. He is leaving soon. 9. We'll all be leaving now. 10. I'll return tomorrow.

B. *Setzen Sie die Verben in den Imperativ!*

BEISPIEL: morgen früh aufstehen.
Stehen Sie morgen früh auf!

1. nach dem Frühstück abreisen. 2. den Freund zuerst abholen. 3. am Bahnhof einsteigen. 4. dieses Mal nicht umsteigen. 5. nicht zu spät ankommen. 6. uns nach der Ankunft anrufen. 7. nicht zu viel Geld ausgeben. 8. alle Spesen aufschreiben. 9. nicht zu lange dableiben. 10. bald zurückkommen. 11. uns ein Geschenk mitbringen. 12. nächste Woche mit uns weggehen.

C. *Antworten Sie mit dem Imperativ!*

BEISPIEL: Ich drehe das Licht an.
Ja, bitte drehen Sie es an!

1. Ich drehe den Fernsehapparat an. 2. Ich drehe ihn jetzt ab.

3. Ich schalte das Radio ein. 4. Ich höre den Nachrichten zu.
5. Ich stelle es jetzt ab. 6. Ich drehe auch das Licht aus.

6. Second and Third Persons Singular

KONVERSATION*

Ein guter Freund stellt Fragen und Sie antworten.

A	B
Der Freund:	Sie:
Sprichst du deine Eltern heute?	**Ja, ich spreche sie heute.**
(ja)	
Fährst du in die Stadt? (nein)	**Nein, ich fahre nicht in die Stadt.**

1. Hilfst du dem Vater manchmal im Büro? (ja) 2. Hilfst du der
Mutter auch in der Küche? (nein) 3. Fängst du jetzt erst mit deinen
Aufgaben an? (ja) 4. Fährst du mit dem Auto zur Schule? (nein)
5. Nimmst du deinen Freund mit? (nein) 6. Läufst du, weil du kein
Fahrgeld hast? (ja) 7. Ißt du in der Mensa? (ja) 8. Siehst du den
Professor am Tisch da drüben? (ja) 9. Sprichst du mit ihm heute?
(ja) 10. Nimmst du Zucker zum Kaffee? (nein)

Jetzt erkundigen Sie sich über einen Freund.

A	B
Spricht er schon lange Deutsch?	**Nein, er spricht noch nicht lange Deutsch.**

1. Liest er viele deutsche Bücher? 2. Liest er sie laut vor? 3. Spricht
er deutlich? 4. Hilft er seinen Kameraden bei den Übungen?
5. Fährt er allein in die Stadt? 6. Verläßt er das Haus immer so
früh? 7. Ißt er gewöhnlich zu Hause? 8. Schläft er immer so lange?
9. Nimmt er oft den Autobus? 10. Trifft er seinen Freund in der
Bibliothek?

ERKLÄRUNGEN

The **du** form of a verb generally ends in –st, the **er, sie, es** forms in –t:[1]

---

1. The second person singular **du** is a familiar form of address used with a relative,
friend, child, or pet.

du gehst	du machst	du verzeihst	du hörst . . . zu
er geht	er macht	er verzeiht	er hört . . . zu

Note: When the verb stem ends in **d, t, m,** or **n,** an e is inserted before
–st or –t:

du **bindest**	du **arbeitest**
er **bindet**	er **arbeitet**

du **öffnest**	du **atmest**
er **öffnet**	er **atmet**

Many strong (irregular) verbs change their stem vowel from **e** to **i** (or
ie) and from **a** to **ä** in the second and third persons singular of the
present tense:

ich esse	ich nehme	ich helfe	ich sehe
du **ißt**	du **nimmst**	du **hilfst**	du **siehst**
er **ißt**	er **nimmt**	er **hilft**	er **sieht**

ich lasse	ich halte	ich laufe
du **läßt**	du **hältst**	du **läufst**
er **läßt**	er **hält**	er **läuft**

Übungen

A. *Setzen Sie die folgenden Verben in die **er** Form!*

1. ich nehme 2. ich trage 3. ich helfe 4. ich lasse 5. ich halte
6. ich fahre 7. ich trete 8. ich schlafe 9. ich verlasse 10. ich
fange . . . an 11. ich laufe . . . fort

B. *Beantworten Sie die folgenden Fragen dem Beispiel entsprechend!*

BEISPIEL: Ißt du meistens zu Hause?

> Ich esse meistens zu Hause.
> Er ißt meistens nicht zu Hause.

1. Hilfst du deinen Eltern viel? 2. Fährst du den Vater manchmal
zur Arbeit? 3. Sprichst du Deutsch mit den Eltern? 4. Verläßt du
das Haus frühzeitig? 5. Nimmst du auch die Mutter mit? 6. Gibst
du ihnen Geld für die Miete?

C. *Ändern Sie die folgenden Sätze dem Beispiel entsprechend!*

BEISPIEL: Sie laufen schnell.

> Er läuft aber nicht schnell.

1. Sie fahren auch zu schnell.   2. Sie sprechen zuviel.   3. Sie schlafen zu lange.   4. Sie essen zu spät.   5. Sie laufen zu weit.   6. Sie nehmen zuviel zu.   7. Sie verlassen das Büro zu früh.

WIEDERHOLUNG UND BEMERKUNGEN

1. Review in the Appendix the present tense and imperative of **haben** and **sein**.

2. The familiar imperative singular (a command to a person addressed by **du**) ends in –e, but this –e is often dropped colloquially: **gehe! geh!; sage! sag!; trinke! trink!**

   Irregular verbs with vowel change from **a** to **ä** in the second and third persons singular have no umlaut in the singular imperative: **halte! trage! laufe!**

   Irregular verbs with vowel change from **e** to **i** (or **ie**) in the second and third persons singular never add **e** to the familiar imperative: **hilf! lies! sprich!**

3. The familiar imperative plural (**ihr** form) is completely predictable, no matter whether the verb is regular or irregular. It is always the second person plural form of the verb minus **ihr: geht! sagt! trinkt! fahrt! nehmt!**

4. The first person plural of the present tense functions as an imperative equivalent to the English *Let's* plus infinitive: **Gehen wir!** *Let's go.*

Schlußübungen

A. *Sagen Sie auf deutsch!*

   1. We are not staying home this summer.   2. We are going to the country.   3. What will you be doing there?   4. We usually play tennis or go swimming.   5. Are your parents coming along?   6. No, they are planning to go to Italy.   7. They will also visit Greece.   8. Do they often talk about the trip?   9. Yes, and they are giving us advice.   10. They say, "Go to bed early; don't waste time; don't complain about the work."   11. Are they coming back soon?   12. Ask my brother.   13. He never forgets anything.

B. *Sagen Sie zuerst und schreiben Sie danach auf deutsch!*

1. Dieter and Ernst want to take a bike ride.   2. However, Dieter's American friend Dick is arriving early, and Dieter must stay home. 3. Dick wasn't supposed to come till Tuesday.   4. Dieter doesn't know exactly why Dick had to change everything around at the last moment.   5. Dieter and Ernst will take Dick out together and show him the city of Hamburg.   6. Dick is interested in economics and wants to study at the University of Hamburg.

C. *Schreiben Sie auf deutsch!*

1. My brother and I are learning a foreign language.   2. We are studying German.   3. I have my German class early in the morning. 4. I read very well, but I don't speak clearly.   5. My brother speaks clearly, but he doesn't read well.   6. He works mostly in the library; I work at home.   7. My vacation begins tomorrow.   8. I would like to go away.   9. Maybe I'll drive to the shore.   10. I'll be leaving early.

AUFSATZ

Beschreiben Sie Ihre Deutschstunde! Erklären Sie unter anderem:

1. wie lange Sie schon Deutsch studieren!
2. warum Sie diese Sprache einer anderen vorziehen!
3. wie man seine Aussprache verbessern kann!
4. was Sie für wichtiger halten, Lesen oder Sprechen!
5. wie lange Sie noch Deutsch studieren wollen!
6. welche Werke der deutschen Literatur Sie schon kennen!
7. ob Sie noch andere lesen möchten!

Use of »doch«
Modal Auxiliaries
Asking for Information
Reflexive Verbs

ZWEITES KAPITEL

GESPRÄCH*

Dick und Dieter haben gerade gegessen und sitzen jetzt zusammen in Dieters Zimmer. Dick kann nicht verstehen, warum man ihn überall für einen Amerikaner hält.

DICK: Sag mal, Dieter, wie kommt es, daß man mich so schnell als Amerikaner erkennt?

DIETER: Wie kommst du denn auf diese Frage? Was ist denn vorgekommen?

DICK: In den letzten paar Tagen ist es schon zweimal passiert. Ich gehe in ein Geschäft, schaue mir alles ruhig an wie jeder andere Kunde. Da kommt die Verkäuferin auf mich zu und fragt: "What can I do for you?"

DIETER: Das darf dich doch nicht stören.

DICK: Versteh mich nicht falsch! Ich schäme mich bestimmt nicht, Amerikaner zu sein. Und doch ärgere ich mich—ich weiß nicht mal warum.

DIETER: Reg dich nicht darüber auf! Es ist nicht der Mühe wert.

DICK: Aber wie ist so etwas zu erklären?

DIETER: Ganz einfach. Momentan sind sehr viele Amerikaner in Deutschland. Wir können sie auf den ersten Blick erkennen.

15

DICK: Woran kann das eigentlich liegen? An der Kleidung, dem Gesichtstyp? Du mußt mir die Wahrheit sagen.

DIETER: Ich weiß es selbst nicht. Vielleicht liegt es an deinem Haarschnitt.

DICK: Unmöglich. Ich habe mir die Haare erst vorige Woche hier schneiden lassen.

DIETER: Dann bin ich mit meinem Latein am Ende. Im übrigen kannst du dich trösten. Man hat mich voriges Jahr in Amerika auch schnell als Deutschen erkannt.

DICK: Das kann ich kaum glauben.

DIETER: Jedesmal, wenn ich den Mund aufmachte, gab es dieselben Fragen: "How long have you been in America?" oder auch "How do you like this country?" Ich kann beide Sätze einfach nicht vergessen.

Übungen

A. *Beantworten Sie die folgenden Fragen!*

    1. Wo sind Dick und Dieter?
    2. Was soll Dieter nicht falsch verstehen?
    3. Was soll nicht der Mühe wert sein?
    4. Woran liegt es, daß Deutsche Amerikaner auf den ersten Blick erkennen können?
    5. Wieso kann es nicht an dem Haarschnitt liegen, daß man Dick als Amerikaner erkannte?
    6. Wann war Dieter das letzte Mal in Amerika?
    7. Welche Fragen hat man immer wieder gestellt?

B. *Erklären Sie:*

    1. was Dick und Dieter besprechen!
    2. was schon zweimal passiert ist!
    3. ob Dieter je etwas Ähnliches erlebt hat!
    4. wieso man so leicht einen Fremden erkennen kann!

C. *Sagen Sie auf deutsch, indem Sie den Beispielen folgen!*

    (a) Wie kommst du denn auf die Frage? (*How come you ask the question?*)

1. How come she asked the question? 2. How come they asked the question? 3. How come he posed the question?

(b) Das darf dich doch nicht stören. (*You mustn't let that bother you.*)

1. We mustn't let that bother us. 2. He mustn't let that bother him. 3. They mustn't let that bother them.

(c) Versteh mich nicht falsch! (*Don't misunderstand me!*)

1. We always misunderstand him. 2. Don't misunderstand them. 3. I think you misunderstand me.

(d) Es ist nicht der Mühe wert. (*It's not worth the trouble.*)

1. Is it worth the trouble? 2. It won't be worth the trouble. 3. What's not worth the trouble?

(e) Wie ist so etwas zu erklären? (*How can something like that be explained?*)

1. How could that be explained? 2. How can something like that be eaten? 3. How can something like that be misunderstood?

(f) Woran kann das eigentlich liegen? (*How do you account for that?*)

1. What could the reason be? 2. What can the explanation be that everyone recognizes you? 3. Perhaps it has to do with my clothing.

(g) Dann bin ich mit meinem Latein am Ende. (*Then I am at the end of my wits.*)

1. He is at the end of his wits. 2. Aren't you at the end of your wits? 3. Then we're at a complete loss.

D. *Sagen Sie auf deutsch!*

Dick: I can't understand it. How come Germans recognize Americans so easily? Can the reason be the way we dress?

Dieter: I don't know myself. People in America always took me for a German. Maybe they recognized me by my haircut. I'm not ashamed of being a German, you understand, but it did make

me mad. Besides, they were always asking me how I liked it
in America.

GRAMMATIK UND ÜBUNG

1. Use of *doch*

KONVERSATION*

Beantworten Sie die Fragen dem Muster entsprechend!

A	B
Schreiben Sie Ihren Aufsatz nicht?	**Doch, ich schreibe ihn.**

1. Machen Sie die Arbeit heute nicht?   2. Verbessern Sie Ihre Fehler
nicht?   3. Lernen Sie das Gedicht nicht?   4. Lesen Sie den Roman
nicht?   5. Bleiben Sie heute nicht auf Ihrem Zimmer?   6. Gehen Sie
später nicht mit uns aus?   7. Bestellen wir keine Flasche Wein?
8. Trinken wir auch keinen Kaffee?   9. Gehen wir dann nicht in
unser Zimmer zurück?

ERKLÄRUNGEN

Ja or **nein** are the normal responses to a yes-or-no question. After a
negative question, however, **doch** is used instead of **ja**:

> **Machen Sie die Aufgaben nicht?—Doch, ich mache sie.**
> **Kommen Sie heute nicht?—Doch, ich komme.**

2. Modal Auxiliaries

KONVERSATION*

Sie sagen, was Sie tun können, wollen, müssen, dürfen oder sollen.

A	B
Sie sagen, Sie müssen heute zu Hause bleiben.	**Ich muß heute zu Hause bleiben.**

Sie sagen,

1. Sie müssen einen Aufsatz schreiben. 2. Sie wollen es eigentlich nicht. 3. Sie sollen ihn aber morgen einreichen. 4. Sie dürfen keine Fehler machen 5. Sie können ihn noch einmal durchlesen. 6. Sie wollen sich gründlich vorbereiten. 7. Sie müssen den Aufsatz vorlesen. 8. Sie wollen nicht davon sprechen. 9. Sie dürfen es auch nicht.

Sie fragen, ob Sie etwas dürfen, können, müssen oder sollen.

A	**B**
Fragen Sie, ob Sie das Zimmer verlassen dürfen!	**Darf ich das Zimmer verlassen?**

Fragen Sie,

1. ob Sie hier bleiben müssen! 2. ob Sie einen Freund anrufen können! 3. ob Sie hier rauchen dürfen! 4. ob Sie ein Glas Wein bestellen können! 5. ob Sie Bier trinken sollen! 6. ob Sie weiterschreiben müssen!

ERKLÄRUNGEN

In Chapter 1, we noted that all but eight verbs end in –e in the present tense with subject **ich**. The exceptions were the modal auxiliaries and the verbs **wissen** and **sein**. Review the forms of the modals in the Appendix.

Modals have several meanings:

dürfen expresses permission (*may, be permitted to, be allowed to*);[1]

können expresses ability or possibility (*can, be able to, know how to, may*);

mögen expresses liking or possibility (*like [to], may, be possible that. . .*);

---

1. In a negative present, **dürfen** means *must not, cannot*:

Sie **dürfen** das **nicht** sagen.
You must not say that.

müssen expresses obligation or necessity (*must, have to*);

sollen expresses moral compulsion or expectation (*be supposed to, be to, be expected to, be said to, shall, ought to*);

wollen expresses will, desire, intention (*want to, wish to, like to, intend to*).

Note: An infinitive dependent on a modal auxiliary always stands at the end of a main clause:

> Ich **muß** den ganzen Tag im Zimmer bleiben.
> Er **will** einen Aufsatz über Deutschland **schreiben.**

The finite form of the verb, rather than the infinitive, stands last in a dependent clause:

> Ich weiß, daß ich zwei Stunden hier **bleiben muß.**
> Obgleich er einen Aufsatz **schreiben soll,** geht er fort.

Modal auxiliaries may also be used without a dependent infinitive when the meaning is clear from the context. The object pronoun **es** usually replaces the missing infinitive:

> Kann er uns sehen?   Muß sie hier bleiben?
> *Can he see us?*   *Does she have to stay here?*
> Ja, **er kann es.**   Ja, **sie muß es.**
> *Yes, he can.*   *Yes, she has to.*

> Wollen Sie heute abend hingehen?
> Nein, **ich will (es) nicht.**

Übungen

A. *Folgen Sie dem Beispiel!*

> BEISPIEL: Ich bleibe heute abend zu Hause. (wollen)
> Ich will heute abend zu Hause bleiben.

1. Mein Bruder bleibt auch zu Hause. (müssen) 2. Wir studieren zusammen. (wollen) 3. Ich schreibe einen Aufsatz. (sollen) 4. Nach der Prüfung bestellen wir uns eine Flasche Wein. (wollen) 5. Unsere Eltern wissen nichts von der Feier. (dürfen) 6. Aber sie bestrafen uns sehr selten. (mögen)

B. *Folgen Sie dem Beispiel!*

> BEISPIEL: Wir dürfen hier bleiben.
> Darf er es auch?

1. Wir müssen unsere Aufgaben machen. 2. Wir wollen den Nachmittag zusammen verbringen. 3. Ich muß bald zurück sein. 4. Ich kann Radio hören. 5. Wir dürfen auch rauchen. 6. Ich soll gegen sechs Uhr im Hotel sein. 7. Wir können ein Glas Bier trinken. 8. Wir mögen es aber nicht.

C. *Sagen Sie auf deutsch!*

1. I must improve my German. Mustn't you, too? 2. I want to speak better. 3. I don't want to make any mistakes. 4. The teacher has to read my composition tonight. 5. He is supposed to give it back tomorrow. 6. I am also supposed to learn a poem. 7. It may be difficult. 8. I can't leave the house. 9. I'm not allowed to visit you. 10. Can you come tomorrow?

3. Asking for Information: *wissen, können*

KONVERSATION*

Sie bitten um Auskunft. Ihr Nachbar oder Ihre Nachbarin antwortet:

A	**B**
Wissen Sie vielleicht, wo der Bahnhof ist?	Ja, ich weiß, wo er ist.

1. Wissen Sie, wo ein Hotel ist? 2. Wissen Sie, wo das Krankenhaus ist? 3. Wissen Sie, wo das Postamt ist? 4 Wissen Sie, wo das nächste Polizeirevier ist? 5. Wissen Sie, wo das Museum ist? 6. Wissen Sie, wo die Toilette ist?

Bitten Sie nochmals um Auskunft! Stellen Sie die Fragen in der vorhergehenden Übung jedoch etwas anders!

A	**B**
Können Sie mir bitte sagen, wo der Bahnhof ist?	Ja, ich kann Ihnen sagen, wo er ist.

ERKLÄRUNGEN

In asking for information, use the patterns:

> Wissen Sie (vielleicht) . . . ?

or: Können Sie mir bitte sagen . . . ?

> **Wissen Sie, wo man Briefmarken kauft?**
> or: **Können Sie mir bitte sagen, wo man Briefmarken kauft?**

Review the forms of **wissen** in the Appendix.

Übung

Bitten Sie um Auskunft, indem Sie fragen,

1. wo man hier Zigaretten kaufen kann!   2. ob der Tabakladen in der Nähe ist!   3. wieviel ein Päckchen Zigaretten kostet!   4. wo das Hotel Continental ist!   5. ob man da gut essen kann!   6. ob die Bedienung gut ist!

4. Reflexive Verbs

KONVERSATION*

Sie staunen über die Gewohnheiten Ihres Freundes.

A	B
Ich wasche mich öfter im Winter als im Sommer.	**Waschen Sie sich wirklich öfter im Winter?**

1. Ich wasche mich, bevor ich mich anziehe.   2. Ich putze mir die Zähne nach dem Frühstück.   3. Ich kämme mich wenigstens dreimal täglich.   4. Ich erkälte mich nur im Winter.   5. Ich freue mich nur auf warmes Wetter.   6. Ich ruhe mich oft nachmittags aus.

Beantworten Sie die folgenden Fragen mit den angegebenen Ausdrücken!

A	B
Wann waschen Sie sich? (morgens und abends)	**Ich wasche mich morgens und abends.**

1. Wie oft kämmen Sie sich? (so oft es nötig ist)   2. Wann rasieren Sie sich? (vor dem Frühstück)   3. Wo ziehen Sie sich an? (im Schlafzimmer)   4. Womit beschäftigen Sie sich am Vormittag? (mit Korrespondenz)   5. Worauf freuen Sie sich besonders? (auf die Mittagspause)   6. Wann ruhen Sie sich aus? (nach dem Mittagessen)   7. Wo legen Sie sich hin? (auf ein Sofa)   8. Warum beeilen Sie sich? (weil es spät ist)

Beantworten Sie die folgenden Fragen, indem Sie besonders den Gebrauch von „sich" und „mir" beachten!

A	**B**
Waschen Sie sich die Hände vor jeder Mahlzeit?	**Ja, ich wasche mir die Hände vor jeder Mahlzeit.**

1. Putzen Sie sich die Zähne vor dem Frühstück? 2. Kämmen Sie sich die Haare zu Hause? 3. Machen Sie nich manchmal Sorgen über Ihr Aussehen? 4. Kaufen Sie sich oft einen neuen Hut? 5. Ziehen Sie sich oft Handschuhe an?

ERKLÄRUNGEN

A reflexive verb is one in which subject and object refer to the same person. Verbs are used reflexively more often in German than in English:

sich ausruhen	to take a rest
sich kämmen	to comb one's hair
sich waschen	to wash (oneself), get washed
sich entschließen	to decide

Reflexive pronouns are either accusative or dative objects. They differ in form only in the first and second persons singular. Note that **sich** is the only distinctive reflexive pronoun:

ACCUSATIVE OBJECT	DATIVE OBJECT
mich	mir
dich	dir
sich	sich
uns	uns
euch	euch
sich	sich

Sich is the reflexive pronoun for all third-person forms, singular and plural, and also for the **Sie**-form:

er wäscht sich	er hilft sich
sie waschen sich	sie helfen sich
Sie waschen sich	Sie helfen sich

If a reflexive verb has a direct noun object, the reflexive pronoun is indirect. Compare:

Ich wasche **mich**.	but:	Ich wasche **mir** die Hände.
I'm washing.		*I'm washing my hands.*
Ich ziehe **mich** an.		Ich ziehe **mir** die Schuhe an.
I'm dressing.		*I'm putting on my shoes.*

Note: The definite article replaces the possessive adjective before nouns designating parts of the body or articles of clothing when the possessor is clearly identified, as it is here by a dative (indirect) reflexive pronoun: **mir.**

The following are reflexive verbs requiring an accusative (direct) object:

sich **amüsieren**	*to have a good time*
sich **ändern**	*to change*
sich **anziehen**	*to dress*
sich **ausziehen**	*to undress*
sich **umziehen**	*to change (clothes)*
sich **ärgern (über)**	*to be angry (at, about)*
sich **aufregen**	*to get excited*
sich **ausruhen**	*to take a rest*
sich **beeilen**	*to hurry*
sich **befinden**	*to be located; to be*
sich **beklagen (über)**	*to complain (about)*
sich **bemühen (um)**	*to try hard (for); to strive (for)*
sich **benehmen**	*to behave*
sich **entschließen**	*to decide*
sich **entschuldigen**	*to excuse oneself, to beg pardon*
sich **erholen**	*to recover, to relax*
sich **erinnern (an)**	*to remember*
sich **erkälten**	*to catch cold*
sich **freuen (auf)**	*to look forward to*
sich **freuen (über)**	*to be glad (about)*
sich **fühlen**	*to feel (referring to health)*
sich **fürchten (vor)**	*to be afraid (of)*
sich **interessieren (für)**	*to be interested (in)*
sich **hinlegen**	*to lie down*
sich **hinsetzen**	*to sit down*
sich **rasieren**	*to shave*
sich **setzen**	*to sit down*
sich **sorgen (um)**	*to worry (about)*
sich **unterhalten**	*to chat; to enjoy oneself*
sich **verlassen auf**	*to depend on*
sich **verspäten**	*to be late*

| sich waschen | to wash (oneself), get washed |
| sich wundern (über) | to be surprised (at, about) |

The following are common reflexives requiring a dative (indirect) object:

sich einbilden	to imagine; to like to think
sich etwas kaufen	to buy something (for oneself)
sich leisten	to afford
sich Sorgen machen (um)	to worry (about)
sich vorstellen	to visualize, imagine
sich weh tun	to hurt oneself

Übungen

A. *Ergänzen Sie das Reflexivpronomen!*

1. Es ist acht Uhr. Ich ziehe ——— jetzt an.   2. Zuerst kämme ich ——— aber das Haar.   3. Dann wasche ich ——— das Gesicht und die Hände.   4. Meine Eltern ziehen —— jetzt auch an.   5. Sie befinden ——— noch im Schlafzimmer.   6. Der Vater beeilt ———.   7. Aber die Mutter legt ——— wieder hin.   8. Sie fühlt ——— nicht wohl.   9. Leider erkältet sie ——— sehr oft.   10. Sie regt ——— zu leicht auf.   11. Sie ärgert ——— oft über uns.   12. Sie sagt, wir amüsieren ——— zuviel.   13. Der Vater macht ——— viele Sorgen um die Mutter.   14. Wir bemühen ——— alle, ihr zu helfen.   15. Die Mutter muß ——— erholen.   16. Wir entschließen ———, bald zu verreisen.   17. Jeder freut ——— schon auf die Reise.   18. Kann Vater ——— die Reise leisten?   19. Ich kann ——— nicht vorstellen, daß er es kann.   20. Ich kaufe ——— nichts für die Reise.

B. *Sagen Sie auf deutsch!*

1. I wash my face and my hands.   2. I comb my hair before breakfast.   3. He combs his hair after breakfast.   4. I am dressing now.   5. I put on my trousers first.   6. I brush my teeth after the meal.   7. My sister is hurrying this morning.   8. She is buying herself a hat.   9. I am buying nothing for myself.   10. I can't afford anything.

C. *Schreiben Sie auf deutsch!*

1. I am worried about my mother.   2. She's catching cold again.   3. I wonder why she catches cold so often.   4. Maybe she doesn't rest enough.   5. She often gets excited and worries so about the family.

6. She never feels well and seldom has a good time.   7. She is afraid of illness.   8. We try hard to help her.   9. We always behave well.

D. *Ändern Sie die Sätze dem Beispiel entsprechend!*

BEISPIEL: Er zieht sich hier nicht an. (können)
Er kann sich hier nicht anziehen.

1. Ich ziehe mich um. (müssen)   2. Ich beeile mich. (müssen)   3. Ich lege mich jetzt nicht hin. (dürfen)   4. Der Vater sagte: „Du verspätest dich heute nicht." (sollen)   5. Wir treffen uns im Stadtzentrum. (wollen)   6. Er kauft sich eine Krawatte. (mögen)   7. Ich kaufe mir einen Anzug. (müssen)   8. Wir setzen uns in ein Nachtlokal. (wollen) 9. Ich bestelle mir einen Kognak. (wollen)   10. Wir fahren mit dem Bus nach Hause. (können)

E. *Bilden Sie Sätze dem Beispiel entsprechend!*

BEISPIEL: Ich will (sich die Haare kämmen) .
Ich will mir die Haare kämmen.

1. Er soll

(sich einen Anzug kaufen)
(sich mit einem Freund unterhalten)
(sich nicht verspäten)

2. Ich darf

(sich nicht hinlegen)
(sich nicht darüber beklagen)
(sich nicht darum bemühen)
(sich nicht darüber ärgern)

3. Sie (*you*) dürfen

(sich nicht davor fürchten)
(sich keine Sorgen darum machen)
(sich hier nicht umziehen)

4. Ich kann

(sich nicht daran erinnern)
(sich leicht weh tun)
(sich das nicht leisten)

WIEDERHOLUNG UND BEMERKUNGEN

1. **To know:** *wissen, kennen, können*

There are three words meaning *to know:* **wissen, kennen, können.**

Wissen (*to know a fact, to have knowledge of*) is usually followed by a dependent clause or a neuter indefinite pronoun object, such as **es** or **das**:

> Ich weiß, wann er kommt.
> Ich weiß, daß er recht hat.
> Ich weiß es.

Kennen (*to be acquainted with*) is used mostly with nouns or pronouns:

> Ich kenne diesen Arzt.
> Der Arzt kennt uns.
> Ich kenne diesen Roman nicht.

Können (*to know, know how to*) is used mainly with subjects of study or acquired skills:

> Ich kann Deutsch.
> Ich kann schwimmen.

2. Reciprocal and Emphatic Reflexives: *einander, selbst*

Plural reflexive pronouns may have reciprocal meaning:

> Wir sehen **uns** einmal im Monat.
> *We see one another once a month.*

To avoid ambiguity, a reflexive pronoun expressing the idea of *each other, one another*, is sometimes replaced by an emphatic reflexive pronoun:

> Wir sehen **uns** sehr oft. (or:) Wir sehen **einander** sehr oft.
> *We see each other (one another) very often.*
> Wir kaufen **uns** ein Haus. (but:) Wir kaufen **einander** Geschenke.
> *We're buying ourselves a house. We're buying presents for each other.*

Selbst (invariable) may follow a reflexive pronoun to intensify its meaning. (English often relies on stress to achieve this effect.):

> Ich ärgere **mich selbst** jedes Mal.
> *I myself get angry every time.*
> *I get angry every time myself.*

> Er tut **sich selbst** weh, nicht uns.
> *He's hurting himself, not us.*

Selbst may also intensify the subject pronoun by following it immediately:

> **Ich selbst** komme morgen früh.
> *I am personally coming tomorrow morning.*

If **selbst** precedes the subject pronoun, intensification with the meaning of *even* results:

Selbst ich komme morgen früh.
Even I am coming tomorrow morning.

Schlußübungen

A. *Sagen Sie auf deutsch!*

1. He knows my father.   2. He knows where my family lives.   3. He knows that I know English.   4. Do you know that?   5. Everyone knows it.   6. Everybody knows my mother, too.   7. Do you know her?   8. I know your whole family.   9. They all know German. 10. They know how to sing German songs.

B. *Schreiben Sie auf deutsch!*

1. I want to improve my pronunciation.   2. How am I supposed to do it?   3. My brother wants to help.   4. But he doesn't speak very clearly.   5. I have to help him.   6. He's supposed to write a composition.   7. He has to hand it in tomorrow.   8. I know he can't hand it in.   9. The professor may get angry.   10. He's afraid of the professor.   11. I'm not afraid of my teacher.   12. We often chat in her office.   13. She is interested in her students.   14. The students know it.   15. I myself am never late to her class.   16. I always arrive early, sit down, and listen well.   17. I'm never bored.   18. I'm always surprised at her intelligence.

AUFSATZ

Beschreiben Sie, wie Sie Ihren Vormittag verbringen! Erwähnen Sie unter anderem:

1. wann Sie aufstehen!
2. wo und wann Sie Toilette machen!
3. wann und wo Sie frühstücken!
4. wohin Sie nach dem Frühstück fahren und warum!
5. welche Arbeit Sie verrichten!
6. was Sie von Ihrem Chef oder Professor halten!
7. ob Ihnen die Arbeit gefällt!
8. wo Sie zu Mittag essen!

DRITTES KAPITEL

GESPRÄCH*

Ernst, Dieter und Dick sind im Auto unterwegs nach Lübeck. Ernst ärgert sich über Dieter, der im letzten Augenblick nicht mitkommen wollte.

ERNST: Du mit deiner Ausrede. Du hilfst doch deinem Vater sonst nie.

DIETER: Du kannst mir's aufs Wort glauben, ich sollte ihm im Geschäft helfen.

DICK: Setz mich ins Bild, Dieter! Was solltest du für deinen Vater tun?

DIETER: Ich sollte die Kasse führen, weil Vater einen neuen Verkäufer entlassen mußte.

ERNST: Du willst uns etwas vormachen, Dieter. Ich habe eine ganz andere Theorie. Du wolltest die Gelegenheit nicht verpassen, dich mit Inge zu treffen. Stimmt's?

DIETER: Ich gratuliere dir, aber nicht, weil du richtig geraten hast, sondern wegen deiner guten Phantasie.

DICK: Streitet euch ein anderes Mal! Erzählt mir lieber etwas über Lübeck!

ERNST: Was ist da viel zu sagen? Lübeck ist eine alte, ehrwürdige Hansestadt, gerade wie Hamburg. Vor vielen Jahren hatte sie sogar eine Handelsflotte und. . . .

DIETER: Hör schon auf! Du kommst mir vor wie unser Geschichtsprofessor. Leider weißt du nicht soviel wie er. Dick, du hast doch sicher schon von Thomas Mann gehört!

29

DICK: Gewiß. Ich habe den „Zauberberg" gelesen.

DIETER: Thomas Mann stammte aus Lübeck. In seinem Roman „Buddenbrooks" erzählt er die Geschichte einer reichen Lübecker Familie. Auch verbringt Tonio Kröger seine Jugendjahre in Lübeck.

DICK: Anscheinend hat Thomas Mann seine Vaterstadt nie vergessen. Übrigens, wie weit ist es noch bis Lübeck?

ERNST: Noch 25 Kilometer. Hab nur Geduld, wir sind bald da!

Übungen

A. *Beantworten Sie die folgenden Fragen!*

  1. Wohin fahren Ernst, Dieter und Dick?
  2. Warum mußte Dieter die Kasse führen?
  3. Welche andere Theorie hat Ernst?
  4. Weswegen gratuliert Ernst Dieter?
  5. Was hatte Lübeck vor vielen Jahren?
  6. Welcher anderen norddeutschen Stadt ist Lübeck ähnlich?
  7. Nennen Sie drei Werke von Thomas Mann!
  8. Warum ist es jetzt leicht, geduldig zu warten?

B. *Erklären Sie:*

  1. warum Ernst sich über Dieter ärgert!
  2. wieso Ernst Dieter nicht glaubt!
  3. was für eine Stadt Lübeck ist!
  4. in welcher Hinsicht Ernst die Freunde an den Geschichtsprofessor erinnert.

C. *Sagen Sie auf deutsch, indem Sie den Beispielen folgen!*

  (a) Du mit deiner Ausrede. (*You with your excuse.*)

   1. You with your excuses.   2. Dieter with his excuse.   3. You with your work.

  (b) Du kannst mir's aufs Wort glauben. (*You can take my word for it.*)

   1. They can take my word for it.   2. Can't you take my word for it?   3. I can't take his word for it.

  (c) Setz mich ins Bild! (*Fill me in.*) (*Give me the low-down.*)

1. Fill him in.   2. Let's give him the low-down.   3. I can't fill you in.

(d) Ich sollte die Kasse führen. (*I was supposed to operate the cash register.*)

1. Who's working the register?   2. Can you operate the register today?   3. The new clerk mustn't operate the register.

(e) Du willst uns etwas vormachen. (*You're trying to put something over on us.*)

1. I'm not trying to put something over on you.   2. They're putting her on.   3. Don't put me on.

(f) Was ist da viel zu sagen? (*What is there to say?*)

1. What is there to do?   2. What is there to see?   3. What is there to learn?

(g) Hab nur Geduld, wir sind bald da! (*Just be patient; we'll be there soon!*)

1. Just be patient; we'll arrive by eight.   2. Just be patient; we still have 25 kilometers   3. Just be patient; you'll be there in a few minutes.

D. *Sagen Sie auf deutsch!*

Ernst: Aren't you trying to put something over on us, Dieter?
Dieter: No, I was really supposed to help my father today.
Dick: What were you supposed to do for him?
Dieter: I was supposed to ring up the sales. He had to fire a clerk yesterday.
Ernst: You with your excuse. I think you wanted to get together with Inge!

GRAMMATIK UND ÜBUNG

1. Direct Object Pronouns, Third Person

KONVERSATION*

In dieser Konversation über einen Familienfreund ersetzen wir die Substantive durch Pronomen.

A	**B**
Kennen Sie Herrn Klein?	Ja, ich kenne ihn.
Hat er noch seinen alten Wagen?	Ja, er hat ihn noch.
Kennen Sie auch seine Frau?	Ja, ich kenne sie auch.
Hat sie schon ihr neues Auto?	Ja, sie hat es schon.
Wissen Sie, was für ein Auto es ist?	Ja, ich weiß es.

1. Kennen Sie Herrn Klein schon lange? 2. Sehen Sie Herrn Klein jeden Tag? 3. Kennen Sie auch seine Familie? 4. Hat er noch die alte Wohnung? 5. Hat er noch dasselbe Geschäft? 6. Bewundern Sie seinen Erfolg als Geschäftsmann? 7. Möchten Sie einmal sein Büro besuchen? 8. Wissen Sie auch, wo es ist? 9. Erkennen Sie den alten Schreibtisch? 10. Hat er wirklich noch denselben Schreibtisch? 11. Kennen Sie seine Sekretärin? 12. Merken Sie, wie schnell sie Schreibmaschine schreibt?

Beantworten Sie dieselben Fragen, aber diesmal mit „nein"!

A	**B**
Kennen Sie Herrn Klein?	Nein, ich kenne ihn nicht.
Hat er noch seinen alten Wagen?	Nein, er hat ihn nicht mehr.
Kennen Sie auch seine Frau?	Nein, ich kenne sie nicht.
Hat sie schon ihr neues Auto?	Nein, sie hat es noch nicht.
Wissen Sie, was für ein Auto das ist?	Nein, ich weiß es nicht.

ERKLÄRUNGEN

The accusative (direct object) pronoun replacing

a masculine singular noun	=	**ihn** (*him, it*)
a feminine singular noun	=	**sie** (*her, it*)
a neuter singular noun	=	**es** (*it, him, her*)
a whole clause or previously mentioned idea	=	**es** (*it*)
a plural noun (all genders)	=	**sie** (*them*)

Keep in mind that an inanimate object in German may be masculine, feminine, or neuter:

	MASCULINE	FEMININE	NEUTER	PLURAL
	der Tisch	die Schule	das Fenster	die Tische
SUBJECT:	er	sie	es	sie
DIRECT OBJECT:	ihn	sie	es	sie

Note: Subject or direct object pronouns in the third person singular differ only for the masculine forms (**er, ihn**).
Feminine and neuter forms are identical.

Übungen

A. *Folgen Sie dem Beispiel!*

BEISPEL: Er sieht Frau Klein.
Ich sehe sie auch.

1. Er bewundert diese Frau.   2. Er mag ihre Schwester.   3. Er begleitet das Mädchen oft nach Hause.   4. Er kennt den Sohn sehr gut.
5. Er raucht immer diese Zigaretten.   6. Er liest dieselbe Zeitung.

B. *Sagen Sie auf deutsch!*

1. We know him.   2. He admires her.   3. I admire them.   4. We often visit them.   5. We visit them in Bonn.   6. Do you recognize him?   7. We don't recognize him or her.   8. I understand it.   9. Do you have your camera?—Yes, I have it.   10. Do you have the pictures? —Yes, I have them.

2. Direct Object Pronouns: *Sie—mich*

KONVERSATION*

Wir unterhalten uns weiter über Herrn Klein, den Sie dieses Wochenende besuchen wollen.

A	**B**
Lädt er Sie oft ein?	**Ja, er lädt mich sehr oft ein.**

1. Erwartet er Sie früh morgens?   2. Empfängt er Sie immer selbst?

3. Überrascht er Sie manchmal mit einem Geschenk? 4. Stellt er Sie anderen Gästen vor? 5. Begleitet er Sie später in die Stadt? 6. Führt er Sie zum Mittagessen aus? 7. Unterhält er Sie mit seinen Witzen? 8. Beleidigt er Sie auch manchmal im Spaß?

ERKLÄRUNGEN

A question with **Sie** (direct object) calls for an answer with **mich** (direct object):

Kennt er **Sie**?	Ja, er kennt **mich**.
Besucht er **Sie** manchmal?	Ja, er besucht **mich** manchmal.

DIRECT OBJECT (ACCUSATIVE) PRONOUNS

mich	*me*
dich	*you* (familiar)
ihn	*him, it*
sie	*her, it*
es	*it, him, her*
uns	*us*
euch	*you* (familiar plural)
sie	*them*
Sie	*you*

Übung

Beantworten Sie alle Fragen mit Akkusativpronomen!

1. Begrüßt er Sie? 2. Lacht er Sie an? 3. Versteht er Sie? 4. Darf er Sie mitbringen? 5. Freut es Sie? 6. Erkennt er Sie? 7. Trifft er Sie oft?

3. Indirect Object Pronouns, Third Person

KONVERSATION*

Es hat Ihnen gut bei Kleins gefallen. Sie wollen sich sofort nach der Rückkehr bei ihnen bedanken. Beachten Sie besonders die Dativpronomen und beantworten Sie alle Fragen mit „ja" oder „nein"!

A	**B**
Schreiben Sie Herrn Klein einen Brief?	Ja, ich schreibe ihm einen Brief.

Schicken Sie seiner Frau Blumen?	Nein, ich schicke ihr keine Blumen.
Schicken Sie ihrem Kind ein Geschenk?	Ja, ich schicke ihm ein Geschenk.

1. Schreiben Sie Herrn Klein einen langen Brief? (nein) 2. Danken Sie ihm für seine Gastfreundschaft? (ja) 3. Danken Sie auch seiner Frau dafür? (ja) 4. Versprechen Sie Herrn Klein, bald wiederzukommen? (ja) 5. Schenken Sie dem Kind etwas? (ja) 6. Gratulieren Sie Frau Klein zum Geburtstag? (nein) 7. Bestellen Sie ihr Blumen? (nein) 8. Geben Sie Herrn Klein Ihre neue Adresse? (ja)

ERKLÄRUNGEN

The dative (indirect object) pronoun replacing

a masculine singular noun	=	**ihm** (*to him, to it*)
a feminine singular noun	=	**ihr** (*to her, to it*)
a neuter singular noun	=	**ihm** (*to it, to him, to her*)
a plural noun (all genders)	=	**ihnen** (*to them*)

Compare:

DIRECT	INDIRECT
ihn	ihm
sie	ihr
es	ihm
sie	ihnen

A few common verbs, such as **antworten** (*to answer*), **danken** (*to thank*), **folgen** (*to follow*), **gefallen** (*to please*), **gehören** (*to belong*), **glauben** (*to believe*), **helfen** (*to help*), require their object in the dative:

Ich helfe **ihm.**
Sie danken **ihr.**
Wir folgen **ihnen.**

Übungen

A. *Bilden Sie Fragen, indem Sie Dativpronomen verwenden!*

BEISPIEL: Schreiben Sie bitte Herrn Klein! (müssen)
Muß ich ihm schreiben?

1. Antworten Sie Herrn Straßer! (sollen) 2. Schicken Sie seiner Frau ein Telegramm! (können) 3. Tun Sie es seiner Mutter zuliebe! (sollen) 4. Danken Sie der Familie für alles! (müssen) 5. Beweisen Sie Straßers, wie dankbar Sie sind! (können) 6. Bringen Sie ihrer Tochter ein Geschenk! (dürfen) 7. Sagen Sie ihr, wie gut es Ihnen gefallen hat! (können) 8. Erzählen Sie Ihren Freunden, was passiert ist! (müssen)

B. *Sagen Sie auf deutsch!*

1. I'm writing him a letter. 2. Please write her, too. 3. Do I have to thank her? 4. No, but please help her. 5. Do it for his sake. 6. Give them a book. 7. Send him a telegram. 8. Are you sending her a present? 9. Promise them nothing. 10. I'll give them what they want. 11. Are you answering them now?

4. Indirect Object Pronouns: *Ihnen—mir*

KONVERSATION*

Herr Klein kennt eine Geschichte, die Sie interessiert. Antworten Sie mit „ja" oder „nein"!

A	B
Soll Herr Klein Ihnen die Geschichte erzählen?	**Ja, er soll mir die Geschichte erzählen.** **Nein, er soll mir die Geschichte nicht erzählen.**

1. Muß er Ihnen die Geschichte auch erklären? (nein) 2. Soll er Ihnen schreiben, wo er sie gelesen hat? (ja) 3. Kann er Ihnen den Namen der Zeitung angeben? (ja) 4. Soll er Ihnen die Zeitung bestellen? (ja) 5. Kann er Ihnen die Rechnung dafür schicken? (nein) 6. Soll er Ihnen weiteres über den Autor mitteilen? (ja)

ERKLÄRUNGEN

A question with **Ihnen** (indirect object) calls for an answer with **mir** (indirect object):

> Schreibt er **Ihnen?** —Ja, er schreibt **mir.**
> Gehört das Buch **Ihnen?** —Ja, es gehört **mir.**
> Antwortet er **Ihnen?** —Ja, er antwortet **mir.**

INDIRECT OBJECT (DATIVE) PRONOUNS

mir	*(to) me*	**uns**	*(to) us*
dir	*(to) you (familiar)*	**euch**	*(to) you* (familiar plural)
ihm	*(to) him, it*	**ihnen**	*(to) them*
ihr	*(to) her, it*	**Ihnen**	*(to) you*
ihm	*(to) it, him, her*		

Übungen

A. *Folgen Sie dem Beispiel!*

> BEISPIEL: Helfen Sie mir, bitte!
> Ich helfe Ihnen gerne.

1. Glauben Sie mir, bitte! 2. Verzeihen Sie mir, bitte! 3. Folgen Sie mir, bitte! 4. Geben Sie mir bitte Bescheid! 5. Erzählen Sie mir alles! 6. Empfehlen Sie mir ein Restaurant! 7. Bringen Sie mir bitte die Rechnung!

B. *Beantworten Sie die Fragen dem Beispiel entsprechend!*

> BEISPIEL: Sagt er Ihnen alles?
> Nein, mir sagt er nicht alles.

1. Hilft er Ihnen oft? 2. Dankt er Ihnen dafür? 3. Gratuliert er Ihnen? 4. Schenkt er Ihnen etwas? 6. Schreibt er Ihnen einen Brief? 7. Tut er es Ihnen zuliebe?

C. *Sagen Sie auf deutsch!*

1. They send me money and I thank them. 2. Please send us no money. 3. Bring good news. 4. I always bring you good news. 5. No, you promise us good news, but sometimes you give us bad news. 6. Does this ball-point pen belong to you or to her? 7. It doesn't belong to me. 8. Maybe it belongs to him.

5. Two Objects: Word Order

KONVERSATION*

Benutzen Sie zwei Pronomen in der Antwort!

A	B
Empfiehlt Herr Klein Ihnen seinen Arzt?	Ja, er empfiehlt ihn mir.
Gibt er Ihnen seine Adresse?	Ja, er gibt sie mir.
Wünscht er Ihnen alles Gute?	Ja, er wünscht es mir.
Sagt er Ihnen, wovon es sich handelt?	Ja, er sagt es mir.

1. Gibt der Arzt Ihnen heute das Resultat seiner Untersuchung?
2. Gibt er Ihnen selbst den Bericht? 3. Rät er Ihnen das Rauchen ab? 4. Gibt er Ihnen die erwünschte Auskunft über Diät? 5. Verbietet er Ihnen, Kaffee zu trinken? 6. Empfiehlt er Ihnen, früh schlafen zu gehen? 7. Rät er Ihnen auch, weniger zu arbeiten?
8. Schickt er Ihnen sofort die Rechnung?

Herr Klein bittet Sie, ihm einen Gefallen zu tun. Sie sind gerne dazu bereit.

A	B
Leihen Sie mir Ihren Kugelschreiber!	Ich leihe ihn Ihnen gerne.
Reichen Sie mir jetzt bitte die Aktenmappe!	Ich reiche sie Ihnen gerne.
Erzählen Sie mir jetzt, was passiert ist!	Ich erzähle es Ihnen gerne.

1. Sagen Sie mir bitte alles! 2. Erklären Sie mir genau, was vorgefallen ist! 3. Erzählen Sie es in jeder Einzelheit! 4. Versprechen Sie mir, die Wahrheit zu sagen! 5. Lesen Sie mir Ihren Bericht laut vor! 6. Schreiben Sie mir jetzt Ihre Adresse auf! 7. Glauben Sie mir, was ich Ihnen sage! 8. Beweisen Sie mir, daß alles wahr ist!

ERKLÄRUNGEN

An indirect noun object or indirect personal pronoun object normally precedes a direct noun object:

Er schreibt **seiner Freundin** einen Brief.
Er schreibt **ihr** einen Brief.

Wir schicken **Frau Krieger** ein Geschenk.
Wir schicken **ihr** ein Geschenk.

A direct personal pronoun object normally precedes an indirect object:

Er schreibt **ihn seiner Freundin.**
Er schreibt **ihn ihr.**

Wir schicken **es der Frau.**
Wir schicken **es ihr.**

Review the following combinations:

ihn mir	**sie mir**	**es mir**
ihn dir	**sie dir**	**es dir**
ihn ihm	**sie ihm**	**es ihm**
ihn ihr	**sie ihr**	**es ihr**
ihn uns	**sie uns**	**es uns**
ihn euch	**sie euch**	**es euch**
ihn ihnen	**sie ihnen**	**es ihnen**
ihn Ihnen	**sie Ihnen**	**es Ihnen**

Übungen

A. *Ersetzen Sie die Substantive (und Nebensätze) durch Pronomen!*

BEISPIEL: **Er** reicht *dem Chef das Telegramm.*
Er reicht *es ihm.*

1. Er zeigt der Sekretärin das Telegramm.   2. Er liest dem Mädchen das Telegramm vor.   3. Er erzählt dem Fräulein die Geschichte. 4. Er muß seinem Sohne das Geld leihen.   5. Er will dem Jungen die Summe schicken.   6. Die Sekretärin verspricht dem Chef, nichts davon zu sagen.   7. Der Chef glaubt der Sekretärin, was sie sagt. 8. Sie stellt dem Chef ihre Eltern vor.   9. Er sagt den Eltern, wie fleißig sie ist.   10. Er erklärt den Eltern die Arbeit.

B. *Sagen Sie auf deutsch!*

1. He's saying it to you, not to me.   2. He's explaining it to you. 3. Take (*use* bringen) the letter to her.   4. I can't take it to her. 5. Give it to us!   6. Send it to us, not to them.   7. He's sending it to us, not to you.   8. I can't give it to you.

C. *Bilden Sie Fragen!*

> BEISPIEL: Ich glaube es ihm.
> Warum glauben Sie es ihm?

1. Ich schreibe es ihr. 2. Ich verzeihe es ihr nicht. 3. Ich sage es ihnen. 4. Ich kann es ihnen nicht verzeihen. 5. Ich berichte es nur ihm. 6. Ich schicke es ihm.

WIEDERHOLUNG UND BEMERKUNGEN

Position of *nicht*

You have now used **nicht** in different positions. Review the following situations:

1. **Nicht** generally *follows* the finite form of the verb and its object in main clauses:

> Er vergißt den Mann **nicht**.
> Er vergißt ihn **nicht**.

2. **Nicht** usually *precedes*:

(a) predicate adjectives or nouns:

> Die Arbeit ist **nicht** schwer.
> Er ist **nicht** Lehrer.

(b) past participles:

> Sie hat mir **nicht** geholfen.
> Ich habe ihm das Paket **nicht** geschickt.

(c) infinitives:

> Sie kann mir **nicht** helfen.
> Ich darf es Ihnen **nicht** sagen.

(d) separable prefixes:

> Er steht morgens **nicht** auf.
> Er reicht es heute **nicht** ein.

(e) adverbs or prepositional phrases denoting manner or place:

> Er spricht **nicht** laut.
> Er bleibt **nicht** gern zu Hause.

Note: **Nie** (*never*) usually occupies the same position as **nicht**:

> Er vergißt es **nie**.
> Die Arbeit ist **nie** schwer.
> Sie hat mir **nie** geholfen.
> Sie kann mir **nie** helfen.
> Er steht morgens **nie** auf.
> Er spricht **nie** laut.
> Er bleibt **nie** gern zu Hause.

3. When negating a particular word or phrase, **nicht** stands immediately before the word or phrase:

> Sie hat es **nicht** mir gegeben, sondern ihm.
> Sie fuhr **nicht** in die Stadt, sondern aufs Land.

Übung

*Setzen Sie das Wort **nicht** an die richtige Stelle!*

1. Er sagt es mir. 2. Er gibt es ihnen. 3. Er verzeiht es uns. 4. Ich fürchte mich vor dem Examen. 5. Ich kann es Ihnen erklären. 6. Ich rufe Sie heute an. 7. Ich komme gerne zu Ihnen. 8. Sie bleiben oft bei mir. 9. Er bleibt gerne zu Hause. 10. Ich will das glauben. 11. Ich kann Ihnen das sagen. 12. Er will mir das Geld zurückgeben. 13. Er hat mir geholfen. 14. Er hat ihn mir vorgestellt. 15. Sie sind gestern abgefahren. 16. Ich habe mich deswegen amüsiert. 17. Wir gehen in die Oper. 18. Ihre Antwort ist klar. 19. Sie wollen mir das Problem erklären. 20. Das wird schwer sein.

Schlußübung

Sagen Sie zuerst und schreiben Sie danach die folgenden Sätze auf deutsch!

1. May I read this poem to you? 2. You may read it to me. 3. But please explain it to me! 4. It isn't easy; I can't explain it to you. 5. But I don't understand it. 6. I can't help you. 7. You are supposed to learn it. 8. I can't promise you that. 9. Do you want to ask the professor? 10. I'd like to visit him, but I can't. 11. Your father can explain the poem to you. 12. Shall I send him the book? 13. No, give it to him now. 14. Do you know my mother? 15. Yes, I know her. 16. What can I give her? 17. Send her flowers!

18. Does she like them? 19. I always give her flowers. 20. I never give her perfume. 21. She doesn't like it. 22. And the secretary? Do you visit her often? 23. Sometimes I take her out to lunch. 24. Today is her birthday. I must congratulate her. 25. Don't forget it!

AUFSATZ

Sie schreiben einen Brief an einen deutschen Freund. Sie bitten ihn um ein Buch, von dem Sie viel gehört haben. Schreiben Sie:

1. wo und wann Sie zum ersten Mal von dem Buch gehört haben!
2. wozu Sie es brauchen!
3. warum Sie es in Amerika nicht kaufen können!
4. was für ein amerikanisches Buch Sie ihm schicken sollen!
5. ob Sie ihm vielleicht einen anderen Gefallen tun können!

HEINRICH BÖLL

Die ungezählte Geliebte

Die haben mir meine Beine geflickt und haben mir einen Posten gegeben, wo ich sitzen kann: ich zähle die Leute, die über die neue Brücke gehen. Es macht ihnen ja Spaß, sich ihre Tüchtigkeit mit Zahlen zu belegen,[1] sie berauschen sich an diesem sinnlosen Nichts

5 aus ein paar Ziffern, und den ganzen Tag, den ganzen Tag, geht mein stummer Mund wie ein Uhrwerk, indem ich Nummer auf Nummer häufe, um ihnen abends den Triumph einer Zahl zu schenken. Ihre Gesichter strahlen, wenn ich ihnen das Ergebnis meiner Schicht mitteile, je höher die Zahl, um so mehr strahlen sie,

10 und sie haben Grund, sich befriedigt ins Bett zu legen, denn viele Tausende gehen täglich über ihre neue Brücke . . .

Aber ihre Statistik stimmt nicht. Es tut mir leid, aber sie stimmt nicht. Ich bin ein unzuverlässiger Mensch, obwohl ich es verstehe, den Eindruck von Biederkeit zu erwecken.

15 Insgeheim macht es mir Freude, manchmal einen zu unterschlagen und dann wieder, wenn ich Mitleid empfinde, ihnen ein paar zu schenken. Ihr Glück liegt in meiner Hand. Wenn ich wütend bin, wenn ich nichts zu rauchen habe, gebe ich nur den Durchschnitt an, manchmal unter dem Durchschnitt, und wenn mein Herz auf-

20 schlägt,[2] wenn ich froh bin, lasse ich meine Großzügigkeit in einer fünfstelligen Zahl verströmen. Sie sind ja so glücklich! Sie reißen mir jedesmal das Ergebnis förmlich aus der Hand, und ihre Augen leuchten auf, und sie klopfen mir auf die Schulter. Sie ahnen ja nichts! Und dann fangen sie an zu multiplizieren, zu dividieren, zu

25 prozentualisieren, ich weiß nicht was. Sie rechnen aus, wieviel heute jede Minute über die Brücke gehen und wieviel in zehn Jahren über die Brücke gegangen sein werden. Sie lieben das zweite Futur,[3] das zweite Futur ist ihre Spezialität—und doch, es tut mir leid, daß alles nicht stimmt . . .

30 Wenn meine kleine Geliebte über die Brücke kommt—und sie kommt zweimal am Tage—, dann bleibt mein Herz einfach stehen.

---

1. sich ihre Tüchtigkeit mit Zahlen zu belegen *to measure their capability with numbers.*
2. wenn mein Herz aufschlägt *when I am in high spirits.*
3. das zweite Futur *the future perfect.*

Das unermüdliche Ticken meines Herzens setzt einfach aus, bis sie in die Allee eingebogen und verschwunden ist. Und alle, die in dieser Zeit passieren, verschweige ich ihnen. Diese zwei Minuten gehören mir, mir ganz allein, und ich lasse sie mir nicht nehmen.

5 Und auch wenn sie abends wieder zurückkommt aus ihrer Eisdiele— ich weiß inzwischen, daß sie in einer Eisdiele arbeitet—, wenn sie auf der anderen Seite des Gehsteiges meinen stummen Mund passiert, der zählen, zählen muß, dann setzt mein Herz wieder aus, und ich fange erst wieder an zu zählen, wenn sie nicht mehr zu sehen ist.

10 Und alle, die das Glück haben, in diesen Minuten vor meinen blinden Augen zu defilieren, gehen nicht in die Ewigkeit der Statistik ein: Schattenmänner und Schattenfrauen, nichtige Wesen, die im zweiten Futur der Statistik nicht mitmarschieren werden . . .

Es ist klar, daß ich sie liebe. Aber sie weiß nichts davon, und ich

15 möchte auch nicht, daß sie es erfährt. Sie soll nicht ahnen, auf welche ungeheure Weise sie alle Berechnungen über den Haufen wirft,[4] und ahnungslos und unschuldig soll sie mit ihren langen braunen Haaren und den zarten Füßen in ihre Eisdiele marschieren, und sie soll viel Trinkgeld bekommen. Ich liebe sie. Es ist ganz klar,

20 daß ich sie liebe.

Neulich haben sie mich kontrolliert. Der Kumpel, der auf der anderen Seite sitzt und die Autos zählen muß, hat mich früh genug gewarnt, und ich habe höllisch aufgepaßt. Ich habe gezählt wie verrückt, ein Kilometerzähler kann nicht besser zählen. Der Ober-

25 statistiker selbst hat sich drüben auf die andere Seite gestellt und hat später sein Ergebnis einer Stunde mit meinem Stundenergebnis verglichen. Ich hatte nur einen weniger als er. Meine kleine Geliebte war vorbeigekommen, und niemals im Leben werde ich dieses hübsche Kind ins zweite Futur transponieren lassen, diese meine

30 kleine Geliebte soll nicht multipliziert und dividiert und in ein prozentuales Nichts verwandelt werden. Mein Herz hat mir geblutet, daß ich zählen mußte, ohne ihr nachsehen zu können, und dem Kumpel drüben, der die Autos zählen muß, bin ich sehr dankbar gewesen. Es ging ja glatt um meine Existenz.[5]

35 Der Oberstatistiker hat mir auf die Schulter geklopft und hat gesagt, daß ich gut bin, zuverlässig und treu. „Eins in der Stunde

---

4. alle Berechnungen über den Haufen wirft *throws off all calculations.*
5. Es ging ja glatt um meine Existenz. *My livelihood was plainly at stake.*

verzählt", hat er gesagt, „macht nicht viel. Wir zählen sowieso einen gewissen prozentualen Verschleiß hinzu.[6] Ich werde beantragen, daß Sie zu den Pferdewagen versetzt werden."

Pferdewagen ist natürlich die Masche.[7] Pferdewagen ist ein Lenz[8]
5 wie nie zuvor. Pferdewagen gibt es höchstens fünfundzwanzig am Tage, und alle halbe Stunde einmal in seinem Gehirn die nächste Nummer fallen zu lassen, das ist ein Lenz![8]

Pferdewagen wäre herrlich. Zwischen vier und acht dürfen überhaupt keine Pferdewagen über die Brücke, und ich könnte spazie-
10 rengehen oder in die Eisdiele, könnte sie mir lange anschauen oder sie vielleicht ein Stück nach Hause bringen, meine kleine ungezählte Geliebte . . .

From "An der Brücke," in *Wo warst du Adam? und Erzählungen*, by Heinrich Böll. Copyright from 1950 by Gertraud Middelhauve Verlag, Köln. By permission.

A. *Übersetzen Sie die folgenden Paragraphen, indem Sie unter anderem die unten stehende Wortliste gebrauchen!*

flicken	unzuverlässig	ahnen
Posten	angeben	ausrechnen
zählen	wütend	Berechnungen
häufen	Statistiker	nachsehen

They repair the man's legs and give him a post where he can sit and count people. All day long he piles number on number.

But the man is unreliable. When he is happy he reports a higher number than when he is angry. The statisticians suspect nothing and calculate how many people will have gone over the bridge in 10 years.

Twice a day his little sweetheart comes over the bridge. At that moment his calculations are all wrong because the man watches her pass by instead of counting.

B. *Diskussionsfragen:*

1. Gegen wen oder was richtet sich die Sozialkritik des Autors?
2. Worin bestehen der Humor und der Ernst dieser Erzählung?

6. Wir zählen sowieso einen gewissen prozentualen Verschleiß hinzu. *Anyway, we add on a certain percentage for wear and tear.*
7. Pferdewagen ist natürlich die Masche. *Of course, wagons are ~~the trick, are a plum.~~* a stroke of good luck.
8. ein Lenz *a "breeze," that is, an easy job (probably from* lenzen = faulenzen).

VIERTES KAPITEL

GESPRÄCH*

Lotte und Dick lernen sich kennen und machen mit Ernst Pläne, einen Bauernhof zu besuchen.

LOTTE: Es freut mich sehr, Sie endlich kennenzulernen, Dick. Ernst hat sehr oft von Ihnen gesprochen.

DICK: Er wird wohl nichts Gutes gesagt haben!

LOTTE: Im Gegenteil. Er findet Sie sehr sympathisch. Er ist von allem begeistert, was mit Amerika zu tun hat.

DICK: Das ist ja sehr erfreulich. Ich bin fest überzeugt, daß ich meinen Besuch hier nie vergessen werde.

ERNST: Dick hat den Wunsch geäußert, einen Bauernhof zu besuchen. Ein Vetter von mir hat einen Hof dreißig Kilometer von hier.

LOTTE: Wenn du mich einlädst, Ernst, komme ich gerne mit. Was gibt es da zu sehen?

ERNST: Du wirst staunen, was man da alles tut. Es gibt eine Hühnerzucht und einen Stall mit ungefähr 25 Kühen.

LOTTE: Wie viele Leute arbeiten auf diesem Bauernhof?

ERNST: Drei, vier Knechte und eine Magd.

LOTTE: Wozu braucht man so viele Knechte? Es ist eigentlich kein großer Hof.

ERNST: Es wird auch Roggen und Weizen angebaut.

LOTTE: Darf ich fragen, Dick, warum Sie sich so sehr für Bauernhöfe interessieren?

DICK: Sehen Sie, ich komme aus einer ländlichen Gegend und möchte Vergleiche ziehen. Ein Onkel von mir hat eine Farm. Ich habe sie immer gerne als Kind besucht. Ich bin ja gespannt, den Bauernhof Ihres Vetters zu besichtigen.

ERNST: Es ist so lange her, daß ich bei meinem Vetter gewesen bin. Ich bin nicht sicher, wie man am besten dahinkommt.

LOTTE: Hast du dich nicht bei deinen Eltern erkundigt?

ERNST: Doch. Sie haben mir geraten, mit dem Autobus zu fahren. Ich bin aber der Meinung, es ist besser, mit unserem Wagen zu fahren.

LOTTE: Wieso denn?

ERNST: Mit dem Bus muß man zweimal umsteigen.

DICK: Das macht doch nichts. Ich glaube, wir sollten ruhig mit dem Bus fahren. Haben Sie was dagegen, Lotte?

LOTTE: Bestimmt nicht. Ich ziehe es sogar vor.

Übungen

A. *Beantworten Sie die folgenden Fragen!*

1. Was planen Lotte und Dick mit Ernst?
2. Wovon ist Ernst begeistert?
3. Wovon ist Dick fest überzeugt?
4. Wie weit ist der Hof von der Stadt?
5. Wozu braucht man mehrere Knechte und eine Magd?
6. Warum will Dick sich so sehr diesen Hof ansehen?
7. Wer weiß, wie man am besten zum Hof kommt?
8. Warum ist Ernst der Meinung, man sollte mit dem Wagen fahren?

B. *Erklären Sie:*

1. unter welchen Umständen Lotte und Dick sich kennenlernen!
2. was es auf dem Bauernhof zu sehen gibt und was man da macht!
3. warum Dick sich für Bauernhöfe interessiert!
4. weshalb man unsicher ist, wie man am besten zum Hof kommt!

C. *Sagen Sie auf deutsch, indem Sie den Beispielen folgen!*

(a) Es freut mich, Sie kennenzulernen. (*I'm happy to meet you.*)

Dick: Yes, but German farms are so small, it really is difficult to make comparisons.

GRAMMATIK UND ÜBUNG

1. Questions

KONVERSATION*

Bisher haben wir Fragen gestellt, die mit „ja" oder „nein" beantwortet werden konnten. In der folgenden Konversation werden Sie Fragen bilden, die nicht mit „ja" oder „nein" beantwortet werden können.

A	B
Fragen Sie Ihren Nachbar, was er an der Universität studiert!	Was studieren Sie an der Universität?
Fragen Sie Ihren Nachbar, warum er so früh aufsteht!	Warum stehen Sie so früh auf?

Fragen Sie Ihren Nachbar,

1. warum er so müde aussieht!   2. wann er schlafen geht!   3. wieso er so wenig schläft!   4. wann er meistens arbeitet!   5. warum er nicht tagsüber studiert!   6. weshalb er seine Arbeit nicht besser einteilt! 7. wann er seine Prüfung ablegt!   8. wie lange er sich darauf vorbereitet!   9. warum er sich davor fürchtet!   10. wie lange er sich schon Sorgen macht!

Fragen Sie auch Ihren Nachbar:

1. wer bei ihm wohnt!   2. wem er Geld schuldet!   3. wen er bezahlen muß!   4. wer ihm Geld leiht!   5. wem er dafür zu danken hat!   6. wen er nicht besonders mag!   7. auf wen er sich verlassen kann!   8. wem er nicht besonders traut!   9. mit wem er sich im Studentenheim trifft!   10. an wen er sich um Auskunft wendet!

Stellen Sie nun weitere Fragen, indem Sie besonders die Satzstellung beachten!

A	B
Fragen Sie Ihren Nachbar, wo er sich einen Anzug kaufen will!	Wo wollen Sie sich einen Anzug kaufen?

**Fragen Sie ihn, wann er ihn   Wann können Sie ihn
  anprobieren kann!   anprobieren?**

Fragen Sie Ihren Nachbar,

1. wieviel er dafür ausgeben will!   2. wann er ihn abholen kann!
3. wo er sich umziehen soll!   4. wie oft er den Anzug tragen will!
5. warum er den alten Anzug nicht mehr tragen kann!   6. weshalb
er ihn nicht flicken läßt!   7. wie er den Anzug bezahlen will!
8. wann er die erste Rate bezahlen muß!

ERKLÄRUNGEN

In Chapters 1–3, most of the questions could be answered by yes or no.
Yes-or-no questions usually begin with a verb, followed by its subject.
This type of question is spoken with a rising pitch toward the final
syllable:

Schreibt er ihr einen Brief?

Gibt er uns Auskunft?

Kommt er bald zurück?

Note: A statement may also be turned into a question simply by
raising the pitch toward the final syllable:

Er schreibt uns einen Brief?

Er gibt uns Auskunft?

Er kommt bald zurück?

Questions beginning with an interrogative word ask for information
and require answers other than mere yes or no. In introducing a
question with a question word, place the finite verb immediately after
the question word:

Was sagt er heute?
Wo wohnt er jetzt?
Wann kommt er zurück?
Warum bleibt er hier?
Wie macht er das?

INTERROGATIVE ADVERBS

wann?	*when?*	**wieviel?**	*how much?*
warum?	*why?*	**wie viele?**	*how many?*
wie?	*how?*	**wie lange?**	*how long?*
wo?	*where?*		

INTERROGATIVE PRONOUNS

NOM.:	**wer?**	*who?*		**was?**	*what?*
GEN.:	**wessen?**	*whose?*			
DAT.:	**wem?**	*(to) whom?*			
ACC.:	**wen?**	*whom?*		**was?**	*what?*

If a question word is used to introduce an indirect question, place the finite verb last in the indirect question:

> Ich weiß, wann sie **kommt.**
> Weiß du, wo sie **wohnt?**
> Ich weiß nicht, wen sie dort **trifft.**

Übungen

A. *Bilden Sie Fragen mit den angegebenen Fragewörtern!*

BEISPIEL: Ich hole ihn um sechs Uhr ab. (wann?)
Wann holen Sie ihn ab?

1. Ich fahre ihn an den Bahnhof. (wohin?) 2. Er soll um sieben da sein. (wo?) 3. Der Zug fährt kurz nach acht ab. (wann?) 4. Er muß eine Stunde am Bahnhof warten. (wie lange?) 5. Er sieht furchtbar müde aus. (weshalb?) 6. Er arbeitet zehn Stunden täglich. (wie viele?) 7. Er ruht sich nicht genug aus. (warum?) 8. Er will schnell reich werden. (warum?)

B. *Stellen Sie Fragen mit wer?, wem?, wen? oder was?!*

BEISPIEL: Der Chef fährt nach München.
Wer fährt nach München?

1. Er will dort einen Kollegen treffen. 2. Ein Chauffeur soll ihn am Bahnhof abholen. 3. Er unterhält sich mit dem Chauffeur. 4. Der

Chauffeur zeigt ihm die Stadt. 5. Der Chef sieht viele Museen.
6. Jetzt sieht er endlich seinen Kollegen. 7. Er schüttelt ihm die
Hand.

C. *Bilden Sie indirekte Fragen, indem Sie jeden Satz mit „Wissen Sie"
beginnen!*

BEISPIEL: Er kommt um sieben Uhr an. (wann?)
Wissen Sie, wann er ankommt?

1. Der Mann soll um drei Uhr einen Anzug anprobieren. (wann?)
2. Dieser Anzug soll viel kosten. (wieviel?) 3. Er bezahlt die nächste
Rate am ersten des Monats. (was?) 4. Der Anzug muß spätestens
bis morgen fertig sein. (bis wann?) 5. Sie muß die Fahrkarte am
Schalter lösen. (wo?) 6. Sie hat sie noch nicht gelöst. (warum?)
7. Sie wird unterwegs einen Freund treffen. (wen?) 8. Sie wird mit
ihm zusammen nach München fahren. (mit wem?)

D. *Sagen Sie auf deutsch!*

1. I don't know where he is now. 2. Do you know when he left?
3. I would like to know how long he is staying. 4. Tell him how
much this costs. 5. Can you tell me where I'm supposed to find him?
6. I don't understand what you're saying. 7. I am asking him when
he'll come back. 8. He doesn't know when he can return.

2. Expressing the Future

KONVERSATION*

Kurz vor den Sommerferien fragen Sie Ihren Freund:

A	B
Wann fahren Sie ab?	**Ich fahre übermorgen ab.**
Wie lange bleiben Sie?	**Ich bleibe vierzehn Tage.**

1. Wann reisen Sie ab? (vormittags) 2. Wie lange sind Sie unterwegs? (zwei Stunden) 3. Wann kommen Sie an? (gegen vier Uhr)
4. Wo treffen Sie Ihre Verwandten? (am Bahnhof) 5. Mit wem
reisen Sie zusammen? (mit einem Schulkameraden) 6. Wie lange
halten Sie sich da auf? (eine Woche)

Sie erkundigen sich bei einem anderen Freund über seine Reisepläne.

A	B
Wann werden Sie abreisen?	**Ich werde nächste Woche abreisen.**
Wie lange werden Sie weg sein?	**Ich werde sechs Wochen weg sein.**

1. Wann werden Sie an den Flughafen fahren? (am Montag) 2. Wen werden Sie dort treffen? (einen Kollegen) 3. Was für Gepäck werden Sie mitnehmen? (einen Koffer) 4. Um wieviel Uhr werden Sie ankommen? (um zwei Uhr) 5. Wer wird Sie am Flughafen empfangen? (ein Verwandter)

ERKLÄRUNGEN

Review the forms of the future in the Appendix.

As in English, future time is often expressed in German by the present tense when the meaning is clearly future, and particularly when adverbs of time are used:

> **Ich fahre morgen früh ab.**
> *I'm leaving tomorrow morning.*

Future time is also expressed by the future tense, especially if futurity is to be stressed:

> **Ich werde morgen früh abreisen.**
> *I will leave tomorrow morning.*

The infinitive of a future construction stands last in a main clause:

> **Er wird morgen abend kommen.**
> **Wir werden ihn empfangen.**
> **Ich werde ihn übermorgen sprechen.**

Verbs with separable prefixes do not separate the prefix in the infinitive of a future tense:

> **Er wird bald zurückkommen.**
> **Wir werden ihn anrufen.**
> **Ich werde erst um fünf Uhr abfahren.**

Übungen

A. *Setzen Sie die Verben in den folgenden Sätzen ins Futur!*

1. Wir kommen heute an. 2. Er fährt morgen ab. 3. Ich schreibe

ihm sofort.   4. Ich besuche ihn bestimmt.   5. Ich bleibe drei Tage bei meinen Freunden.   6. Ich verbringe auch das Wochenende bei ihnen.   7. Sie freuen sich auf meinen Besuch.   8. Sie holen mich am Bahnhof ab.

B. *Ersetzen Sie das Futur durch das Präsens!*

1. Sie werden noch oft an Ihre Reise denken.   2. Bald werden Sie eine andere machen.   3. Sie wird länger dauern.   4. Sie wird auch mehr kosten.   5. Warum wird sie teurer sein müssen?

3. Probability

KONVERSATION*

Während Ihr Freund in Europa ist, fragen Sie sich oft, wie seine Reise verläuft.

A	B
Ist er mit dem Hotel zufrieden?	**Er wird schon damit zufrieden sein.**

1. Redet er immer auf deutsch?   2. Bittet er oft um Auskunft? 3. Achtet er auf alle Maßregeln?   4. Kommt er mit seinem Geld aus? 5. Denkt er oft an die Rückfahrt?

ERKLÄRUNG

The future tense, usually with **schon** or **wohl**, expresses probability or conjecture in present time:

> **Er wird schon** mit dem Hotel zufrieden **sein**.
> *He is probably satisfied with the hotel.*

> Das **wird wohl** wahr **sein**.
> *That is probably true.*
> *That must be true.*

Übungen

A. *Ändern Sie die folgenden Sätze, um eine Wahrscheinlichkeit auszudrücken!*

Beispiel: Er ist hier.
　　　　　　Er wird wohl hier sein.

1. Sie ist zu Hause.　2. Das stimmt.　3. Sie haben recht.　4. Er hat genug Geld bei sich.　5. Sie ist müde.　6. Es ist unmöglich.　7. Sie weiß das genau.

B. *Sagen Sie auf deutsch!*

1. He is probably waiting for us.　2. He is probably thinking of his vacation.　3. They probably have a good time.　4. She is probably at home.

4. *Da–* and *Wo–*Compounds

KONVERSATION*

Ihr Freund ist jetzt zurück. Er erzählt Ihnen viel, aber Sie verstehen nicht alles. Sie bitten ihn, manches zu wiederholen.

A	B
Ich freue mich auf die nächsten Ferien.	**Wie bitte? Worauf freuen Sie sich?**

1. Ich amüsiere mich oft über das Benehmen von Touristen.　2. Ich erkenne jetzt Ausländer am Akzent.　3. Ich bin sehr mit der Reise zufrieden.　4. Ich erhole mich jetzt von der Reise.　5. Ich freue mich schon auf die nächste Reise.　6. Ich erinnere mich oft an die schönen Tage.　7. Ich unterhalte mich manchmal über Tourismus.

ERKLÄRUNGEN

When used with a preposition, a personal object pronoun of the third person referring to a *thing* or *idea* is replaced by **da–** (**dar–** before a vowel), which is combined with the preposition:

　　　　　　Er schreibt **mit dem Bleistift.**
　　　　　　Er schreibt **damit.**

　　　　　　Er glaubt **an dieses Ideal.**
　　　　　　Er glaubt **daran.**

Compare: Ich denke **daran.**   Ich denke **an ihn.**
I'm thinking of it.   *I'm thinking of him.*

Similarly, when used with a preposition, interrogative **was** is often replaced by **wo–** (**wor–** before a vowel), which is combined with that preposition:

Worauf warten Sie?[1]
What are you waiting for?

Compare: **Womit** reisen Sie?   **Mit wem** reisen Sie?
What are you traveling with?   *Who are you traveling with?*

Übungen

A. *Beantworten Sie die folgenden Fragen, indem Sie **da** mit der Präposition verwenden!*

BEISPIEL: Sind Sie mit Ihrer Arbeit zufrieden?
           Ja, ich bin damit zufrieden.

1. Machen Sie oft Fehler bei der Arbeit? 2. Ärgern Sie sich manchmal über Ihre Fehler? 3. Schreiben Sie mit der Schreibmaschine? 4. Verstehen Sie etwas von Mathematik? 5. Lesen Sie über Politik? 6. Machen Sie sich Sorgen um die Zukunft? 7. Erinnern Sie sich an die letzten Ferien? 8. Können Sie sich auf Ihr Gedächtnis verlassen?

B. *Ersetzen Sie das Präpositionalobjekt durch eine Zusammensetzung mit **da–**!*

BEISPIEL: Er hat viel Freude an Musik.
           Er hat viel Freude daran.

1. Ich sehe ihn oft vor dem Klavier. 2. Er ist durch sein Spielen bekannt. 3. Er hat nur Interesse für Musik. 4. Er macht sich ein Vergnügen aus Musik. 5. Er ist begeistert von Symphonien. 6. Er macht sich weniger aus Opern. 7. Ich lache oft über sein Vorurteil. 8. Es liegt ihm nicht viel an meiner Meinung.

---

1. Some speakers, however, prefer using interrogative **was** and the preposition: **Auf was** warten Sie?

C. *Fragen Sie nach dem Präpositionalobjekt!*

> Beispiel: Er gibt keine Auskunft über diese Angelegenheit.
> Worüber gibt er keine Auskunft?

1. Er spricht selten über diese Sache.   2. Ich halte nicht viel von seiner Meinung.   3. Ich freue mich nicht auf unsere Unterhaltung. 4. Ich bin mit seinem Standpunkt nicht einverstanden.   5. Er spricht nur von Freiheit.   6. Aber er versteht nichts von Demokratie.

D. *Sagen Sie auf deutsch!*

1. What are you talking about?   2. Who are you talking about? 3. What are you asking about?   4. Who are you asking about? 5. What are you thinking of?   6. Who are you thinking of?   7. What do you believe in?   8. Who do you believe in?   9. What are you quarreling about?   10. Who are you quarreling about?

WIEDERHOLUNG UND BEMERKUNGEN

Many German verbs (like English verbs) are used with certain prepositions to form fixed expressions. The basic meanings of the prepositions do not generally coincide in the two languages because the use of these prepositions is figurative and not literal. We will give you a number of common verb expressions in this and succeeding lessons. Always treat these expressions as idioms and learn verb and preposition together:

achten auf	*to pay attention to*
Angst haben vor (+dative) [1]	*to be afraid of*
auskommen mit	*to get by on*
bitten um	*to ask for*
denken an	*to think of*
erkennen an (+ dative) [1]	*to recognize by*
glauben an	*to believe in*
sich erkundigen nach (**über**) [2]	*to ask about, inquire about*

---

1. Prepositions that govern either the accusative or the dative are usually followed by the accusative case in such expressions as above. Note that **Angst haben vor** and **erkennen an** require dative.
2. Compare:
   > Er erkundigte sich **nach ihrer Gesundheit.**
   > *He asked about her health.*
   > Er erkundigte sich **über ihre Vergangenheit.**
   > *He inquired about her past.*

sich freuen auf (über)	to look forward to, rejoice over
sich interessieren für	to be interested in
sich streiten über	to quarrel about (over)
sich verlassen auf	to depend on, rely on
warten auf	to wait for

Übung

Ergänzen Sie die Präposition!

1. Er interessiert sich ——— alles. 2. Er versteht aber nichts ———
Politik. 3. Er denkt oft ——— seine Reise. 4. Er freut sich schon
——— die nächste. 5. Er bittet ——— finanzielle Hilfe. 6. Er
kommt sonst ——— wenig Geld aus. 7. Ich erkundige mich ———
der Ursache. 8. Er macht sich Sorgen ——— seine Gesundheit.
9. Er fürchtet sich sonst ——— nichts. 10. Er glaubt nicht ———
eine Besserung. 11. Er wartet schon lange ——— Besserung. 12. Er
kann sich nicht ——— den Arzt verlassen.

Schlußübung

Sagen Sie zuerst und schreiben Sie danach auf deutsch!

1. Where will you spend the weekend? 2. I don't know where I'll
spend Saturday. 3. Sunday I'll visit friends. 4. I have to be back on
Monday. 5. The boss will meet a friend at the station. 6. I will
accompany him. 7. Do you know when the friend will arrive?
8. No, we have to wait for the train. 9. You have to wait for it?
10. How long will you be waiting? 11. A long time. You can depend
on it. 12. We'll first show him the museum. 13. He's probably
interested in it. 14. Then he'll ask about the hotel. 15. Pardon me,
what will he be asking about? 16. The hotel. We'll take him to the
hotel. 17. What will they discuss? 18. The boss wants to explain an
idea to him. 19. Is he for it or against it? 20. He's interested in it;
he is probably for it.

AUFSATZ

Schreiben Sie einen kurzen Aufsatz über ein Examen! Erwähnen Sie
unter anderem:

1. was für ein Examen es ist!

2. wo Sie das Examen schreiben werden!
3. ob Sie das Fach schwer finden!
4. ob Sie sich vor diesem Examen fürchten und warum!
5. was passieren wird, wenn Sie das Examen nicht bestehen!
6. wie lange Sie sich darauf vorbereitet haben!

FÜNFTES KAPITEL

GESPRÄCH*

Ernst wartet auf Dick und Lotte, die den Nachmittag in der Stadt verbracht haben. Alle drei sollen bei Kleins zu Abend essen und müssen sich beeilen.

ERNST: Ihr habt euch aber sehr verspätet. Habt ihr denn vergessen, daß man uns um acht bei Kleins erwartet?

DICK: Wir hatten einen herrlichen Nachmittag. Wir haben nicht einmal auf die Uhr geschaut.

ERNST: Frau Klein hat uns aber zum Abendessen eingeladen, und das Essen wird kalt.

LOTTE: Bis acht können wir es schon noch schaffen.

ERNST: Wo habt ihr euch denn herumgetrieben? Ihr wart ja den ganzen Nachmittag fort.

DICK: Die Zeit ist nur so verflogen. Lotte hat zuerst ein paar Besorgungen gemacht.

LOTTE: Ich habe mir endlich einen Sommermantel angeschafft. Ich hatte diesmal Glück. Ich fand sogleich die richtige Farbe.

DICK: Und ich mußte auf die Bank, um einen Reisescheck einzulösen. Wir haben uns sehr beeilen müssen. Die meisten Banken sind nur bis vier Uhr geöffnet.

LOTTE: Auf dem Wege haben wir eine Konditorei entdeckt. Kannst du dir vorstellen, Dick hat das Wort gar nicht gekannt! Er behauptet, so etwas gibt es nicht in Amerika!

DICK: Auf jeden Fall haben wir uns ziemlich vollgegessen. Die Torten waren vorzüglich.

LOTTE: Dann kamen wir zufällig an einem Museum vorbei.

DICK: Ja, Lotte bestand darauf, sich die neueste Ausstellung anzusehen. Wir haben die moderne Kunst besprochen. Sie hat mir das Ziel davon erklärt.

LOTTE: Dick übertreibt. Er hat ebensoviel davon verstanden wie ich.

ERNST: Ihr seid doch nicht durch das ganze Museum gelaufen?

DICK: Wir haben uns auf ein Stockwerk beschränkt. Lotte ist in allem sehr gründlich und geht auf viele Einzelheiten ein.

ERNST: Wir müssen jetzt aufhören. Wenn wir weitersprechen, werden wir bestimmt nicht rechtzeitig bei Kleins sein.

Übungen

A. *Beantworten Sie die folgenden Fragen!*

1. Wer hat die drei Freunde zum Abendessen eingeladen und wann sollen sie ankommen?
2. Wo haben sich Dick und Lotte herumgetrieben?
3. Welche wichtige Besorgung hat Lotte gemacht?
4. Wohin mußte Dick gehen, um seinen Scheck einzulösen?
5. Welches Wort hat Dick gar nicht gekannt?
6. Worauf hat Lotte bestanden?
7. Woher weiß man, daß Lotte in allem sehr gründlich ist?

B. *Erklären Sie:*

1. warum die Freunde sich beeilen müssen!
2. aus welchen Gründen Dick und Lotte sich verspätet haben!
3. in welcher Hinsicht der Geschäftsschluß der Banken wichtig ist!
4. inwiefern Lotte gründlich war!

C. *Sagen Sie auf deutsch, indem Sie den Beispielen folgen!*

(a) Ihr habt euch aber sehr verspätet. (*My, but you're late.*)

1. My, but we're late! 2. But he is so late! 3. My, but I am late!

(b) Bis acht können wir es schon noch schaffen. (*We can still make it by eight.*)

1. You can still make it by nine. 2. Can't we still make it by seven? 3. I have to make it by tomorrow.

(c) Wo habt ihr euch herumgetrieben? (*Where have you been keeping yourselves?*)

1. Where has he kept himself this week? 2. Where have they been roaming about all day? 3. I don't know where she's been keeping herself.

(d) Ich habe mir endlich einen Mantel angeschafft. (*I've finally gotten myself a coat.*)

1. She's finally gotten herself a summer coat. 2. Have you finally gotten yourself some travelers checks? 3. We've finally bought ourselves a new car.

(e) Ich hatte diesmal Glück. (*I was lucky this time.*)

1. Are you always lucky? 2. I'm never lucky. 3. She was certainly lucky yesterday.

(f) Sie bestand darauf, sich die Ausstellung anzusehen. (*She insisted upon seeing the exhibition.*)

1. She insisted upon going home. 2. I insisted upon explaining modern art to her. 3. Do you insist upon getting a new coat?

(g) Sie geht auf viele Einzelheiten ein. (*She goes into many details.*)

1. I never go into detail. 2. They often went into detail. 3. Do you go into much detail?

D. *Sagen Sie auf deutsch!*

Ernst: Where have you been all afternoon?
Dick: We forgot that we are to eat at the Kleins' tonight. The time flew so.
Lotte: If we hurry, we can still make it.
Ernst: Did you finally get yourself a summer coat, Lotte?
Lotte: Yes, I was very lucky and found the right color.

GRAMMATIK UND ÜBUNG

Compound Tenses

A compound tense consists of the auxiliary verb **haben** or **sein** plus past participle. Review the compound tenses in the Appendix.

Most verbs form their compound tenses with **haben** plus past participle.

Intransitive verbs denoting change of place or condition form compound tenses with **sein** plus past participle. The auxiliary **sein** is also used with past participles of **sein, bleiben,** and **begegnen,** although these verbs do not show a change of position or condition. Verbs conjugated with **sein** are marked by **ist** in the Appendix and vocabularies.

In a main clause, the auxiliary stands in the customary position of the finite verb; the past participle stands at the end of the clause:

> Er hat einen Brief **geschrieben.**
> Er ist um 6 Uhr **angekommen.**

In a dependent clause, the auxiliary verb stands last:

> Ich weiß, daß er einen Brief **geschrieben hat.**
> Ich glaube, daß er um 6 Uhr **angekommen ist.**

1. Present Perfect[1]

KONVERSATION*

Ich stelle weitere Fragen über Ihren Freund, der jetzt zurückgekommen ist. Ich frage Sie, ob er verschiedenes tun wird, und Sie antworten mir, daß er es schon getan hat.

A	B
Wird er seine Fotos zeigen?	Er hat sie gezeigt.
Wird er viel über die Reise erzählen?	Er hat viel darüber erzählt.

---

1. The present perfect may also be called "compound past."

1. Wird er jetzt wieder arbeiten? 2. Wird er sich eine Stelle suchen?
3. Oder wird er von der nächsten Reise träumen? 4. Wird er sich
Geld dafür sparen? 5. Wird er sich eine andere Wohnung mieten?
6. Wird er sich neue Möbel kaufen? 7. Wird er seine alten verkaufen? 8. Wird er uns manchmal besuchen?

Sie sagen Ihrem Freund, was er tun soll, aber er sagt, daß er es schon
getan hat.

A	B
Holen Sie Ihren Koffer ab!	**Ich habe ihn schon abgeholt.**

1. Stellen Sie bitte den Apparat ab! 2. Setzen Sie sich doch hin!
3. Legen Sie Ihren Mantel ab! 4. Ich kann schlecht sehen. Machen
Sie bitte das Licht an! 5. Ruhen Sie sich etwas aus! 6. Bringen Sie
das Gepäck herein! 7. Räumen Sie es weg!

Sie beschreiben eine Unterhaltung mit dem Chef. Man will weiteres
darüber wissen.

A	B
Ich habe heute mit dem Chef gesprochen.	**Warum haben Sie mit ihm gesprochen?**

1. Ich habe ihm einen Geschäftsbrief gebracht. (warum?) 2. Ich habe
ihn von einem Kunden bekommen. (von wem?) 3. Ich habe dem
Chef den Brief vorgelesen. (wieso?) 4. Ich habe später mit dem Chef
zu Mittag gegessen. (wo?) 5. Ich habe mehrere Probleme mit ihm
besprochen. (welche?) 6. Ich habe sie ihm genau beschrieben. (wie?)
7. Wir haben kurz danach das Restaurant verlassen. (warum?) 8. Wir
haben uns entschlossen, dem Kunden zu antworten. (wozu?) 9. Ich
habe ihm sofort geschrieben. (wann?)

Sie sind ziemlich an Ihre Gewohnheiten gebunden.

A	B
Ich stehe immer früh auf.	**Sind Sie auch heute früh aufgestanden?**

1. Ich fahre immer mit dem Auto zur Arbeit. 2. Ich fahre jeden
Morgen um acht Uhr ab. 3. Am Steuer bin ich immer vorsichtig.

4. Ich komme pünktlich um halb neun an.   5. Ich bleibe den Vormittag im Büro.   6. Ich gehe um zwölf Uhr essen.   7. Danach laufe
ich in der Stadt herum.   8. Ich werde nachmittags immer müde.
9. Deshalb gehe ich gewöhnlich ins Café.   10. Ich komme um sechs
Uhr abends nach Hause zurück.

ERKLÄRUNGEN

The present perfect is the normal conversational past tense in German.
It also denotes a single, definite act in the past. It may be equivalent
to the simple past or the present perfect in English:

> **Er hat** mit mir darüber **gesprochen.**
> *He spoke to me about that.*
> *He has spoken to me about that.*

> Sie **ist** früh **abgefahren.**
> *She left early.*

> Er **ist** schon **abgefahren.**
> *He has already left.*

Übungen

A. *Setzen Sie die folgenden Sätze ins Perfekt!*

> BEISPIEL: Er arbeitet hier.
> Er hat hier gearbeitet.

1. Er sucht eine neue Stelle.   2. Er verdient sehr wenig.   3. Er spart
auch nicht viel.   4. Er wartet auf Lohnerhöhung.   5. Er leistet viel.
6. Ich bewundere ihn schon lange.   7. Ich erkundige mich oft nach
ihm.   8. Ich versuche, ihm zu helfen.

B. *Wiederholen Sie die folgenden Sätze und bilden Sie danach Fragen in*
den **er** *und* **Sie** *Formen!*

> BEISPIEL: Ich bin früh aufgestanden.

> Ist er früh aufgestanden?
> Sind Sie früh aufgestanden?

1. Ich bin langsam gefahren.   2. Ich bin vorsichtig gewesen.   3. Ich
bin spät im Büro angekommen.   4. Um zwölf Uhr bin ich ins Restau-

rant gegangen.   5. Ich bin zu lange dort geblieben.   6. Ich bin schnell zurückgelaufen.   7. Ich bin früh heimgefahren.   8. Ich bin um zehn zu Bett gegangen.   9. Ich bin lange wach geblieben.

C. *Sagen Sie auf deutsch!*

1. My friend looked for a job.   2. I helped him.   3. We got up early.
4. We left the house at eight.   5. We drove.   6. We arrived on time.
7. The boss talked to us.   8. We asked him, "Do you have a job?"
9. He answered immediately and gave us both a job.   10. We thanked him.

2. Modal Auxiliaries in the Present Perfect; Double Infinitive

KONVERSATION*

Es ist Ihnen nicht gut gegangen. Ein Freund ist um Ihre Gesundheit besorgt.

A	B
Was haben Sie nicht gekonnt?	**Ich habe nicht schlafen können.**

1. Was haben Sie nicht gekonnt? (aufstehen)   2. Was haben Sie nicht gemocht? (essen)   3. Was haben Sie nicht gedurft? (das Haus verlassen)   4. Was haben Sie nicht gesollt? (spazierengehen)   5. Was haben Sie nicht gedurft? (ausgehen)   6. Was haben Sie gemußt? (im Bett bleiben)

ERKLÄRUNGEN

In the present perfect of a modal auxiliary used with a dependent infinitive, the past participle of the modal is replaced by a form identical with the infinitive. This is the so-called double-infinitive construction. Double infinitives always stand last in any clause!

> Er hat es **machen dürfen.** (instead of **gedurft**)
> *He was permitted to do it.*
> Ich habe den Brief **schreiben müssen.** (instead of **gemußt**)
> *I had to write the letter.*
> Sie ist nicht geblieben, obwohl sie ihn hat **sprechen wollen.**
> *She didn't stay, although she wanted to see him.*

A few additional verbs, principally **helfen, hören, lassen, sehen,** also take dependent infinitives without **zu** and form double infinitives:

Ich habe sie **kommen hören.**
I heard her coming.
Haben Sie die Kinder **spielen sehen?**
Did you see the children playing?

When there is no dependent infinitive, modal auxiliaries, like other verbs, use the customary past participles in the present perfect: **gedurft, gekonnt, gemocht, gemußt, gesollt, gewollt:**

Er hat es **gesollt.**
He was supposed to (do it).
Das hat er **gemußt.**
He had to (do that).

Note: While the present perfect is the usual conversational past tense for most verbs, Germans generally prefer the simple past for auxiliary verbs and modals to avoid cumbersome sequences of verb forms, especially in dependent clauses:

Er **durfte** es machen.
Wir **wollten** schreiben.
Er geht weg, obgleich er bleiben **sollte.**

Übung

Ergänzen Sie mit der passenden Form!

1. Er hat es schreiben ——— (müssen). 2. Nein, er hat es ——— (wollen). 3. Haben Sie es auch ——— (müssen)? 4. Nein, ich habe hingehen ——— (sollen). 5. Ich habe sie wegfahren ——— (hören). 6. Haben Sie sie auch ——— (hören)? 7. Ich habe ihn sprechen ——— (müssen). 8. Ich habe es aber nicht ——— (dürfen). 9. Ich habe nichts sagen ——— (können). 10. Sie haben es nicht ——— (mögen).

3. Position of Object or Reflexive Pronouns in Compound Tenses

KONVERSATION*

Sie beantworten die folgenden Fragen mit besonderem Nachdruck und fragen dann Ihren Freund, was er von der Situation weiß.

A

Hat er sich weh getan?

B

**Er hat sich sogar sehr weh getan.
Aber wissen Sie, wo er sich weh
getan hat?**

1. Hat er sich beeilt? (warum?)   2. Hat er sich verspätet? (wieso?)
3. Hat er sich angestrengt? (wie lange?)   4. Hat er sich aufgeregt?
(worüber?)   5. Hat er sich um die Stelle beworben? (wann?)   6. Hat
er sich krank gefühlt? (weshalb?)   7. Hat er sich gut ausgeruht? (wo?)
8. Hat er sich gut erholt? (bei wem?)

ERKLÄRUNGEN

In normal word order, object or reflexive pronouns follow the *auxiliary verb* in compound tenses:

Er hat **ihr** Blumen geschickt.
Sie hat **sich** darüber gefreut.

In inverted and dependent word order, object or reflexive pronouns usually follow the *subject:*

Hat er **ihr** Blumen geschickt?
Gestern hat er **ihr** Blumen geschickt.
Hat sie **sich** darüber gefreut?

Sie war zufrieden, weil er **ihr** Blumen geschickt hat.
Ich weiß, daß sie **sich** darüber gefreut hat.

Übungen

A. *Setzen Sie die folgenden Sätze zuerst in die* **ich** *Form und dann in die* **Sie** *Form den Beispielen entsprechend!*

BEISPIELE: Er hat sich geärgert.
Ich habe mich geärgert.
Haben Sie sich auch geärgert?

1. Er hat sie besucht.   2. Er hat sich gefreut.   3. Er hat ihr ein
Geschenk mitgebracht.   4. Sie hat es nicht annehmen wollen.   5. Ich
habe es da gelassen.

B. *Sagen Sie auf deutsch, indem Sie das Perfekt gebrauchen!*

1. I didn't hurt myself.   2. Does she know that you hurried?   3. We

didn't worry much.   4. Was he excited?   5. She was glad because we
bought her a present.   6. Did you offer him a beer?

WIEDERHOLUNG VON VERBFORMEN

1. Past participles of weak (regular) verbs are formed by prefixing **ge–** to
   the verb stem (infinitive without **–en** ending) and adding the suffix
   –(e)t:

sagen	**gesagt**	öffnen	**geöffnet**
machen	**gemacht**	arbeiten	**gearbeitet**
		bilden	**gebildet**

2. Verbs with infinitive ending in **–ieren** do not add **ge–** in the past
   participle:

interessieren	**interessiert**
passieren	**passiert**

3. Past participles of strong (irregular) verbs are formed by prefixing **ge–**
   and adding the suffix **–en** to the past-participle stem. Many past-
   participle stems have vowels different from the stem vowels of their
   infinitives, and some have irregular spellings. In this and the next few
   lessons we will review the past participles of common irregular verbs.
   Others are listed in the Appendix:

bleiben	(ist) **geblieben**	schließen	**geschlossen**
essen	**gegessen**	schreiben	**geschrieben**
fahren	(ist) **gefahren**	sehen	**gesehen**
geben	**gegeben**	sein	(ist) **gewesen**
haben	**gehabt**	sprechen	**gesprochen**
kommen	(ist) **gekommen**	trinken	**getrunken**
lassen	**gelassen**	waschen	**gewaschen**
nehmen	**genommen**	werden	(ist) **geworden**
schlafen	**geschlafen**		

4. The prefix **ge–** is omitted in the past participles of verbs (weak and
   strong) with inseparable prefixes:

versagen	**versagt**
beginnen	**begonnen**
bearbeiten	**bearbeitet**
entkommen	(ist) **entkommen**

5. The past participles of verbs with separable prefixes have –ge– between the prefix and the verb form:

abmachen	**abgemacht**
ansehen	**angesehen**
mitarbeiten	**mitgearbeitet**
zurückbleiben	(ist) **zurückgeblieben**

Übungen

A. *Geben Sie die Partizipien der folgenden Verben!*

1. spielen	8. vernehmen	15. geben
2. schreiben	9. abgeben	16. waschen
3. werden	10. reden	17. öffnen
4. verspielen	11. wohnen	18. entsagen
5. lassen	12. zuhören	19. schlafen
6. holen	13. wegfahren	20. nehmen
7. ärgern	14. verhören	

B. *Ergänzen Sie die korrekten Formen von* **haben** *und* **sein**!

1. Wir ———— in ein Restaurant gefahren. 2. Wir ———— gut gegessen. 3. Wir ———— kein Trinkgeld dagelassen. 4. Wir ———— kein Kleingeld gehabt. 5. Wir ———— nicht lange geblieben. 6. Mein Vater ———— sofort zur Arbeit gefahren. 7. Unsere Mutter ———— nicht mitgekommen. 8. Sie ———— sich ausgeruht.

Schlußübung

1. Ernst was very angry with his employer. 2. He told him how angry he was. 3. Ernst had to look for a new job. 4. He looked everywhere. 5. He read the newspapers and visited offices and stores. 6. He couldn't find anything. 7. Everyone wanted to help him. 8. Ernst became very nervous and unhappy. 9. We invited him to lunch. 10. Naturally, we paid for it. 11. After lunch we drove him home. 12. He didn't live far from us. 13. He looked ill, so I drove slowly. 14. We talked together for a long time. 15. Suddenly we saw his boss. 16. Ernst apologized to (bei) him. 17. His boss laughed and said, "Come back tomorrow." 18. Ernst went back to work the next day. 19. He no longer complained. 20. One year later he received a big raise.

AUFSATZ

Sie suchen sich eine Anstellung für den Sommer. Ein Arbeitgeber stellt Ihnen allerlei Fragen, die Sie natürlich beantworten müssen. Schreiben Sie diese Fragen und Antworten in der Form eines Gespräches nieder! Der Arbeitgeber möchte unter anderem wissen:

1. wie Sie heißen;
2. wo Sie wohnen (Stadt, Straße usw.);
3. wo Sie das Stellenangebot gesehen haben;
4. ob Sie schon mal im Sommer angestellt waren und wo;
5. ob Sie schwere Arbeit leisten können;
6. wann die Schule aufgehört hat;
7. ob Sie gute Noten bekommen haben;
8. ob Sie Charakterreferenzen liefern können;
9. wann Sie mit der Arbeit anfangen möchten.

BERTOLT BRECHT

Die jüdische Frau

*(Frankfurt, 1935. Es ist Abend. Eine Frau packt Koffer. Sie wählt aus,
was sie mitnehmen will. Mitunter nimmt sie wieder etwas aus dem
Koffer und gibt es an seinen Platz im Zimmer zurück, um etwas
anderes einpacken zu können. Lange schwankt sie, ob sie eine große*
5 *Photographie ihres Mannes, die auf der Kommode steht, mitnehmen
soll. Dann läßt sie das Bild stehen. Sie wird müde vom Packen und
sitzt eine Weile auf einem Koffer, den Kopf in die Hand gestützt.
Dann steht sie auf und telefoniert.)*

DIE FRAU   Hier Judith Keith. Doktor, sind Sie es?—Guten Abend.
10 Ich wollte nur eben mal[1] anrufen und sagen, daß ihr euch jetzt doch
nach einem neuen Bridgepartner umsehen müßt, ich verreise nämlich.—Nein, nicht für so sehr lange, aber ein paar Wochen werden es
schon werden.[2]—Ich will nach Amsterdam.—Ja, das Frühjahr soll
dort ganz schön sein.—Ich habe Freunde dort.—Nein, im Plural,
15 wenn Sie es auch nicht glauben.—Wie ihr da Bridge spielen sollt?—
Aber wir spielen doch schon seit zwei Wochen nicht.—Natürlich,
Fritz war auch erkältet. Wenn es so kalt ist, kann man eben nicht
mehr Bridge spielen, das sagte ich auch!—Aber nein, Doktor, wie
sollte ich?—Thekla hatte doch auch ihre Mutter zu Besuch.—Ich
20 weiß.—Warum sollte ich so was denken?—Nein, so plötzlich kam es
gar nicht, ich habe nur immer verschoben, aber jetzt muß ich . . . Ja,
aus unserm Kinobesuch wird jetzt auch nichts mehr, grüßen Sie
Thekla.—Vielleicht rufen Sie ihn sonntags mal an?—Also, auf
Wiedersehen!—Ja, sicher, gern!—Adieu!

25   *(Sie hängt ein und ruft eine andere Nummer an.)*

Hier Judith Keith. Ich möchte Frau Schöck sprechen.—Lotte?—Ich
wollte rasch Adieu sagen, ich verreise auf einige Zeit.—Nein, mir
fehlt nichts, nur um mal ein paar neue Gesichter zu sehen.—Ja, was

---

1. eben mal   *just.*
2. ein paar Wochen werden es schon werden   *it'll be at least a few weeks.*

ich sagen wollte, Fritz hat nächsten Dienstag den Professor hier zu Abend, da könntet ihr vielleicht auch kommen, ich fahre, wie gesagt, heute nacht.—Ja, Dienstag.—Nein, ich wollte nur sagen, ich fahre heute nacht, es hat gar nichts zu tun damit, ich dachte, ihr könntet

5   dann auch kommen.—Nun, sagen wir also: obwohl ich nicht da bin, nicht?—Das weiß ich doch, daß ihr nicht so seid, und wenn, das sind doch unruhige Zeiten, und alle Leute passen so auf, ihr kommt also? —Wenn Max kann? Er wird schon können,[3] der Professor ist auch da, sag's ihm.—Ich muß jetzt abhängen. Also, Adieu!

10   (*Sie hängt ein und ruft eine andere Nummer an.*)

Bist du es, Gertrud? Hier Judith. Entschuldige, daß ich dich störe. —Danke. Ich wollte dich fragen, ob du nach Fritz sehen kannst, ich verreise für ein paar Monate.—Ich denke, du, als seine Schwester. . . Warum möchtest du nicht?—So wird es aber doch nicht aussehen,

15   bestimmt nicht für Fritz.—Natürlich weiß er, daß wir nicht so—gut standen,[4] aber. . . Dann wird er eben dich anrufen, wenn du willst. —Ja, das will ich ihm sagen.—Es ist alles ziemlich in Ordnung, die Wohnung ist ja ein bißchen zu groß.—Was in seinem Arbeitszimmer gemacht werden soll, weiß Ida,[5] laß sie da nur machen.[6]—Ich finde

20   sie ganz intelligent, und er ist gewöhnt an sie.—Und noch was, ich bitte dich, das nicht falsch aufzunehmen, aber er spricht nicht gern vor dem Essen, könntest du daran denken? Ich hielt mich da immer zurück.—Ich möchte nicht gern darüber diskutieren jetzt, mein Zug geht bald, ich habe noch nicht fertig gepackt, weißt du.—Sieh auf

25   seine Anzüge und erinnere ihn, daß er zum Schneider gehen muß, er hat einen Mantel bestellt, und sorg, daß in seinem Schlafzimmer noch geheizt wird, er schläft immer bei offenem Fenster, und das ist zu kalt.—Nein, ich glaube nicht, daß er sich abhärten soll, aber jetzt muß ich Schluß machen.—Ich danke dir sehr, Gertrud, und wir

30   schreiben uns ja immer mal wieder.[7]—Adieu.

       (*Sie hängt ein und ruft eine andere Nummer an.*)

Anna? Hier ist Judith, du, ich fahre jetzt.—Nein, es muß schon sein, es wird zu schwierig.—Zu schwierig!—Ja, nein, Fritz will es nicht, er

3. **Er wird schon können** *He'll be able to come, all right.*
4. **nicht so gut standen** *were not on such good terms.*
5. **Ida** *the servant's name.*
6. **laß sie da nur machen** *let her have her way.*
7. **immer mal wieder** *every now and then.*

weiß noch gar nichts, ich habe einfach gepackt.—Ich glaube nicht.
—Ich glaube nicht, daß er viel sagen wird. Es ist einfach zu schwierig
für ihn, rein äußerlich.[8]—Darüber haben wir nichts verabredet.—
Wir sprachen doch überhaupt nie darüber, nie!—Nein, er war nicht
5 anders, im Gegenteil.—Ich wollte, daß ihr euch seiner ein wenig
annehmt,[9] die erste Zeit.[10] Ja, sonntags besonders, und redet ihm
zu, daß er umzieht.—Die Wohnung ist zu groß für ihn.—Ich hätte
dir gern noch Adieu gesagt, aber du weißt ja, der Portier!—Also,
Adieu, nein, komm nicht auf die Bahn, auf keinen Fall!—Adieu, ich
10 schreib mal.—Sicher.

*(Sie hängt ein und ruft keine andere Nummer mehr an. Sie hat
geraucht. Jetzt zündet sie das Büchlein an, in dem sie die Telefon-
nummern nachgeschlagen hat. Ein paarmal geht sie auf und ab.
Dann beginnt sie zu sprechen. Sie probt die kleine Rede ein, die sie*
15 *ihrem Mann halten will. Man sieht, er sitzt in einem bestimmten
Stuhl.)*

Ja, ich fahre jetzt also, Fritz. Ich bin vielleicht schon zu lange geblieben, das mußt du entschuldigen, aber. . .

(Sie bleibt stehen und besinnt sich, fängt anders an.)

20 Fritz, du solltest mich nicht mehr halten, du kannst es nicht. . . Es ist
klar, daß ich dich zugrunde richten werde, ich weiß, du bist nicht
feig, die Polizei fürchtest du nicht, aber es gibt Schlimmeres. Sie
werden dich nicht ins Lager[11] bringen, aber sie werden dich nicht
mehr in die Klinik lassen, morgen oder übermorgen, du wirst nichts
25 sagen dann, aber du wirst krank werden. Ich will dich nicht hier
herumsitzen sehen, Zeitschriften blätternd, es ist reiner Egoismus von
mir, wenn ich gehe, sonst nichts. Sage nichts. . .

(Sie hält wieder inne. Sie beginnt wieder von vorn.)

Sage nicht, du bist unverändert, du bist es nicht! Vorige Woche hast
30 du ganz objektiv gefunden, der Prozentsatz der jüdischen Wissenschaftler sei gar nicht so groß. Mit der Objektivität fängt es immer

---

8. rein äußerlich *in his public position alone.*
9. daß ihr euch seiner ein wenig annehmt *that you help him out a little.*
10. die erste Zeit *in the beginning.*
11. Lager = Konzentrationslager *concentration camp.*

an, und warum sagst du mir jetzt fortwährend, ich sei nie so natio-
nalistisch jüdisch gewesen wie jetzt. Natürlich bin ich das. Das steckt
ja so an.[12] Oh, Fritz, was ist mit uns geschehen!

(Sie hält wieder inne. Sie beginnt wieder von vorn.)

5   Ich habe es dir nicht gesagt, daß ich fort will, seit langem fort will,
weil ich nicht reden kann, wenn ich dich ansehe, Fritz. Es kommt
mir dann so nutzlos vor, zu reden. Es ist doch alles schon bestimmt.
Was ist eigentlich in sie gefahren?[13] Was wollen sie in Wirklichkeit?
Was tue ich ihnen?[14] Ich habe mich doch nie in die Politik gemischt.
10   War ich für Thälmann?[15] Ich bin doch eines von diesen Bourgeois-
weibern, die Dienstboten halten usw., und plötzlich sollen nur noch
die Blonden[16] das sein dürfen? In der letzten Zeit habe ich oft daran
gedacht, wie du mir vor Jahren sagtest, es gäbe wertvolle Menschen
und weniger wertvolle, und die einen bekämen Insulin, wenn sie
15   Zucker haben und die andern bekämen keins. Und das habe ich
eingesehen, ich Dummkopf! Jetzt haben sie eine neue Einteilung
dieser Art gemacht, und jetzt gehöre ich zu den Wertloseren. Das
geschieht mir recht.[17]

(Sie hält wieder inne. Sie beginnt wieder von vorn.)

20   Ja, ich packe. Du mußt nicht tun, als ob du das nicht gemerkt hättest
die letzten Tage. Fritz, alles geht, nur eines nicht: daß wir in der
letzten Stunde, die uns bleibt, einander nicht in die Augen sehen.
Das dürfen sie nicht erreichen, die Lügner, die alle zum Lügen
zwingen. Vor zehn Jahren, als jemand meinte, das sieht man nicht,
25   daß ich eine Jüdin bin, sagtest du schnell: doch, das sieht man. Und
das freut einen. Das war Klarheit. Warum jetzt um das Ding herum-
gehen? Ich packe, weil sie dir sonst die Oberarztstelle wegnehmen.
Und weil sie dich schon nicht mehr grüßen in deiner Klinik und
weil du nachts schon nicht mehr schlafen kannst. Ich will nicht, daß
30   du mir sagst, ich soll nicht gehen. Ich beeile mich, weil ich dich nicht
noch sagen hören will, ich soll gehen. Das ist eine Frage der Zeit.
Charakter, das ist eine Zeitfrage. Er hält soundso lange, genau wie

---

12. Das steckt ja so an. *It's so catching.*
13. Was ist eigentlich in sie gefahren? *What has gotten into them, anyhow?*
14. Was tue ich ihnen? *What harm am I doing them?*
15. Thälmann *Ernst Thälmann, German Communist leader in the 1920's.*
16. die Blonden *the Aryans.*
17. Das geschieht mir recht. *That serves me right.*

ein Handschuh. Es gibt gute, die halten lange. Aber sie halten nicht
ewig. Ich bin übrigens nicht böse. Doch, ich bin's. Warum soll ich
alles einsehen? Was ist schlecht an der Form meiner Nase und der
Farbe meines Haares? Ich soll weg von der Stadt, wo ich geboren bin,
5   damit sie keine Butter zu geben brauchen. Was seid ihr für Menschen, ja, auch du! Ihr erfindet die Quantentheorie und den Trendelenburg[18] und laßt euch von Halbwilden kommandieren, daß
ihr die Welt erobern sollt, aber nicht die Frau haben dürft, die ihr
haben wollt. Künstliche Atmung und jeder Schuß ein Ruß![19] Ihr
10   seid Ungeheuer oder Speichellecker von Ungeheuern! Ja, das ist
unvernünftig von mir, aber was hilft in einer solchen Welt die
Vernunft? Du sitzt da und siehst deine Frau packen und sagst nichts.
Die Wände haben Ohren, wie? Aber ihr sagt ja nichts! Die einen
horchen, und die andern schweigen. Pfui Teufel.[20] Ich sollte auch
15   schweigen. Wenn ich dich liebte, schwiege ich. Ich liebe dich wirklich. Gib mir die Wäsche dort. Das ist Reizwäsche.[21] Ich werde sie
brauchen. Ich bin sechsunddreißig, das ist nicht zu alt, aber viel
experimentieren kann ich nicht mehr. Mit dem nächsten Land, in
das ich komme, darf es nicht mehr so gehen. Der nächste Mann, den
20   ich kriege, muß mich behalten dürfen. Und sage nicht, du wirst Geld
schicken, du weißt, das kannst du nicht. Und du sollst auch nicht
tun, als wäre es nur für vier Wochen. Das hier dauert nicht nur vier
Wochen. Du weißt es, und ich weiß es auch. Sage also nicht: es sind
schließlich nur ein paar Wochen, während du mir den Pelzmantel
25   gibst, den ich doch erst im Winter brauchen werde. Und reden wir
nicht von Unglück. Reden wir von Schande. O Fritz!

(*Sie hält inne. Eine Tür geht. Sie macht sich hastig zurecht. Ihr
Mann tritt ein.*)

DER MANN   Was machst du denn? Räumst du?[22]
30   DIE FRAU   Nein.
DER MANN   Warum packen?
DIE FRAU   Ich möchte weg.

18. der Trendelenburg = die Trendelenburgsche Operation *Operation invented by
Friedrich Trendelenburg (1844–1924). It removed blood clots from the pulmonary
artery.*
19. jeder Schuß ein Ruß ... Jeder Schuß ein Ruß, jeder Stoß ein Franzos *"For every
shot a Russian, for every blow a Frenchman"* (World War I slogan).
20. Pfui Teufel   *That's disgusting.*
21. Reizwäsche   *provocative lingerie.*
22. Räumst du?   *Are you straightening up?*

DER MANN   Was heißt das?

DIE FRAU   Wir haben doch gesprochen, gelegentlich, daß ich für einige Zeit weggehe. Es ist doch nicht mehr sehr schön hier.

DER MANN   Das ist doch Unsinn.

5   DIE FRAU   Soll ich denn bleiben?

DER MANN   Wohin willst du denn?

DIE FRAU   Nach Amsterdam. Eben weg.

DER MANN   Aber dort hast du doch niemanden.

DIE FRAU   Nein.

10   DER MANN   Warum willst du denn nicht hierbleiben? Meinetwegen mußt du bestimmt nicht gehen.

DIE FRAU   Nein.

DER MANN   Du weißt, daß ich unverändert bin, weißt du das, Judith?

15   DIE FRAU   Ja.

(Er umarmt sie. Sie stehen stumm zwischen den Koffern.)

DER MANN   Und es ist nichts sonst, was dich weggehen macht?

DIE FRAU   Das weißt du.

DER MANN   Vielleicht ist es nicht so dumm. Du brauchst ein Auf-
20   schnaufen. Hier erstickt man. Ich hole dich. Wenn ich nur zwei Tage jenseits der Grenze bin, wird mir schon besser sein.

DIE FRAU   Ja, das solltest du.

DER MANN   Allzulang geht das hier überhaupt nicht mehr.[23] Von irgendwoher kommt der Umschwung. Das klingt alles wieder ab wie
25   eine Entzündung.—Es ist wirklich ein Unglück.

DIE FRAU   Sicher. Hast du Schöck getroffen?

DER MANN   Ja, das heißt, nur auf der Treppe. Ich glaube, er bedauert schon wieder, daß sie uns geschnitten haben.[24] Er war direkt verlegen. Auf die Dauer können sie uns Intellektbestien[25]
30   doch nicht so ganz niederhalten. Mit völlig rückgratlosen Wracks können sie auch nicht Krieg führen. Die Leute sind nicht mal so ablehnend, wenn man ihnen fest gegenübertritt.[26] Wann willst du denn fahren?

23. geht . . . nicht mehr   *can't last.*
24. daß sie uns geschnitten haben   *that they cut (snubbed) us.*
25. Intellektbestien   *intellectual monsters.*
26. Die Leute sind nicht mal so ablehnend, wenn man ihnen fest gegenübertritt.   *These people are not so unresponsive if one confronts them boldly.*

DIE FRAU   Neun Uhr fünfzehn.

DER MANN   Und wohin soll ich das Geld schicken?

DIE FRAU   Vielleicht hauptpostlagernd[27] Amsterdam.

DER MANN   Ich werde mir eine Sondererlaubnis geben lassen. Zum
5   Teufel, ich kann doch nicht meine Frau mit zehn Mark im Monat
wegschicken! Schweinerei, das Ganze. Mir ist scheußlich zumute.[28]

DIE FRAU   Wenn du mich abholen kommst, das wird dir guttun.

DER MANN   Einmal eine Zeitung lesen, wo was drin steht.

DIE FRAU   Gertrud habe ich angerufen. Sie wird nach dir sehen.
10   DER MANN   Höchst überflüssig. Wegen der paar Wochen.

DIE FRAU   (*die wieder zu packen begonnen hat*) Jetzt gib mir den
Pelzmantel herüber, willst du?

DER MANN   (*gibt ihn ihr*) Schließlich sind es nur ein paar Wochen.

A. *Verfassen Sie Gespräche unter Verwendung der Schlüsselwörter!*

1. Judith: identifies herself
   asks for Mrs. Schöck

Stimme: one moment

Lotte: identifies herself

Judith: Lotte?
   just wanted to say good-by
   taking a short trip

Lotte: doesn't understand
   anything wrong?

Judith: no
   just wants to see some new faces

Lotte: when is she leaving?

Judith: leaving tonight
   could they come next Tuesday?

Lotte: sorry Judith has to go away
   will be there on Tuesday

2. Frau: ich / müssen / verreisen

Mann: können / du / nicht Reise / verschieben?

---

27. hauptpostlagernd   *general delivery at the main post office.*
28. Mir ist scheußlich zumute.   *I feel awful.*

Frau: ich / zugrunderichten / dich / wenn / ich / bleiben
sie / werden / dich / nicht / Klinik / gehen / lassen

Mann: Umschwung / kommen / irgendwoher
alles / abklingen / wie / Entzündung
sollen / ich / Geld / hauptpostlagernd / Amsterdam / schicken?

Frau: ja
können / dir / Sondererlaubnis / geben lassen / und / mich / abholen?

Mann: vielleicht
mir / scheußlich / zumute

B. *Diskussionsfragen:*

1. Welche Personen, die Judith anruft, scheint sie gut zu kennen? Erklären Sie Ihre Antwort!
2. Brecht spricht oft von „einfachen Menschen", die wegen „gewisser Umstände" kein richtiges Leben führen dürfen. Glauben Sie, daß Judith zu diesen Menschen gehört?

Simple Past
Past Perfect
Future Perfect
Idiomatic Present & Past

SECHSTES KAPITEL

GESPRÄCH*

Lotte und Dick sitzen in einem Mietwagen und besprechen ein verrücktes, farbiges Lustspiel, das sie sich in einem Auto-Kino angesehen haben.

LOTTE: Recht vielen Dank für den netten Abend. Ich bin froh, daß wir uns einen leichten Film angesehen haben.

DICK: Ja, ich hatte auch Lust, etwas Amüsantes zu sehen. Die Handlung war wohl etwas kompliziert, und es gab ein tolles Durcheinander. Ich habe aber viel gelacht.

LOTTE: Ich wußte meistens nicht mal, um was es sich handelte.

DICK: Ich wußte auch nicht immer, wer auf wessen Seite stand und wer auf wen geschossen hat. Aber das Tempo war so schnell und das Lachen kam so leicht, daß mir das nichts ausgemacht hat.

LOTTE: Ich fand auch, daß der Film besonders gut fotografiert war. Aus diesem Grunde gehe ich so gerne ins Kino, wenn es einen amerikanischen Film gibt. Meiner Meinung nach sind die amerikanischen Filme technisch überlegen. Außerdem ist die Aufmachung fast immer wunderschön.

DICK: Wie meinen Sie das?

LOTTE: Sind Ihnen die gut aussehenden Schauspieler nicht aufgefallen, oder die eleganten Kleider, die kostbaren Juwelen, und die verschwenderisch eingerichteten Wohnungen?

DICK: Ich gehe so selten ins Kino, daß ich es nicht bemerkt habe. Wegen des Fernsehens kann ich vieles nicht mehr ausstehen.

LOTTE: Wir sind hier vielleicht weniger verwöhnt. Stimmt es übrigens, daß amerikanische Kinder oft allein ins Kino gehen und nicht nur zu besonderen Kindervorstellungen?

DICK: Das mag stimmen, aber natürlich gibt es Filme, zu denen Kinder überhaupt nicht zugelassen werden.

LOTTE: Ich will es nicht sehr betonen, aber unsere Filme behandeln oft dieselben Themen wie Ihre.

DICK: Das würde ich nicht bezweifeln. Ich kann nicht umhin, mich an zwei neue Filmuntertitel zu erinnern: „Sex-Knüller aus Frankreich" und „90 Minuten ohne Mitleid."

LOTTE: Ich habe auch solche Anzeigen gesehen. Leider stellt es sich manchmal heraus, daß der Film noch schlechter ist als die Anzeige!

Übungen

A. *Beantworten Sie die folgenden Fragen!*

1. Was besprechen Lotte und Dick?
2. Wozu hatten sie Lust?
3. Was kann man über die Handlung des Filmes sagen?
4. Inwiefern sind die amerikanischen Filme überlegen?
5. Warum geht Dick so selten ins Kino?
6. Welche zwei Filmuntertitel hat Dick in der Zeitung gesehen?

B. *Erklären Sie:*

1. was für einen Film Lotte und Dick sich angesehen haben!
2. warum Lotte amerikanische Filme bevorzugt!
3. in welcher Hinsicht die Aufmachung in amerikanischen Filmen eine Rolle spielt!
4. welche Themen die deutschen Filme oft behandeln!

C. *Sagen Sie auf deutsch, indem Sie den Beispielen folgen!*

(a) Ich hatte Lust, etwas Amüsantes zu sehen. (*I was in the mood to see something amusing.*)

1. Are you inclined to see something serious?   2. They're in the mood to go home.   3. I wasn't inclined to go to the movies.

(b) Ich wußte nicht, um was es sich handelte. (*I didn't know what it was all about.*)

1. What is it all about? I don't know.   2. Do you know what it concerns?   3. I think I know what it's about.

(c) Das hat mir nichts ausgemacht. (*That didn't matter to me.*)

1. It does not matter.   2. Why doesn't it matter?   3. It wouldn't matter to him either.

(d) Meiner Meinung nach sind sie überlegen. (*In my opinion they are superior.*)

1. Are they superior in your opinion?   2. In his opinion they are the best films.   3. In her opinion Italian films are also good.

(e) Ich kann nicht umhin, mich an zwei Untertitel zu erinnern. (*I can't help but remember two subtitles.*)

1. He couldn't help but remember two good films.   2. You couldn't help but say that.   3. I cannot refrain from doing that.

(f) Es stellt sich manchmal heraus, daß der Film schlecht ist. (*It sometimes turns out that the film is bad.*)

1. It never turns out that the film is good.   2. How did it turn out?   3. I don't know how it turned out.

D. *Sagen Sie auf deutsch!*

Lotte: That was a crazy movie! But I had a good time.
Dick: The plot was certainly complicated. Nobody knew who was on whose side. But didn't you think the film was well photographed?
Lotte: Yes. That's why I like American films so much. Can we see another American film next week?
Dick: Sure. If you would like to.
Lotte: Let's go home now.

GRAMMATIK UND ÜBUNG

1. Simple Past

KONVERSATION*

Ihr Freund erzählt den ersten Teil eines Kriminalfilms, den er sich angesehen hat. Sie bitten um klarere Auskunft.

<table>
<tr><td align="center">**A**</td><td align="center">**B**</td></tr>
</table>

A	**B**
Die Szene spielte sich in Berlin ab.	Wo spielte sie sich ab?

1. Ein Mann spazierte langsam eine Straße entlang. (wer?)   2. Plötzlich traf er eine elegant gekleidete Dame. (wen?)   3. Er sprach kurz mit ihr. (mit wem?)   4. Dann überquerte er die Straße. (was?)   5. Vor einem geschlossenen Laden blieb er stehen. (wo?)   6. Er klopfte leise an die Tür. (woran?)   7. Ein älterer Herr öffnete. (wer?)   8. Der Mann trat in den Laden. (wer?)   9. Der ältere Herr reichte ihm eine Schachtel. (was?)   10. Der andere steckte sie in die Tasche. (wohin?)   11. Niemand wußte, was in der Schachtel war. (was?)   12. Der Mann kehrte schnell in seine Wohnung zurück und machte die Schachtel auf. (wohin, was?)   13. Sein Blick fiel auf einen funkelnden Diamanten. (worauf?)

ERKLÄRUNGEN

As we explained in Chapter 5, the present perfect is generally used in conversation, except with auxiliary verbs and modals, for which the simple past is normally preferred. The present perfect also expresses single or isolated events and conditions in the past:

> Er hat den Film nur einmal gesehen.
> *He saw the film only once.*
> Er **ist** gestern ins Kino **gegangen**.
> *He went to the movies yesterday.*

The simple past is chiefly a narrative and descriptive tense, relating or describing events or conditions that are closely linked to one another.[1] It is equivalent to an English simple past and may often be best rendered by the progressive form:

> Der Mann **ging** die Straße entlang.
> *The man walked along the street.* (or:)
> *The man was walking along the street.*

---

1. There are also regional distinctions. The present perfect is used more widely in Southern Germany, while the simple past is more common in northern areas. The river Main is roughly the dividing line.

Der Mann **ging** die Straße entlang, **blieb** hie und da stehen und **plauderte** mit seinen Bekannten.

The man walked along the street, stopped here and there, and chatted with his acquaintances. (or:)

The man was walking along the street, stopping here and there to chat with his acquaintances.

Übungen

A. *Ergänzen Sie die Sätze im folgenden Paragraphen mit den passenden Verben im Imperfekt!*

1. Ein eleganter Herr —— die Straße entlang. 2. Unterwegs —— er eine hübsche junge Dame. 3. Zuerst —— er kurz mit ihr. 4. Dann —— er die Straße. 5. Ganz plötzlich —— er stehen. 6. Er —— leise an die Tür. 7. Ein älterer Herr —— sie. 8. Der Herr —— ins Zimmer. 9. Jemand —— ihm eine Schachtel mit Juwelen. 10. Er —— die Schachtel in seine Tasche. 11. Ganz leise —— er das Zimmer. 12. Er —— schnell in seine Wohnung zurück. 13. Er —— einen Diamanten aus der Schachtel. 14. Es —— ein herrlicher Diamant.

B. *Übersetzen Sie den oben stehenden Paragraphen ins Englische!*

C. *Sagen Sie auf deutsch, indem Sie das Imperfekt gebrauchen!*

1. He went to the movies last night. 2. He liked the film very much. 3. It was a mystery. 4. He recognized the murderer at once. 5. The murderer spoke very carefully. 6. He looked too honest. 7. I couldn't trust him. 8. The police came late. 9. The detective was stupid as always. 10. His chief was angry at him. 11. He made too many mistakes. 12. They finally found the killer.

2. Past Perfect

KONVERSATION*

Sie sind sich über vieles nicht im klaren. Sie wollen näheres wissen.

A	B
Hatten Sie den Film schon einmal gesehen?	Ja, ich hatte ihn schon einmal gesehen.
Hatten Sie vergessen, wo er spielte?	Nein, ich hatte es nicht vergessen.

1. Hatten Sie den Roman gelesen, auf dem der Film beruht? (ja)
2. Hatte er Ihnen gefallen? (ja)   3. Hatten Sie sich die Verfilmung so vorgestellt? (ja)   4. Hatten Sie den Schluß erwartet? (nein)
5. Hatten Sie von Anfang an gewußt, wer der Mörder war? (ja)
6. Hatten Sie auch geraten, wer die Juwelen gestohlen hatte? (nein)
7. Hatten Sie schon viele Kriminalfilme gesehen? (ja)   8. Hatten Sie schon ähnliche Romane gelesen? (nein)

Sie wollen noch mehr wissen.

A	B
War der Detektiv frühzeitig gekommen?	**Nein, er war nicht frühzeitig gekommen.**

1. War er zu langsam gefahren? (ja)   2. War er unvorsichtig gewesen? (ja)   3. War er zu spät gekommen? (ja)   4. War sein Chef nervös geworden? (nein)   5. Waren sie lange geblieben? (nein)

ERKLÄRUNGEN

The past perfect in German functions like the past perfect in English and is used to relate an event that occurred at or prior to some point in the past, even though this point in time may be only implied:

> Er hatte sich den Film schon einmal angesehen.
> *He had already seen the film previously.*
> Er war zu spät **gekommen.**
> *He had come too late.*
> Der Film war besser, als ich **gedacht hatte.**
> *The film was better than I had thought.*

Übungen

A. *Beantworten Sie die folgenden Fragen, indem Sie die angegebenen Ausdrücke verwenden!*

> BEISPIEL: Wann hatten Sie die Eintrittskarte gekauft? (am Nachmittag)
> Ich hatte sie am Nachmittag gekauft.

1. Wo hatten Sie die Karte gekauft? (am Schalter)   2. Wieviel hatten Sie dafür bezahlt? (nicht viel)   3. Wie lange hatten Sie Schlange

gestanden? (nicht lange)   4. Wie waren Sie zum Kino gefahren? (mit dem Bus)   5. Wie lange hatte die Fahrt gedauert? (eine Viertelstunde)

B. *Verbinden Sie die beiden Satzteile dem Beispiel entsprechend!*

BEISPIEL: das Buch lesen—ins Kino gehen
　　　　　Ich hatte das Buch gelesen, bevor ich ins Kino ging.

1. mich über den Film erkundigen—ihn dir empfehlen   2. viel Gutes hören—dich anrufen   3. die Eintrittskarte kaufen—dich treffen   4. die Darstellerin lange bewundern—sie in diesem Film sehen   5. den Kriminalroman lesen—ihn bei dir erwähnen.

3. Future Perfect

KONVERSATION*

Man fragt Sie, ob Ihr Freund auch im Kino war. Sie nehmen es an, aber Sie sind nicht sicher.

A	B
Hat er sich den Film angeschaut?	Er wird sich wohl den Film angeschaut haben.
Ist er spät ins Kino gegangen?	Er wird wohl spät gegangen sein.

1. Hat er über viele Szenen gelacht?   2. Hat er sich gut amüsiert?   3. Hat er die reizende Darstellerin bewundert?   4. Hat er sich für die Geschichte interessiert?   5. Hat er sich ein bißchen gelangweilt?   6. Hat ihm der Film im großen und ganzen gefallen?   7. Ist er zufrieden nach Hause gegangen?   8. Ist er spät angekommen?

ERKLÄRUNGEN

The future perfect expresses an action that will have been completed in the future. As in English, it is used rarely:

Er **wird** den Brief bis morgen **geschrieben haben**.
He will have written the letter by tomorrow.

The future perfect is used chiefly to express probability in the past, with **wohl** or **schon** frequently added to stress probability:

Er **wird** den Brief **schon geschrieben haben.**
He has probably written the letter.

Er **wird wohl** spät ins Kino **gegangen sein.**
He probably went late to the movies.
He must have gone late to the movies.

Übung

Beantworten Sie die folgenden Fragen!

BEISPIEL: Glaubst du, er hat den Film gesehen?
Er wird ihn schon gesehen haben.

1. Glaubst du, er ist früh genug abgefahren?   2. Glaubst du, er hat
das Haus gut abgeschlossen?   3. Glaubst du, er hat seine Karte eingesteckt?   4. Glaubst du, er hat sich gut amüsiert?   5. Glaubst du,
er hat ein Mädchen eingeladen?

4. Idiomatic Present and Past

KONVERSATION*

Sie erinnern sich an eine Szene im Film, in der der Polizeibeamte
einen jungen Amerikaner verhört.

A	B
Wie lange wohnen Sie schon hier?	Ich wohne seit drei Monaten hier.
Seit wann kennen Sie die Dame?	Ich kenne sie seit vorgestern.

1. Wie lange sind Sie schon in Deutschland? (seit einem Jahr)
2. Wie lange studieren Sie schon hier an der Universität? (seit sechs
Monaten)   3. Seit wann sprechen Sie schon Deutsch? (seit einigen
Jahren)   4. Sie sagen, Sie sind Lehrer. Wie lange unterrichten Sie
schon? (seit Jahren)   5. Sie haben erklärt, Sie kennen Herrn Binding.
Wie lange kennen Sie ihn schon? (seit zwei Wochen)

ERKLÄRUNGEN

German uses the present tense plus **schon, seit,** or **schon seit** to express an action that began in the past and is still going on in the
present:

> **Wie lange wohnen Sie schon hier?**
> *How long have you been living here?*
> **Ich wohne schon seit fünf Monaten hier.**
> *I have been living here for five months.*

To express an action that began in the past and was still going on at a later time in the past, German uses the simple past:

> **Er wohnte seit 1966 in Leipzig.**
> *He had been living in Leipzig since 1966.*
> **Er wartete schon seit zwei Stunden.**
> *He had already been waiting for two hours.*

Übungen

A. *Bilden Sie Fragen!*

BEISPIEL: Er lernt seit einem Jahr Deutsch.
Wie lange lernt er schon Deutsch?

1. Er arbeitet schon zwanzig Jahre in der Fabrik.   2. Er wohnt seit einem Jahr in diesem Dorf.   3. Seine Schwester besucht das Gymnasium seit drei Monaten.   4. Sein Bruder studiert seit 1970 an der Universität.

B. *Sagen Sie auf deutsch!*

1. How long have you been studying in Germany?   2. I've been studying here for three months.   3. How long have you been speaking German?   4. I've been speaking it for three months.   5. How long have you known this man?   6. I've known him for four weeks.   7. He had been here for a week when I met him.

WIEDERHOLUNG VON VERBFORMEN

1. Forms of the Simple Past

The simple past of weak (regular) verbs has a characteristic ending (–te– plus personal endings), which is added to the infinitive stem:

wohnen	wohnte		sagen	sagte
lachen	lachte		machen	machte

Strong (irregular) verbs change their stem vowels:

kommen	kam	essen	aß
singen	sang	gehen	ging

The personal endings are the same for weak and strong verbs. Note, however, that **ich, er, sie, es** forms have no personal endings, while the remaining forms have endings similar to those of the present tense: **du –st;**[1] **wir –en; ihr –(e)t; sie, Sie –en.**

WEAK[2]		STRONG	
ich	wohnte	ich	kam
du	wohntest	du	kamst
er, sie, es	wohnte	er, sie, es	kam
wir	wohnten	wir	kamen
ihr	wohntet	ihr	kamt
sie	wohnten	sie	kamen

The simple past of strong verbs cited in Chapter 5:

bleiben	ich, er **blieb**	schlafen	ich, er **schlief**
essen	ich, er **aß**	schließen	ich, er **schloß**
fahren	ich, er **fuhr**	schreiben	ich, er **schrieb**
geben	ich, er **gab**	sehen	ich, er **sah**
kommen	ich, er **kam**	sprechen	ich, er **sprach**
lassen	ich, er **ließ**	trinken	ich, er **trank**
nehmen	ich, er **nahm**	waschen	ich, er **wusch**

The simple past of auxiliary verbs:

haben	ich, er **hatte**
sein	ich, er **war**
werden	ich, er **wurde**

In the simple past, separable prefixes are separated from the verb in a main clause:

Er **kam** bald wieder **zurück.**
Er **machte** schnell die Tür **auf.**

---

1. Verbs with stem ending in a sibilant often add only –t in the **du**-form: **du aßt** or **du aßest.**
2. Weak verbs whose stems end in **d** or **t** and some whose stems end in **m** or **n** insert **e** before –te: **ich arbeitete; ich öffnete.**

In a subordinate clause, the prefix is not separated:

> Ich weiß, daß er bald wieder **zurückkam.**
> Wissen Sie, ob er schnell die Tür **aufmachte?**

Übung

Bilden Sie das Imperfekt der folgenden Verben!

1. er sagt	13. Sie beginnen
2. er singt	14. Sie arbeiten
3. er sieht	15. Sie schreiben
4. er wäscht	16. Sie schlafen
5. er lebt	17. Sie geben
6. er ißt	18. Sie versagen
7. ich fahre	19. wir schließen . . . zu
8. ich lasse	20. wir holen . . . ab
9. ich nehme	21. wir lassen . . . zu
10. ich lache	22. du bist
11. ich werde	23. du wirst
12. ich lerne	24. du hast

2. Past Perfect and Future Perfect

The past perfect consists of the simple past of **haben** or **sein** plus past participle:

> ich **hatte gesagt**
> ich **war gekommen**

The future perfect consists of forms of **werden** plus perfect infinitive:

> er **wird gesprochen haben**
> er **wird gekommen sein**

Review the forms of the past perfect and future perfect in the Appendix.

Übung

Geben Sie das Perfekt, Plusquamperfekt und Futur Perfekt der folgenden Verben, die hier im Präsens und Imperfekt angegeben sind!

1. er lacht
2. ich spielte
3. sie schließt
4. wir öffnen
5. ihr fuhrt
6. sie lebt
7. er aß

8. er sagte
9. ich sehe
10. wir blieben
11. Sie werden
12. sie ließen
13. ich nahm
14. ich frage

Schlußübung

Sagen Sie zuerst und schreiben Sie dann auf deutsch!

1. I have seen the same film once before.   2. A good-looking man was talking with a young woman on the street.   3. Then he suddenly crossed the street.   4. He stopped in front of a store.   5. An old man opened the door and handed him a package.   6. The stranger stuck the package in his pocket.   7. Then he took it to his room.   8. There he opened it.   9. He took out a diamond.   10. A few minutes later another man knocked on the door.   11. He entered the room and shot the stranger.   12. Have you ever read this story?   13. I had never read such a story.   14. I knew from the beginning who the murderer was.   15. The detective did not know it.   16. I am wondering why the girl had such a small part.   17. She must have been a bad actress. 18. How long has she been an actress, anyhow?   19. She has been an actress for several years.   20. She had been studying for a year when she got her first part.

AUFSATZ

Schreiben Sie einen kurzen Aufsatz über eines der folgenden Themen!

A. Ein interessanter Film, den ich gesehen habe. Schreiben Sie unter anderem:

1. warum Sie sich diesen Film angesehen haben!
2. wer die Hauptrolle spielte!
3. was Sie von diesem Darsteller halten!
4. ob der Film auch Ihren Freunden gefiel!
5. wovon der Film handelte!

B. Ein interessanter Kriminalroman, den ich gelesen habe. Erwähnen Sie:

1. ob Sie schon mehrere Kriminalstücke von demselben Autor gelesen haben!
2. wie der Detektiv heißt, was für Methoden er befolgt, ob er sich oft in Gefahr befindet usw.!
3. warum Sie diesen Roman empfehlen können!
4. ob Sie raten konnten, wer der Schuldige war!

KURT KUSENBERG

Ein gefälliger Mensch

Er sah gut aus, war nicht dumm und hatte mancherlei Gaben. Aber
er konnte niemandem etwas abschlagen. Sein Sitznachbar in der
Schule ließ sich von ihm die Aufgaben machen. Die Mädchen aus
der Klasse ließen sich abends von ihm in die Weinberge spazieren
5 führen und küssen; er führte sie reihum alle spazieren, auch die
häßlichen. Den Lehrern las er die geheimen Wünsche von der Stirn
ab[1]—er glänzte oder versagte, wie sie es wollten.

Als sein Vater fand, er müsse Kaufmann werden, ging er zu einem
Kaufmann in die Lehre,[2] und als seine Mutter meinte, er sei dafür
10 zu schade, lernte er nebenbei das Harfenspiel. Ein Kamerad (also ein
Kaufmannslehrling oder ein Harfenist, es läßt sich nicht mehr fest-
stellen) brachte ihn eines Nachts in eine wüste Kneipe. Dort lernte
er einen Tätowierer kennen, der ihn beschwatzte, sich am ganzen
Leibe tätowieren zu lassen, noch dazu für teures Geld. Fortan konnte
15 er kein Schwimmbad mehr besuchen, wegen der vielen Bilder auf
seiner Haut. Doch glaube man nicht, daß er sich *allen* Menschen
gegenüber willfährig verhielt.[3] Gastwirte, Krankenschwestern, Fußballspieler, Japaner, Schauspieler, fette Frauen, Militärpersonen und
Leichen mochte er nicht; er mied sie, wofern sie sich meiden ließen.
20 Doch als eine üppige Krankenschwester ihn um seine Hand bat,
willigte er ein.

Einen rechten Beruf hatte er nicht und wäre sicherlich in Verlegenheit geraten,[4] wenn er haargenau hätte dartun sollen, wovon er
sich und die Seinen[5] ernährte. (Seine Ehe war fruchtbar, er hatte
25 drei Kinder.) Man muß bedenken, daß er viele Arbeiten unentgeltlich verrichtete, aus reiner Gefälligkeit. Er pflegte fremde Hunde
gesund, okulierte Bäume in seines Nachbars Garten, sang bei Hoch-
zeiten Lieder zur Harfe und hackte Holz für alte Leute, die ihm

---

1. Den Lehrern las er die geheimen Wünsche von der Stirn ab *He read the secret wishes
of the teachers from their faces.*
2. er ging zu einem Kaufmann in die Lehre *he became apprenticed to a merchant.*
3. daß er sich allen Menschen gegenüber willfährig verhielt *that he behaved obligingly
toward all people.*
4. wäre sicherlich in Verlegenheit geraten *would have certainly been embarrassed.*
5. die Seinen *his family.*

entweder keinen Lohn bezahlen konnten oder zu geizig waren, es zu
tun. Einnahmen flossen ihm aus anderen Leistungen zu: er stand
Malern Modell, freilich nur solchen, die über seine Tätowierungen
hinwegzusehen vermochten,[6] und das waren wenige. Er züchtete
5   rothaarige Katzen, richtete Brieftauben ab, brachte Kuckucksuhren
in Ordnung und gab Nachhilfestunden. Mit der Zeit aber verlegte
er sich, halb aus Freundlichkeit, halb des Broterwerbs wegen, aus-
schließlich darauf, die Nächte bei reifen, reichen Frauen zu verbringen. Er konnte ihnen eben nichts abschlagen, weder ihr Ver-
10   langen, noch ihre Dankbarkeit. Sein Weib wußte es und hatte nichts
dawider, denn er brachte Geld nach Hause. Bei Tage durfte er so
lange schlafen, wie er wollte. Seine Kinder sahen ihn selten, sie hielten ihn für einen Untermieter.

Doch diese Einkünfte hielten nicht lange vor. Eine Klientin starb,
15   eine andere zog nach Neufundland und zwei weitere bedrängten
ihn, er möge sie heiraten. Daran lag ihm nichts; er kannte die Ehe
und versprach sich wenig von einem Personenwechsel. Er war sehr
erleichtert, als ein Millionär ihn beauftragte, seine (des Millionärs)
Lebensgeschichte aufzuschreiben. Zu diesem Zweck mußte er in das
20   Haus des Millionärs übersiedeln; er tat es gern, denn seine drei
Kinder waren laut, ungebärdig und dreist. Er dachte lieber zu ihnen
hin, als daß er sie um sich hatte.

Abends, bei einer Flasche Wein, lauschte er dem Lebensbericht
des Millionärs. Vormittags studierte er in einer Bibliothek alte
25   Zeitungen und andere Dokumente, aus denen hervorging, daß der
Millionär gelogen hatte. Nachmittags schrieb er nieder, was der
Millionär ihm erzählt hatte. Es entstand ein schönes Buch, und als
der Millionär es drucken ließ, auf seine Kosten, hielten viele es für
wahr; nur die anderen Millionäre glaubten kein Wort davon. Aber
30   das Buch gefiel ihnen, und so wanderte unser Freund von einem
Millionär zum anderen und schrieb ihre Lebensgeschichten, die sich
wie Märchen lasen, weil es Märchen waren.

Als eine Revolution die Millionäre verjagte oder vernichtete,
schrieb er die Lebensgeschichten der neuen Machthaber und freute
35   sich, daß seine Bücher nun mehr unters Volk kamen. Die Millionäre
hatten nämlich die Bücher bloß an Freunde, Neider oder Ange-

---

6. Einnahmen flossen ihm . . . . hinwegzusehen vermochten *He derived income from
other endeavors: he posed for painters—to be sure, only for such as could overlook his
tattoos.*

stellte verschenkt; die neuen Bücher aber mußte das Volk kaufen, aus Liebe zu seinen Führern oder aus Haß gegen die Millionäre oder als Dank an den Verfasser. Dieser kam übrigens bald darauf ins Gefängnis, weil er die Lebensgeschichte des Distriktleiters B. auf
5   dessen Wunsch mit Zügen aus der Lebensgeschichte des Distriktleiters R. ausgestattet hatte. Im Gefängnis ging es ihm nicht schlecht. Er konterfeite den Gefängnisdirektor, die Gefängniswärter, den Henker, er machte sich in den Werkstätten, in der Küche nützlich und spielte sonntags die Harfe. Eines Tages bat ihn ein Raub-
10 mörder, den es nach Freiheit und neuen Taten gelüstete,[7] um eine Feile. Er mochte des Mannes Bitte nicht abschlagen. Da es in der Gefängniswerkstatt keine Feile gab, fertigte er eine an, verletzte sich dabei und starb an Blutvergiftung.

Entgegen dem Wunsch seiner Frau, die Feuerbestattung schätzte,
15 hatte er sich Erdbestattung ausbedungen. Das sah ihm gar nicht ähnlich, und er hat es sich dann wohl anders überlegt, denn in der Nacht vor dem Begräbnis brach in der Leichenkammer des Gefängnisses ein Feuer aus, das den Sarg samt der Leiche verzehrte.

Used by permission of Rowohlt Verlag GmbH. From *Gesammelte Erzählungen*, by Kurt Kusenberg, © Rowohlt Verlag, Reinbek, 1969.

A. *Vergrößern Sie Ihren Wortschatz, indem Sie die folgenden Fragen beantworten!*

1. Wem konnte er in der Schule nichts abschlagen?
2. Warum konnte er kein Schwimmbad mehr besuchen?
3. Welche Menschen mochte er nicht?
4. Welche Arbeiten verrichtete er unentgeltlich?
5. Was beauftragte ihn ein Millionär zu tun?
6. An wen verschenkten die Millionäre die Bücher?
7. Wen konterfeite er im Gefängnis?

B. *Diskussionsfragen:*

1. Welche guten und schlechten Eigenschaften hat der gefällige Mensch?
2. Was finden Sie besonders ironisch an dieser Geschichte?

---

7. den es nach . . . gelüstete *who hankered after . . .*

SIEBTES KAPITEL

GESPRÄCH*

Dieter ist während des Sommers in einem Reisebüro angestellt. Er holt Touristen am Flughafen ab, bringt sie ins Hotel, führt sie durch die Stadt und manchmal sogar durch ganz Deutschland. Heute hat er Dick eingeladen, mit ihm an den Flughafen zu fahren. Sie erwarten die Ankunft einer Gruppe englischer Touristen.

DICK: Bei diesem Unwetter ist das Flugzeug vielleicht nicht abgeflogen. Es regnet noch immer und dazu ist es auch noch neblig.

DIETER: Wir wissen, daß das Flugzeug unterwegs ist. Vielleicht wird es nicht sofort landen können.

DICK: Wo steckt es denn? Wir werden wahrscheinlich noch stundenlang warten müssen.

DIETER: Hoffentlich nicht. Dem Wetterbericht nach soll es bald aufhören zu regnen. Man kann außerdem mit Instrumenten im Nebel landen.

DICK: Hast du deinen Chef von der Verspätung benachrichtigt?

DIETER: Er ist an solche Probleme gewöhnt. Er sagt immer, es gibt da nichts anderes als warten.

DICK: Was machst du denn mit deinen Kunden, wenn sie endlich kommen?

DIETER: Zuerst heißt es den Reiseleiter finden, dann müssen wir zur Paßkontrolle und zum Zoll.

DICK: Man hat mich bei meiner Ankunft fast gar nichts gefragt. Der Beamte hat mich angeschaut, mit dem Kopf genickt und den Paß gestempelt.

DIETER: Hast du nicht einmal deine Koffer aufmachen müssen?

DICK: Nein. Man wollte nur wissen, ob ich Kaffee bei mir hätte.

DIETER: Das ist die übliche Frage. Mein Vater hat mir erzählt, wie das vor dem Krieg war. Da waren die Kontrollen an der Grenze viel gründlicher und sehr unangenehm.

DICK: Es ist heute fast ein Vergnügen, von einem Lande ins andere zu fahren. Übrigens, was steht auf dem Programm für heute nachmittag?

DIETER: Das kommt auf den Reiseleiter an. Wenn es ihm recht ist, machen wir unsere Stadtrundfahrt sofort nach dem Mittagessen. Wenn es ihm nicht paßt, dann verschieben wir sie.

DICK: Hast du den Ansager gehört? Man erwartet das Flugzeug in drei Minuten.

DIETER: Das freut mich. Es gibt Interessanteres zu tun als an einem Flughafen herumzustehen.

Übungen

A. *Beantworten Sie die folgenden Fragen!*

1. Warum sind Dick und Dieter an den Flughafen gefahren?
2. Wieso hat sich das Flugzeug verspätet?
3. Was sagt der Chef von Verspätungen?
4. Wohin muß Dieter die Touristen bringen?
5. Welche Frage ist üblich beim Zoll?
6. Wann waren die Grenzkontrollen gründlicher?
7. Was kommt auf den Reiseleiter an?
8. Was hat man gerade über den Lautsprecher angesagt?

B. *Erklären Sie:*

1. woraus Dieters Pflichten bestehen!
2. weshalb das Flugzeug sich verspätet hat!
3. was man an der Grenze erwarten kann!

C. *Sagen Sie auf deutsch, indem Sie den Beispielen folgen!*

(a) Es regnet noch immer. (*It's still raining.*)

1. Is it still raining?   2. No, it's not raining.   3. Will it rain tomorrow?

(b) Wo steckt denn das Flugzeug? (*Where is the plane, anyhow?*)

1. Where the heck is the boss?   2. Darn it, where are you? 3. Where can he be, anyhow?

(c) Der Chef ist an solche Probleme gewöhnt. (*The boss is used to such problems.*)

1. Are you used to such problems?   2. We're not used to such ideas.   3. Why is he not accustomed to such problems?

(d) Es gibt da nichts anderes als warten. (*There's nothing to do but wait.*)

1. Is there nothing to do but wait?   2. He says there is nothing to do but wait.   3. There's no choice but to go.

(e) Zuerst heißt es den Reiseleiter finden. (*First, we have to find the tour leader.*)

1. First thing we have to do is find the customers.   2. First, it's a matter of going through customs.   3. First thing we have to do is take a city tour.

(f) Das kommt auf den Reiseleiter an. (*That depends on the tour leader.*)

1. That depends on Dieter.   2. That doesn't depend on me. 3. Who does that depend on?

(g) Es ist ihm recht, aber es paßt mir nicht. (*It's okay with him, but it doesn't suit me.*)

1. It's all right with me.   2. Does it suit you?   3. It's not okay with Dick.

(h) Das freut mich. (*I'm pleased.*)

1. Are you pleased?   2. He's not pleased.   3. We're delighted.

D. *Sagen Sie auf deutsch!*

Dieter: I'd like to invite you to go to the airport with me today. I'm working in a travel bureau this summer and have to pick up some English tourists.

Dick: The weather is very bad. Will the plane be able to land?

Dieter: Oh, yes. We won't have to wait long. I am used to such problems.

Dick: It will be a pleasure to come along. It's very interesting to stand around at an airport.

GRAMMATIK UND ÜBUNG

1. Impersonal Verbs and Expressions

KONVERSATION*

Sie sehen sehr froh und zufrieden aus. Ich erkundige mich, worüber Sie sich freuen.

A	B
Freut es Sie, daß es jetzt schneit?	Ja, es freut mich.

1. Freut es Sie, daß Sie Schlittschuh laufen können? 2. Wundert es Sie, daß Sie nicht öfter fallen? 3. Stimmt es, daß Sie die Kälte gut ertragen können? 4. Ist es nicht schade, daß der Schnee schmilzt? 5. Ärgert es Sie, daß Sie nicht mehr Schi laufen können? 6. Amüsiert es Sie, jetzt Golf zu spielen?

Ihr bester Freund, mit dem Sie einen Spaziergang machen wollten, ist heute nicht in der Schule. Sie sind sehr darüber enttäuscht.

A	B
Tut es Ihnen leid, daß er nicht da ist?	Ja, es tut mir sehr leid.

1. Tut es Ihnen leid, daß er sich nicht wohl fühlt? (ja) 2. Gefällt es Ihnen, daß er Sie nicht angerufen hat? (nein) 3. Ist es Ihnen recht, wenn ich mit Ihnen spazierengehe? (nein) 4. Ist es Ihnen unangenehm, wenn wir erst morgen gehen? (nein) 5. Paßt es Ihnen, wenn wir uns um vier treffen? (ja)

Einige Tage später sehen Sie noch immer besorgt aus. Sie haben schlechte Noten bekommen.

<table>
<tr><td align="center">**A**</td><td align="center">**B**</td></tr>
<tr><td>Stört es Sie, daß Sie schlechte Noten bekamen?</td><td>Ja, es stört mich sehr.</td></tr>
<tr><td>Hat es Ihrem Vater gefallen?</td><td>Nein, es hat ihm nicht gefallen.</td></tr>
</table>

1. Hat es ihn geärgert? (ja)   2. Hat es ihm leid getan? (ja)   3. Hat es Ihrer Mutter auch weh getan? (ja)   4. Ist es Ihnen gelungen, Ihre Noten zu verbessern? (nein)   5. Ist es Ihnen lieber, wenn wir nicht davon sprechen? (ja)

ERKLÄRUNGEN

Impersonal verbs are conjugated like other verbs in all tenses and moods, but have only a third person singular form and no passive at all. Many impersonal expressions describe weather phenomena:

es blitzt	*it's lightening*	**es friert**	*it's freezing*
es dämmert	*it's getting dark (or light)*	**es hagelt**	*it's hailing*
es donnert	*it's thundering*	**es regnet**	*it's raining*
es graupelt	*it's sleeting*	**es schneit**	*it's snowing*

Other expressions:

es ist schade	*it's a pity*	**es steht schlecht**	*things are in bad shape*
es stimmt	*it's correct*		

IMPERSONAL VERBS WITH DIRECT OBJECT PRONOUN

es amüsiert mich	*I'm amused*
es ärgert mich	*I'm angry*
es freut mich	*I'm pleased*
es interessiert mich	*I'm interested*
es stört mich	*I'm disturbed*
es wundert mich	*I'm amazed*

Note that the above impersonal verbs have equivalent reflexive constructions:

Es freut mich, daß Sie kommen können.
Ich freue mich, daß Sie kommen können.

Es ärgert ihn, daß sie nicht angerufen hat.
Er ärgert sich, daß sie nicht angerufen hat.

Es may be omitted with some verbs, especially with first-person pronouns, but the pronoun then precedes the verb:

Mich freut, daß Sie kommen können.
Mich ärgert, daß sie nicht angerufen hat.

Certain expressions can be construed as impersonal reflexives:

Das versteht sich leicht.   *That's easy to understand.*
Es handelt sich um ihr Leben.   *It's a question of her life.*

IMPERSONAL VERBS WITH INDIRECT OBJECT PRONOUN

Es gefällt mir.   *I like (it).*
Es geht mir gut.   *I'm fine.*
Es gelingt mir.   *I succeed.*
Es tut mir leid.   *I'm sorry.*
Es tut mir weh.   *It hurts me.*
Es paßt mir.   *It suits me.*

Es ist mir nicht gut.   *I'm not feeling well.*
Es ist mir übel.   *I'm not feeling well.*
Es ist mir recht.   *It's all right with me.*

Some of these verbs are also used in personal constructions:

Diese Stelle gefällt ihm nicht.
He doesn't like this job.
Dieser Mann hat uns leid getan.
We felt sorry for this man.

Many impersonal expressions may be followed by a clause usually introduced by **daß:**

Es tut mir leid, daß er nicht kommen kann.
Es freut uns, daß Sie zufrieden sind.

When the person in each clause is the same, an infinitive is often preferred:

Es tut mir leid, nicht kommen zu können.
Es freut uns, Sie wiederzusehen.

Übungen

A. *Ändern Sie die Sätze dem Beispiel entsprechend!*

> BEISPIEL: Es freut ihn, daß sie kommt.
>
> Es freut mich auch, aber freut es Sie?

1. Es interessiert ihn, daß sie Ärztin werden will.   2. Es freut ihn, daß sie ihre Prüfung bestanden hat.   3. Es stört ihn, daß sie nicht froh aussieht.   4. Es ärgert ihn, daß sie nicht kommen konnte.   5. Es amüsiert ihn, daß sie ihn überraschen wollte.

B. *Ändern Sie die Sätze dem Beispiel entsprechend!*

> BEISPIEL: Es tut ihm leid, daß er nicht versetzt wird.
>
> Es tut mir nicht leid.

1. Es gefällt ihm, nicht schwer arbeiten zu müssen.   2. Es paßt ihm, sich nur zu amüsieren.   3. Es ist ihm recht, wenn nur andere schwer arbeiten.   4. Es gelingt ihm manchmal, seine Eltern zu täuschen. 5. Es ist ihm recht, wenn er nichts lernt.   6. Es wird ihm übel, wenn er studieren soll.

C. *Sagen Sie auf deutsch!*

1. It is raining.	11. She is freezing.
2. It was snowing.	12. We are glad.
3. It is hailing.	13. Are you glad?
4. It was freezing.	14. Are you freezing?
5. There was thunder.	15. He succeeded in coming.
6. It is a pity.	16. I succeeded in talking to him.
7. I am glad.	17. I am sorry she had to leave.
8. He is fine.	18. She is glad to see you.
9. He doesn't feel well.	19. She is glad we are here.
10. It's fine with them.	20. It suits us, too.

2. Es gibt; es ist, es sind

KONVERSATION*

A	**B**
Es gibt nur eine Möglichkeit.	**Nein, es gibt nicht nur eine Möglichkeit.**

Es sind zu viele Studenten in **Nein, es sind nicht zu viele**
der Klasse.   **Studenten da.**

1. Es gibt zuviel Arbeit. 2. Es gibt zuviel zu tun. 3. Es gibt überall
strenge Lehrer. 4. Es sind viele erfahrene Lehrer hier. 5. Es gibt
zu wenig Zeit zum Studieren. 6. Es sind zu viele faule Schüler hier.
7. Es gibt nur ein Problem. 8. Es gibt auch nur eine Lösung.

ERKLÄRUNGEN

Es gibt (*there is, there are*) is used in general statements expressing
existence: (Note that the *accusative* is required after **es gibt**.)

> **Es gibt viele Zeitungen** in New York.[1]
> **Es gibt** aber **wenige Zeitschriften.**
> **Es gibt viele Probleme** auf dieser Welt.

Note also these idiomatic uses:

> **Es gibt** heute **Sauerbraten.**
> *We're having Sauerbraten today.*
> **Es gibt** heute **Regen.**
> *It's going to rain today.*

Es ist (*there is*) and **es sind** (*there are*) are used for more specific facts
and situations: (Note that the *nominative* is required after **es ist** and
es sind.)

> **Es ist** jetzt nur **ein Student** in der Bibliothek.[1]
> **Es sind wenige gute Studenten** hier.
> **Es sind** schon **viele Leute** im Theater.

Übungen

A. *Ergänzen Sie mit* ***ist****,* ***sind****, oder* ***gibt****!*

1. Im Winter ——— es viel Schnee. 2. Im Sommer ——— es eher
Regen. 3. Es ——— heute viele Leute am Strand. 4. Es ——— aber

---

1. **Es gibt** and **es ist, es sind** may be used in all tenses:
   Es gab viele Zeitungen in New York.
   Es hat viele Zeitungen in New York **gegeben.**
   There were many newspapers in New York.

   Phrases with **es ist** or **es sind** may be expressed as personal constructions:
   Nur ein Student ist jetzt in der Bibliothek.
   Wenige gute Studenten sind hier.

auch Probleme im Sommer.   5. Heute ———— es jedoch keinen Regen.
6. Es ———— jetzt niemand hier, der schwimmt.   7. Es ———— überhaupt wenige Studenten hier.   8. Es ———— viele, die sich für Sport
interessieren.   9. Es ———— verhältnismäßig wenige, die Sport treiben.

B. *Sagen Sie auf deutsch!*

1. There are many theaters here.   2. There is a policeman in every
theater.   3. There is no policeman here now.   4. There are few plays
for children.   5. There are many children here today.   6. There
weren't many yesterday.   7. Will there be many tomorrow?

3. Use of *man*

KONVERSATION*

A	B
Ich traue diesem Manne nicht.	**Man kann ihm auch nicht trauen.**

1. Ich glaube ihm nie, was er sagt.   2. Ich kann nicht behaupten,
daß er unehrlich ist.   3. Ich kann ihn trotz allem gut leiden.   4. Ich
erwarte nicht, daß er sich ändert.   5. Ich kann ihm einfach nicht
helfen.

ERKLÄRUNG

The impersonal pronoun **man** (*one, they, people, you*) is followed by
the third person singular of the verb:

> **Man sagt**, daß er ehrlich ist.
> *They say he is honest.*
> **Man traut** ihm nicht.
> *People don't trust him.*

Übung

Sagen Sie auf deutsch!

1. They find he is not very pleasant.   2. They don't understand him
very well.   3. People criticize him too much.   4. They say he is not
very polite.   5. They also claim he isn't reliable.

4. Other Impersonal Pronouns

KONVERSATION*

Sie sprechen über einen anderen Bekannten.

A	**B**
Weiß jeder, was ihm passiert ist?	**Niemand weiß, was ihm passiert ist.**

1. Weiß jeder, daß man ihn eines Verbrechens beschuldigt hat?
2. Weiß jeder, daß er vor Gericht war?   3. Denkt jeder, daß er an dem Verbrechen beteiligt war?   4. Weiß jedermann, daß er unschuldig war?   5. Ist jedermann von seinem guten Charakter überzeugt?

A	**B**
Glaubt (irgend) jemand, er kann eine Anstellung finden?	**Keiner glaubt, er kann eine Anstellung finden.**

1. Ist jemand bereit, ihm zu helfen?   2. Wird jemand ihm eine Stelle anbieten?   3. Glaubt irgend jemand noch an seine Schuld?   4. Weiß irgend jemand, wie fleißig er arbeitet?   5. Glaubt irgend jemand, daß er nicht zuverlässig ist?

ERKLÄRUNGEN

Other impersonal pronouns requiring the third person singular are:

einer	*somebody, at least one*	**jemand**	*somebody*
irgend jemand	*anybody at all*	**keiner**	*nobody*
jeder(mann)	*everybody*	**niemand**	*nobody*

Übungen

Sagen Sie auf deutsch!

1. Everybody is saying it.   2. But nobody does it.   3. Somebody must know it.   4. Nobody is allowed to know it.   5. Doesn't anybody believe you?   6. Nobody believes me.

WIEDERHOLUNG VON VERBFORMEN

1. Principal Parts

Review the principal parts of the following verbs in the Appendix:

anfangen	helfen	steigen
beweisen	lesen	treffen
frieren	raten	werden
gehen	reißen	wissen
gelingen	sein	zerreißen
haben	sitzen	

Übung

Geben Sie das Imperfekt, Perfekt, Plusquamperfekt und Futur Perfekt der folgenden Verben!

BEISPIEL: er macht
　　　　　　er machte
　　　　　　er hat gemacht
　　　　　　er hatte gemacht
　　　　　　er wird gemacht haben

1. ich gehe	7. es gelingt
2. ich lerne	8. sie tritt
3. Sie steigen . . . ein	9. es fängt . . . an
4. sie arbeitet	10. sie ißt
5. es friert	11. sie nimmt
6. Sie beweisen	12. wir sind

2. Irregular Weak Verbs

Review the irregular weak verbs in the Appendix:

brennen	nennen
bringen	rennen
denken	senden
kennen	

Irregular weak verbs, like strong verbs, change their stem vowel in the simple past and past participle, but are otherwise conjugated like weak verbs. In the simple past, they add the characteristic –te– of weak verbs: **bringen—brachte**; **nennen—nannte**. In the past participle, irregular weak verbs add the prefix and suffix (**ge** . . . **t**) of weak verbs: **gebracht; genannt.**

Übung

Antworten Sie dem Beispiel entsprechend!

BEISPIEL: Brannte es hier?
Es hat hier gebrannt.

1. Nannte er ihn? 2. Sandte sie es? 3. Rannte er? 4. Kannten wir sie? 5. Brachten Sie es? 6. Dachten Sie es? 7. Wandte er sich um?

Schlußübung

Schreiben Sie auf deutsch!

1. It's a shame it isn't snowing today. 2. I can't go skiing, and that makes me mad. 3. They say it will snow tomorrow. 4. It's fine with me if it snows. 5. Can't anybody come along tomorrow? 6. I hope somebody will come along. 7. Doesn't everybody have to go to school? 8. Nobody has to tomorrow; it's Sunday. 9. I'm glad you told me; I had forgotten it was Sunday. 10. Is it all right with you if we leave at six? 11. That suits me fine. 12. Does anybody know when we arrive there? 13. Everybody thinks we arrive at ten. 14. That's a little late. Does it bother you? 15. Not at all. I'm just sorry your brother can't come along. 16. I'm sorry he's sick.

AUFSATZ

Schreiben Sie, warum Sie den Winter gern haben! Erwähnen Sie:

1. wie der Winter bei Ihnen ist!
2. was für Wintersport Sie treiben!
3. ob Sie manchmal Schwierigkeiten mit Ihrem Wagen haben!
4. was Sie mit Ihrer Freizeit tun!
5. was Sie als die Vorteile dieser Jahreszeit betrachten!

ACHTES KAPITEL

GESPRÄCH*

Lotte, Inge, Dieter und Dick fahren zusammen an den Strand. Sie duzen sich jetzt schon alle, aber das verhindert sie nicht, manchmal miteinander zu streiten!

LOTTE: Dieter, würdest du bitte etwas langsamer fahren? Wir können so ja gar nichts von der Landschaft sehen.

INGE: Ja, du fährst wirklich wie ein Verrückter. Und dann noch auf einer kurvenreichen Strecke!

DIETER: Laß mich doch in Ruhe, wenn ich fahre!

DICK: Beruhigt euch bitte, Kinder! In ungefähr zehn Minuten sind wir am Strand.

DIETER: Hast du deinen Badeanzug eingepackt, Inge? Das letzte Mal, erinnerst du dich, hast du ihn zu Hause gelassen. Wir haben einen neuen kaufen müssen. Du hast ein Gedächtnis wie ein Sieb!

INGE: Nicht mein Gedächtnis, sondern deins ist schlecht. Mein Badeanzug war im Koffer. Und wo war der Koffer? Du hattest vergessen, ihn in den Wagen zu stellen.

DICK: Gottseidank haben wir heute nichts vergessen. Wir haben alles, was wir brauchen.

DIETER: Wollen wir zuerst herumschauen, oder sollen wir sofort ins Wasser?

DICK: Meiner Ansicht nach ist es viel zu heiß zum Spazierengehen. Die Kleider kleben nur so an mir. Ich will ins Wasser, so schnell wie möglich.

LOTTE: Vielleicht können wir uns nach dem Baden den Ort ansehen. Hier gibt's ein fabelhaftes Kleidergeschäft, und heute ist Modenschau.

INGE: Ich kenne das Geschäft. Ich habe schon viel Geld dort gelassen. Aber ich muß gestehen, ich hatte auch vor hinzugehen.

DIETER: Und was für Pläne hattet ihr Mädchen für uns, wenn ich fragen darf?

INGE: Ihr seid vogelfrei. Niemand macht euch Vorschriften.

DICK: Ich sehe schon das Meer. Rasch hinein ins Wasser, Kinder!

LOTTE: Da sind die Umkleidekabinen. Worauf warten wir denn?

Übungen

A. *Beantworten Sie die folgenden Fragen!*

1. Wer fährt an den Strand?
2. Warum will Lotte, daß Dieter etwas langsamer fährt?
3. Wie reagiert Dieter?
4. Was für ein Gedächtnis soll Inge haben?
5. Was hatte Dieter vergessen, in den Wagen zu stellen?
6. Wann werden die jungen Leute schwimmen gehen?
7. In was für ein Geschäft wollen die zwei Mädchen gehen, und warum gerade heute?

B. *Erklären Sie:*

1. worüber die Freunde sich streiten!
2. wer was voriges Jahr vergessen hatte!
3. warum die Mädchen sich besonders für diesen Ort interessieren!
4. welche Attraktion der Ort für Dick und Dieter hat!

C. *Sagen Sie auf deutsch, indem Sie den Beispielen folgen!*

(a) Sie duzen sich jetzt schon alle. (*They all now say "du" to each other.*)

1. Do you say "du" to her? (Use conventional form.) 2. We don't know them well enough to say "du" to them. 3. She didn't say "du" to him.

(b) Laß mich doch in Ruhe! (*Leave me alone!*)

1. Leave him alone when he's driving.   2. Let's leave him alone.
3. Please leave me in peace when I'm driving.

(c) Du hast ein Gedächtnis wie ein Sieb! (*You have a memory like a sieve!*)

1. You will always have a memory like a sieve.   2. We both have a bad memory.   3. Many people have a memory like a sieve.

(d) Wollen wir zuerst herumschauen? (*Shall we take a look around first?*)

1. I don't wish to look around first.   2. Let's not look around now.   3. Why do you want to look around at all?

(e) Meiner Ansicht nach ist es zu heiß zum Spazierengehen. (*In my opinion it's too hot for walking.*)

1. In my opinion it's too cold for swimming.   2. In our opinion it's too cold for walking.   3. Isn't it, in your opinion, too hot for walking?

(f) Was für Pläne hattet ihr für uns, wenn ich fragen darf? (*What sort of plans did you have for us, if I may ask?*)

1. What sort of plans did he have for you, if I may ask?   2. What kind of swimming suit did you bring along?   3. What sort of store is that, if I may ask?

(g) Niemand macht euch Vorschriften. (*Nobody's laying down any rules for you.*)

1. Nobody's laying down any rules for us.   2. Is anybody ordering you about?   3. Nobody's giving you any instructions.

D. *Sagen Sie auf deutsch!*

Dick: Let's not fight. We'll be at the beach very soon.
Dieter: By the way, Inge, did you leave your bathing suit at home? I haven't seen it in the car.
Inge: It's in the suitcase. You almost forgot to put the suitcase in the car!
Lotte: Let's go swimming as soon as we arrive. It's so hot my clothes are sticking to me.

Inge: Maybe we can look around a bit after swimming. There's a fabulous clothing store here.

Dieter: Yes, I know the store. You spent a lot of money there last time.

Dick: Take it easy, kids. I can see the ocean already.

GRAMMATIK UND ÜBUNG

1. The Article: Use and Omission

KONVERSATION*

Beantworten Sie die folgenden Fragen über Beruf, Nationalität und Geographie!

A	B
Was ist er von Beruf?	**Er ist Arzt.**
	Er ist ein tüchtiger Arzt.
Was ist sie von Beruf?	**Sie ist Stenotypistin.**
	Sie ist eine gute Stenotypistin.

Was ist er von Beruf?

1. Apotheker. 2. Chirurg. 3. Fotograf. 4. Schuster. 5. Handwerker. 6. Kaufmann. 7. Rechtsanwalt. 8. Professor.

Was ist sie von Beruf?

1. Krankenschwester. 2. Sekretärin. 3. Näherin. 4. Verkäuferin. 5. Ärztin. 6. Rechtsanwältin. 7. Opernsängerin. 8. Studentin.

A	B
Was ist seine Nationalität?	**Er ist Franzose.**
	Er ist ein reicher Franzose.

Was ist seine Nationalität?

1. Japaner. 2. Chinese. 3. Belgier. 4. Däne. 5. Schwede. 6. Italiener. 7. Spanier. 8. Inder. 9. Grieche. 10. Russe. 11. Holländer.

Sie verlangen Definitionen:

<table>
<tr><td align="center">**A**</td><td align="center">**B**</td></tr>
<tr><td>**Was ist der Schwede?**</td><td>**Der Schwede ist ein Nordeuropäer.**</td></tr>
</table>

1. Was ist der Italiener? (ein Südeuropäer) 2. Was sind die Engländer? (ein Inselvolk) 3. Was ist der Tee? (ein Getränk) 4. Was ist der Schnaps? (ein Branntwein) 5. Was ist der Hund? (ein Haustier) 6. Was ist der Affe? (ein Säugetier)

Kennen Sie die Geographie Europas?

<table>
<tr><td align="center">**A**</td><td align="center">**B**</td></tr>
<tr><td>**Wo liegt Frankreich?**</td><td>**Frankreich liegt in Westeuropa.**</td></tr>
<tr><td>**Wo liegt die Schweiz?**</td><td>**Die Schweiz liegt in den Alpen.**</td></tr>
</table>

1. Wo fließt der Rhein? (durch Deutschland) 2. Wo fließt die Donau? (durch Mittel- und Osteuropa) 3. Wo liegt die Zugspitze? (in den Bayrischen Alpen) 4. Wo steht das Beethovenhaus? (in Bonn) 5. Wo liegt das Ruhrgebiet? (in Westdeutschland)

ERKLÄRUNGEN

The definite article (**der, die, das**) and the indefinite article (**ein, eine, ein**) are generally used like corresponding articles in English. There are, however, some notable differences.

No article is used after **sein, werden,** and **bleiben** before nouns denoting occupation or nationality:

> **Er ist Lehrer.**
> **Sie ist Stenotypistin.**
> **Ich bin Amerikaner.**

When a noun of occupation or nationality is modified by an adjective, the indefinite article is used. Compare:

Er ist **Lehrer.**   Er ist **ein guter Lehrer.**
Er ist **Amerikaner.**   Er ist **ein reicher Amerikaner.**

The definite article is used with nouns to describe a general class and with abstract nouns:

Der Tee ist ein Getränk.
Tea is a beverage.
Das Leben ist oft schwer.
Life is often difficult.

The definite article is also used before the names of rivers, mountains, lakes, and streets:

Der Rhein fließt durch Deutschland.
Die Alpen sind in Süddeutschland.
Der Bodensee ist sehr bekannt.
Die Beethovenstraße ist ganz in der Nähe.

No article is used before the names of most countries and before continents:

Spanien und **Frankreich** sind in **Europa**.

The definite article is used before the names of a few countries that are feminine or plural:

Die Schweiz ist ein beliebtes Ferienziel.
Die Vereinigten Staaten liegen in Nordamerika.

Übungen

A. *Ergänzen Sie die folgenden Sätze!*

1. Herr Klein ist ——— Geschäftsmann. 2. Er ist sogar ——— tüchtiger Geschäftsmann. 3. Er ist in ——— Österreich geboren. 4. Jetzt ist er in ——— Schweiz wohnhaft. 5. ——— Österreich war früher eine Monarchie. 6. ——— Schweiz ist eine Republik. 7. Herr Klein hat ——— Vereinigten Staaten noch nicht besucht. 8. Er kennt ——— Frankreich aber gut. 9. ——— Franzosen sind immer nett zu ihm. 10. Was ist ——— Sorbonne? ——— Sorbonne ist eine Universität. 11. Ist Herr Klein ——— Österreicher? 12. Nein, er ist jetzt ——— Deutscher. 13. Er ist ——— sehr sympathischer Deutscher. 14. ——— Deutschen sind im allgemeinen sehr freundlich.

B. *Sagen Sie auf deutsch!*

1. What is your occupation? 2. I am a photographer. 3. He is a teacher. 4. My wife is also a teacher. 5. They say she is a fine

teacher. 6. What is her nationality? 7. She is an American.
8. Americans are usually very nice. 9. I have never visited Europe.
10. You should visit France, Italy, and Switzerland. 11. Life is very
simple in Europe. 12. Life is the same everywhere.

2. Nominative

KONVERSATION*

Es handelt sich hier um ein Theaterstück. Beachten Sie, daß auf die
Frage „wer?" immer mit dem Nominativ zu antworten ist.

A	B
Wer hat das Stück geschrieben?	**Ein amerikanischer Dramatiker hat es geschrieben.**

1. Wer hat es übersetzt? (ein deutscher Dichter) 2. Wer hat die
Hauptrolle gespielt? (eine italienische Schauspielerin) 3. Wer hat
die Nebenrolle gespielt? (ein junges Mädchen) 4. Wer hat die
schwerste Rolle gehabt? (der Vater) 5. Wer hatte die leichteste
Rolle? (die Tochter) 6. Wer hat sich in die Tochter verliebt? (ein
reicher junger Mann) 7. Wer hat sich aber mit ihr verheiratet? (ein
älterer Herr) 8. Wer hat diese Partie gewünscht? (die Eltern der
Braut) 9. Wer war sehr unglücklich darüber? (der junge Mann)
10. Wer weinte auf der Hochzeitsreise? (die junge Frau)

ERKLÄRUNGEN

The nominative is the case primarily of the subject. Use the nominative in response to a question with **wer?** (*who?*):

> Wer hat das Stück geschrieben?
> **Ein deutscher Dichter** hat es geschrieben.

The nominative is also the case of a predicate noun after the verbs
sein (*to be*) and **werden** (*to become*): **Er wird Arzt.**

Übung

Ergänzen Sie mit dem passenden Artikel!

1. Goethe war ———— berühmter Dichter. 2. Schiller war auch
———— bekannter Schriftsteller. 3. Marlene Dietrich ist ————

berühmte Schauspielerin. 4. Sie ist ———— große Persönlichkeit geworden. 5. Ich will nur ———— guter Student sein. 6. Er will ———— reicher Mann werden.

3. Ein–Words

KONVERSATION*

Sie bestreiten alles, was man Ihnen sagt.

A	B
Ein begabter Schriftsteller schrieb das Stück.	Nein, das war kein begabter Schriftsteller.

1. Ein deutscher Dichter übersetzte es. 2. Eine junge Schauspielerin machte es berühmt. 3. In dem Stück verliebte sich eine hübsche Blonde in einen jungen Mann. 4. Ein älterer Herr verliebte sich in die Blonde. 5. Eine bekannte Schauspielerin spielte die Rolle der Mutter. 6. Eine komische Szene fand ganz am Anfang statt. 7. Ein trauriger Schluß rührte die Zuschauer zu Tränen.

Es besteht eine gegenseitige Abneigung zwischen Ihnen und einem Nachbarn.

A	B
Mein Aufsatz hat ihm gar nicht gefallen.	Sein Aufsatz hat mir auch nicht gefallen.

1. Meine Vorlesung hat ihm nicht begeistert. 2. Mein Gedicht hat ihm nicht imponiert. 3. Meine ganze Art ist ihm nicht sympathisch gewesen. 4. Meine politischen Ansichten sind ihm gar nicht recht. 5. Sogar meine Handschrift paßt ihm nicht. 6. Nicht mal meine Kleidung gefällt ihm.

Sie vergleichen Ihre Familie mit der eines Freundes.

A	B
Meine Familie ist groß.	Ist Ihre Familie auch groß?

1. Meine Eltern sind in Deutschland geboren. 2. Mein Vater ist Arzt. 3. Meine Mutter ist eine fleißige Hausfrau. 4. Meine Ge-

schwister sind Studenten.   5. Meine älteste Schwester ist schon verheiratet.   6. Mein Vetter wohnt bei uns.

ERKLÄRUNG

Words declined like the indefinite article **ein** are called **ein**–words.
They are **ein, kein** (*no, not a, not any*), and the possessive adjectives.
(For complete declensions of **ein**–words, see the Appendix.):

mein	*my*	**unser**	*our*
dein	*your,* fam.	**euer**	*your,* fam.
sein	*his, its*	**ihr**	*their*
ihr	*her, its*	**Ihr**	*your*

Übungen

A. *Ergänzen Sie!*

1. Das ist mein ——— (Familie, Vater, Braut, Mutter). 2. Das ist
ihr ——— (Mann, Bruder, Sohn, Tochter). 3. Hier ist kein ———
(Kind, Junge, Mädchen). 4. Wo ist unser ——— (Programm, Eintrittskarte, Freund, Auto)? 5. Da kommt Ihr ——— (Mann, Frau,
Enkel, Enkelin, Onkel).

B. *Sagen Sie auf deutsch!*

1. Here is my family. 2. There are my father and mother. 3. My
brother and sister are coming with us. 4. His wife and her husband
are not accompanying us. 5. Here is their admission ticket.
6. Where is your ticket? 7. Here is my program, but where is my
ticket? 8. No ticket? You have to stay home.

4. Der–Words

KONVERSATION*

Sie sehen eine Anzahl Damenartikel. Sie glauben, sie gehören einer
Freundin.

A	B
Welcher Hut gehört Anna?	**Dieser Hut gehört ihr.**
	Jeder Hut hier gehört ihr.

1. Welches Kleid gehört Anna? 2. Welche Bluse gehört Inge?
3. Welcher Mantel gehört Hilde? 4. Welche Schuhe gehören Natalie? 5. Welche Strümpfe gehören Marietta? 6. Welcher Lippenstift gehört Helga?

Sie wissen nicht, wem die folgenden Artikel gehören. Sie fragen Ihren Freund, ob sie ihm gehören.

A	B
Ich habe einen Hut.	**Gehört dieser Hut Ihnen?**

1. Ich sehe eine Brille. 2. Ich habe hier eine Zahnbürste. 3. Ich halte einen Kamm. 4. Ich habe ein Paar Schuhe gefunden. 5. Ich benötige einen Schirm.

ERKLÄRUNGEN

Words declined like the definite article **der, die, das** are called **der**–words. They are:

der, die, das	*the*	**mancher**	*many a*
dieser	*this, that*	**solcher**	*such (a)*
jeder	*each, every*	**welcher**	*which? what?*
jener	*that*	**aller**	*all*

Review the declensions in the Appendix.

Übungen

A. *Ergänzen Sie!*

1. dies— (Mädchen, Braut, Frau, Großmutter, Mann).
2. jede— (Brille, Hut, Mantel, Anzug, Buch).
3. manch— (Arbeit, Aufgabe, Stunde, Lehrer, Schauspieler).
4. welch— (Lippenstift, Puderdose, Taschenspiegel, Bluse)?

B. *Geben Sie die richtige Form von* **dies**—!

BEISPIEL: Welcher Lippenstift gehört Ihnen?
Dieser!

1. Welche Puderdose gehört Ihnen? 2. Welcher Spiegel ist schmutzig geworden? 3. Welche Bluse ist neu? 4. Welcher Mantel ist so

teuer? 5. Welches Paar Schuhe war so billig? 6. Welcher Schirm ging verloren?

C. *Geben Sie die korrekte Form von* **welch—!**

BEISPIEL: Dieser Beruf ist nicht der richtige.
Welcher?

1. Dieser Fotograf soll gute Arbeit leisten. 2. Dieser Rechtsanwalt ist sehr bekannt. 3. Dieser Italiener hat eine Oper geschrieben. 4. Dieses Land liegt in Südeuropa. 5. Dieses Haus steht in der Stadtmitte.

D. *Sagen Sie auf deutsch!*

1. Which poet wrote the poem? 2. Many a dramatist has written about this theme. 3. This actress played very well. 4. Which comedian played the part of the father? 5. Which scene is so famous? 6. All scenes were boring. 7. But every actor performed well. 8. Which blonde cried at the end? 9. It was this one.

5. Ein–Words as Pronouns

KONVERSATION*

Sie wollen heute abend ausgehen. Sie sind jedoch nicht sicher, ob ein gewisser Artikel Ihnen gehört oder Ihrem Freund. Sie fragen:

A

Ist das Ihr Hut oder meiner?   **Das ist nicht mein Hut; das ist Ihrer.**

1. Ist das Ihr Mantel oder meiner? 2. Ist das Ihre Krawatte oder meine? 3. Ist das Ihre Jacke oder meine? 4. Sind das Ihre Handschuhe oder meine? 5. Sind das Ihre Überschuhe oder meine? 6. Ist das Ihr Programm oder meines? 7. Ist das Ihr Platz oder meiner?

ERKLÄRUNGEN

Ein–words, like **der**–words, are most commonly used as adjectives. When used as pronouns, **ein**–words are declined like **der**–words:

MASCULINE	FEMININE	NEUTER
einer	eine	ein(e)s
keiner	keine	kein(e)s
meiner	meine	mein(e)s
seiner	seine	sein(e)s
unserer	unsere	unser(e)s
ihrer	ihre	ihr(e)s

Dies ist sein Hut, nicht **meiner.**
Das ist ihr Haus, nicht **unseres.**
Ich habe jeden gefragt, aber **keiner** hat geantwortet.

Übungen

A. *Ergänzen Sie!*

1. Meine Arbeit ist schwer; Ihr— ist leicht. 2. Mein Verdienst ist klein; Ihr ist viel größer. 3. Sein Chef ist nett; mein— ist unfreundlich. 4. Ihr Büro ist modern; unser— ist altmodisch. 5. Nein, unser Büro ist modern; Ihr— ist altmodisch. 6. Kein— kann das sagen.

B. *Geben Sie die richtige Form des Pronomens!*

BEISPIEL: Ist das Ihr Wagen? (sein)
            Nein, es ist seiner.

1. Ist das wirklich sein Auto? (unser) 2. Ist das Ihre Autokarte? (sein) 3. Ist das sein Führerschein? (Ihr) 4. Ist das ihr Fahrrad? (mein) 5. Ist das sein Haus? (ihr) 6. Ist das ihr Sohn? (unser)

WIEDERHOLUNG UND BEMERKUNGEN

Review the principal parts of these verbs in the Appendix:

beginnen	rufen
bieten	singen
finden	scheinen
leiden	streiten
lügen	verlieren

Übung

Geben Sie das Imperfekt, Plusquamperfekt und Futur der folgenden Verben in der angegebenen Person!

1. ich rufe	6. ihr streitet
2. er verliert	7. sie singen
3. wir beginnen	8. wir bieten
4. Sie leiden	9. es scheint
5. er lügt	10. ich finde

Schlußübung

Sagen Sie zuerst und schreiben Sie dann auf deutsch!

1. Did you and your brother go to the theater last night? 2. It wasn't my brother; it was my sister. 3. I saw her in a car. Was that her car? 4. No, it wasn't hers; it was mine. 5. Is her friend an American? 6. No, he is Austrian. 7. He is an actor, a well-known actor. 8. He had the lead in the play. 9. This play was very interesting. 10. Which play was so interesting, the play last night? 11. Dürrenmatt, a Swiss, wrote it. 12. Switzerland is a beautiful vacation land. 13. Everybody likes Switzerland, the Alps, the lakes, the landscapes. 14. Did your sister like the play? 15. Yes, and my mother liked it very much, too.

AUFSATZ

Schreiben Sie einen kurzen Aufsatz über Ihren zukünftigen Beruf! Erwähnen Sie:

1. seit wann Sie schon Interesse an diesem Beruf haben!
2. warum Sie sich für diesen Beruf interessieren!
3. wen Sie kennen, der ihn ausübt!
4. welche Vorteile dieser Beruf haben soll!
5. wann Sie mit Ihrem Studium fertig sein werden!

NEUNTES KAPITEL

GESPRÄCH*

Inge und Lotte besuchen die Modenschau. Inge will sich ein attraktives Winterkleid kaufen, besinnt sich aber plötzlich anders.

LOTTE:	Guten Tag. Könnten wir uns die neue Kollektion ansehen?
VERKÄUFERIN:	Ja, bitte.
LOTTE:	Wir haben leider nur eine halbe Stunde.
VERKÄUFERIN:	Das macht nichts. Sie können zu jeder Zeit fortgehen. Heute zeigen wir unsere Winterkollektion. Darf ich Sie bitten, links die Treppe hinaufzugehen?

Lotte und Inge betreten zusammen den Vorführraum. Sie schauen sich das Kleid an, das eine junge Dame gerade zeigt.

ANSAGER:	Modell Garmisch. Aus reiner Wolle. Farbe olivgrün. Sehr praktisch und angenehm warm im Winter. Man kann die Jacke zuknöpfen oder sie offen tragen.
INGE:	(zu ihrer Freundin) Was kann das kosten? Ich finde es entzückend.
ANSAGER:	Größen 40 bis 46 kosten 190 Mark. Größen 34 bis 40 . . .
INGE:	Welche Größe trägst du? Wohl 40?

LOTTE:	38 oder 40. Aber dieses Modell würde mir nicht gut stehen. Ich weiß auch nicht, ob olivgrün die richtige Farbe für mich ist.
INGE:	Fräulein, haben Sie das Modell Garmisch in einer anderen Farbe, vielleicht in blau oder sogar blauweiß?
VERKÄUFERIN:	Ich muß mal nachsehen. Ich bin gleich zurück.
ANSAGER:	Modell St. Moritz. Sie sehen hier einen Mantel aus Baumwolle. Bitte beachten Sie, wie leicht man sich darin bewegt. Wir bieten denselben Preis für alle Größen: DM 289,95.
LOTTE:	Den nehme ich. Das ist gar nicht teuer, und es scheint erstklassige Arbeit zu sein. Hast du Geld bei dir?
INGE:	Leider nicht. Ich hoffte, bei dir borgen zu können!
LOTTE:	Da kommst du leider an die falsche Adresse. Wie konnten wir nur so leichtsinnig sein?
VERKÄUFERIN:	Wir haben das Garmisch in der gewünschten Farbe.
INGE:	Vielen Dank, aber wir haben es uns anders überlegt.

Übungen

A. *Beantworten Sie die folgenden Fragen!*

1. Mit wem sprechen Inge und Lotte?
2. Was zeigt man heute in der Modenschau?
3. Was kosten Größen 40 bis 46?
4. Warum zögert Lotte, sich das Kleid anzuschaffen?
5. Was für ein Kleidungsstück ist das Modell St. Moritz?

B. *Erklären Sie:*

1. wozu die Mädchen die Modenschau besuchen!
2. welche Auskunft die Verkäuferin erteilt!
3. was der Ansager über das Modell St. Moritz zu sagen hat!
4. warum Inge sich plötzlich anders besinnt!

C. *Sagen Sie auf deutsch, indem Sie den Beispielen folgen!*

(a) Sie besinnt sich plötzlich anders. (*She suddenly changes her mind.*)

1. I suddenly changed my mind.   2. Did he suddenly change his mind?   3. Suddenly they change their mind.

(b) Darf ich Sie bitten, links die Treppe hinaufzugehen? (*May I ask you to go up the stairs to the left?*)

1. May I ask you to follow me?   2. May I ask you to go down the stairs to the right?   3. May I ask you to come in?

(c) Dieses Modell würde mir nicht gut stehen. (*This number would not look good on me.*)

1. Would this number look good on you?   2. This style would not be becoming to her at all.   3. Which style would suit me?

(d) Ich muß mal nachsehen. Ich bin gleich zurück. (*I have to take a look. I'll be right back.*)

1. I have to take a look. Will you be right back?   2. We have to take a look. We'll be right back.   3. Don't you have to take a look? I'll be right back.

(e) Hast du Geld bei dir? (*Do you have money on you?*)

1. I don't have any money on me.   2. Does he have any money on him?   3. We don't have any money on us.

(f) Ich hoffte, bei dir borgen zu können. (*I hoped to be able to borrow from you.*)

1. I hoped to be able to borrow from him.   2. We hoped to be able to borrow from them.   3. I thought I could borrow from her.

(g) Da kommst du leider an die falsche Adresse. (*I'm sorry but you've got the wrong person.*)

1. I'm sorry but he's got the wrong person.   2. Haven't you got the wrong party?   3. Unfortunately, he's come to the wrong person.

D. *Sagen Sie auf deutsch!*

Lotte: Can we take a look at the winter collection?
Salesgirl: Yes, of course. Please go up the stairs to the right.
Inge: That's a beautiful number. I wonder what it costs.
Lotte: It probably costs 300 marks. That's pure wool. By the way, what size do you wear?

Inge: I wear a 36. But is olive green the right color for me?
Lotte: It would be very becoming to you.
Inge: (to clerk) I'll take this dress.

GRAMMATIK UND ÜBUNG

1. Accusative; Direct Object

KONVERSATION*

Heute morgen sind Sie in die Stadt einkaufen gegangen. Sie haben mehrere Geschäfte besucht.

A	B
Was haben Sie im Hutgeschäft gekauft?	**Ich habe einen Hut gekauft.**

1. Was haben Sie in der Metzgerei gekauft? (einen Rinderbraten)
2. Was haben Sie im Wurstgeschäft gekauft? (ein Kilo Leberwurst)
3. Was haben Sie im Kolonialwarengeschäft gekauft? (eine Flasche Milch)   4. Was haben Sie im Postamt gekauft? (ein Dutzend Briefmarken)   5. Was haben Sie im Eisenwarengeschäft gekauft? (einen Hammer)   6. Was haben Sie in der Bäckerei gekauft? (ein Brot und ein Dutzend Brötchen)   7. Was haben Sie in der Konditorei gekauft? (eine Pfirsichtorte)   8. Was haben Sie in der Apotheke gekauft? (eine Flasche Aspirin)   9. Was haben Sie in der Drogerie gekauft? (ein Stück Seife)

A	B
Wo kauft man einen Hut?	**Man kauft einen Hut im Hutgeschäft.**

1. Wo kauft man ein Pfund Zucker? (im Kolonialwarengeschäft)
2. Wo kann man einen Reisescheck kaufen? (in der Bank)   3. Wo kann man eine Bluse kaufen? (im Warenhaus)   4. Wo kauft man gewöhnlich ein Paar Stiefel? (im Schuhgeschäft)   5. Wo kann man eine Schallplatte kaufen? (in der Musikabteilung)   6. Wo kauft man ein Kilo Äpfel? (im Obstgeschäft)   7. Wo kauft man eine Zeitung? (im Zigarrenladen)

A	B
Haben Sie einen Freund unterwegs getroffen?	**Ich habe keinen Freund getroffen; ich habe eine Freundin getroffen.**

1. Haben Sie zusammen einen Kaffee getrunken? (eine Limonade)
2. Haben Sie eine Illustrierte gelesen? (eine Zeitung)   3. Haben Sie danach ein Kleidergeschäft gesucht? (ein Kaufhaus)   4. Hat man Ihnen eine Krawatte gezeigt? (ein Hemd)   5. Haben Sie ein Hemd gewollt? (ein Paar Socken)

ERKLÄRUNGEN

The accusative is the case primarily of the direct object. Use the accusative in response to a question with **wen?** (*whom?*) for people and **was?** (*what?*) for things:[1]

> **Wen** besuchen Sie?—Ich besuche **einen Freund.**
> **Was** kaufen Sie?—Ich kaufe **einen Hut.**

You have already reviewed the nominative of **der–** and **ein–**words. Note that the accusative forms of feminine and neuter **der–** and **ein–**words are identical with their nominative forms:

	FEMININE			
NOM.:	**die** Frau	**diese** Frau	**eine** Frau	**seine** Frau
ACC.:	**die** Frau	**diese** Frau	**eine** Frau	**seine** Frau

	NEUTER			
NOM.:	**das** Kind	**dieses** Kind	**ein** Kind	**sein** Kind
ACC.:	**das** Kind	**dieses** Kind	**ein** Kind	**sein** Kind

Accusative masculine forms of **der–** and **ein–**words end in **–en**, thus differing from the nominative:

---

1. Remember that **was?** may also call for the nominative, especially with **sein, werden, bleiben: Was** ist auf dem Tisch?—**Der Bleistift** ist darauf.

	MASCULINE			
NOM.:	der Mann	dieser Mann	ein Mann	ihr Mann
ACC.:	den Mann	diesen Mann	einen Mann	ihren Mann

Übungen

A. *Setzen Sie die folgenden Wörter in den Akkusativ!*

1. diese Metzgerei
2. dieses Postamt
3. welches Messer?
4. welche Drogerie?
5. welche Apotheke?
6. jede Stenotypistin
7. jedes Mädchen
8. dieser Metzger
9. dieser Scheck
10. dieser Schirm
11. kein Kind
12. ihre Tochter
13. mein Geschäft
14. meine Tante
15. unser Haus
16. meine Zigarre
17. sein Anzug
18. diese Abteilung
19. kein Hut
20. mein Problem
21. jede Zeitung
22. welche Reklame?
23. sein Lehrer
24. ihr Kleid

B. *Sagen Sie auf deutsch!*

1. He wants to buy a suit. 2. But he bought a shirt. 3. He was supposed to meet his sister in the store. 4. He didn't see any girl. 5. Then he looked for a saleslady. 6. She showed him a tie. 7. He now has to pay the bill. 8. But he forgot his wallet. 9. He had his money in it.

2. Accusative of Time and Space

KONVERSATION*

Sie erklären, wie und wann Sie Ihre Einkäufe gemacht haben. Ihr Freund versteht Sie nicht richtig und bittet um Wiederholung.

A	B
Ich habe den ganzen Morgen im Warenhaus verbracht.	Wie bitte? Wo haben Sie den ganzen Morgen verbracht?

1. Ich habe jeden Nachmittag eine Zeitung gekauft. (was?) 2. Ich habe eine ganze Woche die Anzeigen studiert. (was?) 3. Jeden Abend habe ich alle Reklamen durchgelesen. (wann?) 4. Ich habe den ganzen Morgen Einkäufe gemacht. (wie lange?) 5. Eine halbe Stunde lang habe ich eine Krawatte gesucht. (was?) 6. Ich mußte mir den Einkauf einige Minuten überlegen. (wie lange?) 7. Ich bin noch wenigstens eine Stunde im Geschäft geblieben. (wo?)

ERKLÄRUNG

The accusative expresses definite time, duration of time, and extent of space:

> Trudi verbrachte **den Nachmittag** zu Hause.
> *Trudi spent the afternoon at home.*
> Sie war **den ganzen Morgen** in der Stadt.
> *She was downtown all morning.*
> Er fuhr **die ganze Strecke** sehr langsam.
> *He drove slowly for the entire distance.*

Übung

Bilden Sie Sätze dem Beispiel entsprechend!

BEISPIEL: Er war unterwegs. (the whole morning)
        Er war den ganzen Morgen unterwegs.

1. Er hatte schlecht geschlafen. (all night) 2. Er hat gelesen. (at least one hour) 3. Er wollte arbeiten. (several hours) 4. Seine Frau hat ihn gefahren. (the entire distance) 5. Er konnte nicht im Büro bleiben. (the forenoon) 6. Er ist selbst gefahren. (one mile) 7. Er hat auf einen Freund gewartet. (half an hour) 8. Er hat sich ausgeruht. (all afternoon) 9. Er wird weniger arbeiten. (next week) 10. Er wird sich am Strand erholen. (a week)

3. Prepositions with the Accusative

KONVERSATION*

Ihre Mutter hat ein Geschenk für Ihren Vater gekauft, auch ein paar Spielsachen für Ihre Geschwister. Sie sagen es Ihrer Freundin, aber sie scheint es Ihnen nicht zu glauben.

A	B
Sie hat ein Geschenk für meinen Vater gekauft.	**Nein, sie hat es für deinen Großvater gekauft.**

1. Sie hat auch ein Spielzeug für meinen Bruder gebracht. (deine Schwester)   2. Sie wollte auch einen Ball für das Nachbarskind kaufen. (deinen anderen Bruder)   3. Sie hat eine Puppe für meine Schwester bestellt. (deine Kusine)   4. Sie suchte eine hellblaue Krawatte für meinen Onkel. (deinen Vetter)   5. Sie kam ohne ihre Handtasche heim. (ihren Schirm)

Sie haben nicht genug Geld bei sich. Sie müssen auf Kredit kaufen. Sie verstehen nicht, was man von Ihnen verlangt.

A	B
Gehen Sie bitte ins Büro!	**Muß ich ins Büro gehen?**

1. Setzen Sie sich bitte auf diesen Stuhl! (dürfen)   2. Setzen Sie sich bitte an diesen Schreibtisch! (sollen)   3. Warten Sie bitte auf den Herrn Direktor! (sollen)   4. Hängen Sie Ihren Mantel auf diesen Kleiderbügel! (dürfen)   5. Der Herr Direktor ist da. Wenden Sie sich an ihn! (sollen)   6. Setzen Sie Ihren Namen auf dieses Formular! (müssen)

Sie sprechen von einem Geschäftsmann, den Sie sehr gut kennen.

A	B
Worüber klagt er immer?	**Er klagt über das schlechte Geschäft.**

1. Woran denkt er Tag und Nacht? (das Geschäft)   2. An wen wendet er sich für Kredit? (die Bank)   3. Über wen ärgert er sich am meisten? (die Konkurrenz)   4. Worauf scheint er zu warten? (einen wirtschaftlichen Aufschwung)   5. Auf wen schimpft er immer? (seinen Bankier)   6. Wofür interessiert er sich sehr? (die Börse)   7. Wohin geht er sehr ungern? (das Finanzamt)   8. Wohin geht er sehr gerne? (die Sparkasse)

ERKLÄRUNGEN

The following common prepositions require dependent nouns, pronouns, articles, and adjectives in the accusative:

durch	*through*		ohne	*without*
für	*for*		um	*around, about*
gegen	*against*			

The following prepositions require the accusative when expressing motion or direction (**wohin?**) or when used figuratively. When expressing location (**wo?**), the same prepositions require the dative (reviewed in Chapter 10):

an	*on, at, to, up to*[1]		über	*over, above, about*
auf	*on, upon, on top of;*[1] *to*		unter	*under, among*
hinter	*behind, in back of*		vor	*in front of, before*
in	*in, into*		zwischen	*between, among*
neben	*beside, next to*			

Er ging **in das Zimmer.**
He went into the room.
Er setzte sich **neben seinen Freund.**
He sat down next to his friend.
Wir sprechen oft **über dieses Theaterstück.**
We often talk about this play.

Übungen

A. *Bilden Sie Sätze dem Beispiel entsprechend!*

BEISPIEL: Er arbeitet für seinen Vater.

1. Mutter. 2. Familie. 3. Bruder. 4. Sohn.

BEISPIEL: Sie geht selten ohne ihr Geld aus.

1. Handtasche. 2. Mantel. 3. Überschuhe. 4. Schirm.

BEISPIEL: Er beklagt sich über diesen Mann.

1. Regierung. 2. Geschäftsmann. 3. Arzt. 4. Chef.

BEISPIEL: Wir gehen in die Kirche.

1. Schule. 2. Haus. 3. Metzgerei. 4. Bibliothek.

---

1. **an** and **auf** both mean *on*; **an** is used for vertical surfaces (**an das Fenster, an die Tür**); **auf** is used for horizontal surfaces (**auf den Tisch, auf den Stuhl**).

BEISPIEL: Sie sprechen oft über unsere Arbeit.

1. Familie.   2. Gesellschaft.   3. Mannschaft.   4. Gemälde.

BEISPIEL: Ich habe es durch einen Buchhändler bestellen lassen.

1. ein Warenhaus.   2. diese Fabrik.   3. meine Kirche.   4. meine Schule.

BEISPIEL: Ich bin nicht gegen Ihren Plan.

1. seine Reise.   2. dieser Mann.   3. ihre Regierung.   4. ihr Buch.

BEISPIEL: Er ist langsam um den Marktplatz gefahren.

1. die Kirche.   2. mein Haus.   3. der Park.   4. die Ecke.

B. *Sagen Sie auf deutsch!*

1. An American stepped into a store.   2. He wanted to buy a pack of cigarettes for his wife.   3. The clerk had laid the pack on the counter. 4. The customer put the pack into his pocket.   5. He wanted to pay for the cigarettes.   6. He had come without any money.   7. He had to walk around the square to his car.   8. He went back to the store. 9. He was very angry and threw the money on the counter.

WIEDERHOLUNG VON VERBFORMEN

Review the principal parts of the verbs in the Appendix:

bekommen	genießen
beschreiben	gefallen
bestehen	halten
bitten	liegen
empfehlen	ziehen

Übung

Setzen Sie die folgenden Sätze ins Imperfekt, Plusquamperfekt und Futur:

1. Ich bekomme einen Brief.   2. Der Brief besteht aus interessanten Nachrichten.   3. Die Nachrichten gefallen mir nicht immer. 4. Mein Vater beschreibt die politische Lage.   5. Er empfiehlt mir

ein Buch. 6. Es liegt auf meinem Tisch. 7. Ich halte nicht viel davon.

WIEDERHOLUNG UND BEMERKUNGEN

1. Compound Nouns

Compound nouns, usually made up of two or more nouns, are characteristic of German. Many such compounds are linked by a genitive **s**. The gender of a compound noun is determined by the final component:

der Geschäftsmann	*businessman*
das Kolonialwarengeschäft	*grocery store*
die Zeitungsanzeige	*newspaper advertisement*

2. Infinitive Used as Noun

The infinitive of any verb may be used as a neuter noun:

das Rauchen	*smoking*
das Essen	*eating; meal*

Schlußübung

Sagen Sie zuerst und schreiben Sie dann die folgenden Sätze auf deutsch!

1. My mother goes downtown every morning. 2. This morning she went downtown to buy a present for my father. 3. She walked to the corner to take the bus to the city. 4. She had to wait half an hour for the bus. 5. The driver drove very fast all the way. 6. "Why are you driving so fast?" she asked him. 7. "Don't you know it's against the law?" 8. The driver apologized, "I didn't know I was driving so fast. Please excuse me." 9. Mother entered a clothing store, waited for the saleslady, but nobody waited on (bedienen) her. 10. Finally she asked the proprietor, "Can you tell me why the service is so poor?" 11. The proprietor complained about everything. 12. He complained about the saleslady, the government, taxes, his business. 13. Then he called the saleslady, and Mother picked out a tie for my father. 14. She wanted to pay, but could not find her wallet. 15. She had left it at home. 16. The saleslady explained everything

to the proprietor.   17. "You may keep the tie," he said, "and pay next month."   18. He sent her a bill the following week.   19. She paid for the tie at once.   20. She often went back to the same store.

AUFSATZ

Beschreiben Sie, wie Sie einmal so viel Geld ausgaben, daß Sie es nicht wagten, Ihrem Vater (Ihrem Mann oder Ihrer Frau) etwas davon zu sagen! Schreiben Sie unter anderem:

1. warum Sie so viel Geld ausgaben!
2. ob Sie die Ausgabe zur Zeit als richtig betrachteten!
3. ob man Sie gegen die Ausgabe gewarnt hatte und warum!
4. warum Sie es mit der Angst zu tun bekamen!
5. ob Sie heute die Ausgabe bereuen oder nicht!

LUDWIG THOMA

Amalie Mettenleitner

Wenn sie den Mund aufmachte, bemerkte man drei Goldplomben. Und da sie dies wußte, vermied sie es, zu lächeln. Durch den Kampf mit den Lachmuskeln erhielten ihre Züge einen herben Ausdruck, und sie kam schon frühzeitig in den Ruf, weit über ihre Jahre
5 hinaus ernst und verständig zu sein. Anfänglich gab sie wenig darauf;[1] aber als sie das achtundzwanzigste Lebensjahr zurückgelegt hatte, fand sie, wie viele ihrer Mitschwestern, „daß Klugheit besser sei denn[2] Schönheit".

Übrigens hieß sie Amalie Mettenleitner und war die Tochter des
10 verstorbenen Kassierers Johann Mettenleitner aus München.

Die Mädchenreife unserer Amalie fiel in die Zeit der Frauen-bewegung.

Da vielleicht einige der geneigten Leser den Begriff derselben nicht kennen, will ich ihn kurz erklären.

15 Die Frauenbewegung ist die Bewegung derjenigen unverheirate-ten Frauenzimmer, welche nichts Besseres zu tun haben.

Sie geht hervor aus dem Weltschmerze[3] der Grete, welche keinen Hans hat, und richtet sich insbesondere auf das „Recht der Frau", welches da anfängt, wo das „Recht auf den Mann" schwindet.

20 Amalie Mettenleitner stürzte sich mit Eifer in die Bewegung. Sie las alle Broschüren, welche über diese Sache geschrieben wurden, und als sie auf diese Weise genügendes Material gesammelt hatte, trat sie selbst in den Federkrieg ein.

Sie war es, welche in einer Streitschrift den berühmten Göttinger
25 Professor Maier so gründlich abführte.[4]

Der treffliche, aber etwas weiberfeindliche Gelehrte behauptete, daß das Gehirn eines Weibes 500 Gramm weniger wiege als das eines Mannes.

Hierdurch, so lehrte er, sei die Minderwertigkeit des weiblichen
30 Verstandes nachgewiesen.

---

1. gab sie wenig darauf   *set no great store by it.*
2. denn = als.
3. Weltschmerz   *(affected) weariness of life, pessimism, unreasoning melancholy.*
4. so gründlich abführte   *so thoroughly put down.*

Die Frauenwelt wandte sich heftig gegen diese Theorie; es entbrannte ein erbitterter Zeitungskampf.

Da veröffentlichte unsere Amalie die Entdeckung, daß das Gehirn eines normalen Kalbes noch um 900 Gramm schwerer sei als das
5 Gehirn eines Universitätsprofessors.

Mit diesem Funde war Amalie in die erste Reihe der Kämpferinnen vorgerückt. Ihr Name wurde von allen Frauenrechtlerinnen mit Stolz genannt, sie erhielt Einladungen zu allen Versammlungen und Zweckessen; Bertha von Suttner schrieb ihr einen warmgefühl-
10 ten Dankbrief, und der bekannte Münchener Nationalökonom Lujo erklärte in einer Arbeiterversammlung feierlich, daß er als Universitätsprofessor ganz besonders von dem Mettenleitnerschen System entzückt sei, um so mehr,[5] als er auf Grund eigener Beobachtungen demselben schon längst auf der Spur gewesen sei.

15 Der glücklichen Entdeckerin erging es wie so vielen Anfängern, die rasche Erfolge erringen.[6] Sie wurde von dem Strudel fortgerissen; sie fühlte das Bedürfnis, durch neue Leistungen die früheren zu überbieten, sie bohrte sich immer tiefer in Theorien ein,[7] und zuletzt glaubte sie selbst daran.

20 Die gutmütig veranlagte Amalie Mettenleitner wurde eine fanatische Männerfeindin, eine schlachtenfrohe Rednerin. Ihr war nur wohl im Pulverdampf der Versammlungen. Wenn ihr die Augen der Mitkämpferinnen begeistert entgegenblitzten, wenn die Beifallssalven sie umdonnerten, dann faßte sie ein Rausch der Begeisterung,
25 und die Worte entströmten ihrem Munde wie Gießbäche, welche über die Felsen springen. Dann stand sie hochaufgerichtet da und sprach: „Wie? Was? Die Herren der Schöpfung? Die *Herren?* Neihein! Niemals! Wir sind uns selbst genug und dulden keinen Tyrannen über uns! (Bravo! Bravo!) Geradeaus führt die Bahn in
30 bessere Zeiten, auf lichte Höhen! (Bravo!) Durch! (Hurra!) Volldampf voraus,[8] bis der Feind am Boden liegt! (Huurraa!) Ich, meine

---

5. um so mehr   *all the more, so much the more.*
6. Der glücklichen Entdeckerin . . . erringen.   *The lucky discoverer fared like many beginners who achieve quick results.*
7. sie bohrte sich immer tiefer in Theorien ein   *she delved deeper and deeper into theories.*
8. Durch! Volldampf voraus   *On! Full steam ahead.*

Damen, ich beuge meinen Nacken nicht unter das Joch, ich *hasse* die Knechtschaft, ich *hasse* den Mann. (Braavo! Braaavo!)"

„Mir erregt der Anblick eines männlichen Beinkleides schon *Ekel*, tiefen Ekel!"—(Minutenlanger Beifall.)

In ihrer siegreichen Laufbahn wurde Amalie plötzlich durch ein höchst sonderbares Ereignis aufgehalten.

5 Ihr Zimmernachbar, ein Photograph namens Kaspar Rohrmüller, bezeigte ihr unverhohlene Bewunderung. Als sie einmal in später Nacht wieder aus einer stürmischen Versammlung heimkehrte, fand sie in ihrem Zimmer ein Blumensträußchen; daneben lag ein Zettel mit der Inschrift: „Der großen Vorkämpferin". Dadurch wurde sie

10 aufmerksam auf den bescheidenen kleinen Mann mit dem großen Kopfe; sie begegnete ihm jetzt häufig. Und jedesmal traf sie ein warmer Strahl aus seinen etwas hervorstehenden Augen. Sie fühlte sich merkwürdig hingezogen. Es wurde ihr bald ein Bedürfnis, ihn zu sehen,—kurz, nach Umlauf eines Jahres[9] gebar sie ein Knäblein,

15 welches in der Taufe den Namen „Kaspar" erhielt.

Wer beschreibt das Erstaunen, den Zorn, die Entrüstung der Frauenrechtlerinnen?

Es war ein Schlag, von dem es kein Erholen gab! Was half es, daß man die Abtrünnige feierlich in Verruf erklärte? Den Sieg der

20 Materie über das Ideal konnte man nicht ungeschehen machen.[10]

Creszenz Mitterwurzer, die Vorsteherin des Vereines, ging zu der cinst so verehrten Freundin und machte ihr bittere Vorwürfe.

„Wie konntest du uns das antun? *Du*, zu der wir emporsahen wie zu einer Heiligen? Hast du nicht einstens feierlich erklärt, daß schon

25 der Anblick eines männlichen Beinkleides dich mit Ekel erfülle?"

———— „Ja, ja!" antwortete Amalie weinend, „aber weißt du, *damals hatte er keines an.*"

---

9. nach Umlauf eines Jahres *after (the passing of) a year.*
10. Den Sieg der Materie über das Ideal konnte man nicht ungeschehen machen. *One could not undo the triumph of matter over ideal.*

A. *Ersetzen Sie die kursiven Wörter bzw. Ausdrücke durch die in der folgenden Liste zu findenden Synonyme!*

sich an etwas berauschen	aufpassen
strahlen	etwas in jemanden fahren
verströmen	ausbrechen (wie Feuer)

1. Die Frauenwelt wandte sich heftig gegen diese Theorie; *es entbrannte* ein erbitterter Zeitungskampf.
2. Dann faßte sie *ein Rausch der Begeisterung,* und die Worte *entströmten ihrem Munde* wie Gießbäche.
3. Dadurch *wurde sie aufmerksam auf* den bescheidenen kleinen Mann mit dem großen Kopfe.
4. Jedesmal *traf sie ein warmer Strahl aus seinen etwas hervorstehenden Augen.*
5. *„Wie konntest du uns das antun?"*

B. *Diskussionsfragen:*

1. Ist Amalie eine Heuchlerin? Erklären Sie Ihre Antwort!
2. Inwiefern ist diese Erzählung (a) humoristisch, (b) naturalistisch, (c) politisch-satirisch?

ZEHNTES KAPITEL

GESPRÄCH*

Die Freunde möchten die Oper besuchen. Sie können sich nur Balkon-karten leisten, aber das verdirbt ihnen den Spaß nicht.

DICK: Lotte und ich haben heute abend vor, in die Oper zu gehen. Hättet ihr eventuell Lust, mitzukommen?
ERNST: Es hängt davon ab, was aufgeführt wird.
DICK: Rossinis „Barbier von Sevilla". Lotte wollte nämlich etwas Leichtes sehen. Ich hätte lieber auf den „Parzival" gewartet, aber Wagner ist nicht Lottes Geschmack.
ERNST: Offen und ehrlich, meiner auch nicht. Das Orchester ist zu laut, die Stimmen im Vergleich zu leise. Außerdem dauern mir seine Opern zu lange. Mir platzt oft die Geduld.
DICK: Dieter, kommst du mit in die Oper?
DIETER: Ich kann dir im Moment nicht sagen, ob ich kommen kann. Ich hole Inge um fünf im Büro ab. Dann gebe ich dir Bescheid. Kannst du bis dahin warten?
ERNST: Inge hat immer Lust zu allem. Sie will bestimmt mit.
DIETER: Das stimmt nicht ganz. Bei dieser Hitze ist sie oft müde nach der Arbeit. Natürlich würden wir euch gern Gesellschaft leisten.

ERNST:	Hoffentlich klappt es. Übrigens noch ein wichtiger Punkt. Ich kann mir nur Balkonplätze leisten.
DICK:	Wir sind wohl alle in derselben Lage. Ich habe mich schon erkundigt. Der Balkon ist noch nicht ausverkauft. Ich hätte sonst nicht den Vorschlag gemacht.
DIETER:	Um wieviel Uhr fängt denn die Vorstellung an?
DICK:	Der Vorhang geht um acht Uhr auf. Wir müßten uns also kurz vor acht irgendwo treffen. Vielleicht direkt vor dem Opernhaus.
DIETER:	Ich weiß nicht mal, wie man dahinfährt.
ERNST:	Macht nichts. Wenn Inge nicht zu müde ist, hole ich dich vor der Tür ab. Ist dir das recht?
DIETER:	Das wäre mir sehr angenehm, und ich bin dir sehr dankbar. Ich kenne mich immer noch nicht aus.
ERNST:	Du wohnst ja auf dem Weg. Es macht mir wirklich nichts aus. Also bis später!

Übungen

A. *Beantworten Sie die folgenden Fragen!*

1. Was wird heute abend in der Oper aufgeführt?
2. Auf welche Oper hätte Dick lieber gewartet?
3. Wann kann Dieter Dick Bescheid geben?
4. Weshalb ist Inge oft müde nach der Arbeit?
5. Wann und wo treffen sich die Freunde?
6. Wo holt Ernst Dieter ab?

B. *Erklären Sie:*

1. was Dick und Lotte vorhaben!
2. warum Wagner Ernst nicht gefällt!
3. wieso Dieter im Moment nicht sagen kann, ob er mit in die Oper kann!
4. was für Sitzplätze die Freunde kaufen, und warum!

C. *Sagen Sie auf deutsch, indem Sie den Beispielen folgen!*

(a) Sie können sich nur Balkonkarten leisten. (*They can only afford balcony tickets.*)

   1. We can only afford two balcony tickets.   2. Can you afford a good ticket?   3. I can't afford the best seats.

(b) Das verdirbt ihnen den Spaß nicht. (*That doesn't spoil their fun.*)

> 1. That won't spoil my fun.   2. That mustn't spoil his fun.
> 3. Would that spoil your fun?

(c) Es hängt davon ab, was aufgeführt wird. (*It depends on what's being performed.*)

> 1. It depends on what time the performance starts.   2. It depends on who's coming along.   3. It's a question of whether you like opera.

(d) Mir platzt manchmal die Geduld. (*I sometimes lose my patience.*)

> 1. He doesn't lose his patience very often.   2. Does he lose his patience every time?   3. You very seldom lose your patience.

(e) Ich gebe dir um fünf Bescheid. (*I'll give you an answer at five.*)

> 1. Can you give me an answer tomorrow?   2. I can't give you an answer till next week.   3. Let's give him an answer right away.

(f) Wir müßten uns kurz vor acht treffen. (*We'd have to meet shortly before eight.*)

> 1. When would we have to meet?   2. Would we have to meet somewhere at nine?   3. I don't know when we'd have to meet.

(g) Es macht mir wirklich nichts aus. (*It really doesn't matter to me.*)

> 1. Does it really matter to you?   2. It doesn't bother her.   3. It doesn't matter to me when we meet.

D. *Sagen Sie auf deutsch!*

Dick:	Would you perhaps like to come along to the opera tonight?
Ernst:	I don't like Wagner very much.
Dick:	Rossini's *Barber of Seville* is being performed. Lotte and Inge wanted to see something light.
Ernst:	I can give you an answer by 4 o'clock. Can you wait till then? I'd like to keep you company.
Dick:	We can get seats in the balcony. It's not sold out yet.
Ernst:	The curtain goes up at eight, doesn't it? Can we meet right in front of the opera house?
Dick:	That's okay with me.

GRAMMATIK UND ÜBUNG

1. Dative; Indirect Object

KONVERSATION*

Sie haben soeben in einer Zeitung über den Wahlerfolg eines Freundes gelesen. Er ist in den Kongreß gewählt worden.

A	B
Wem haben Sie den Artikel vorgelesen?	**Ich habe ihn meinem Vater vorgelesen.**

1. Wem haben Sie die Nachricht noch am selben Abend gebracht? (meiner Schwester)   2. Wem haben Sie den Zeitungsartikel geschickt? (einem Schulkameraden)   3. Wem haben Sie davon geschrieben? (einem gemeinsamen Freund)   4. Wem haben Sie sofort telegrafiert? (dem erfolgreichen Kandidaten)   5. Wem haben Sie einen Besuch abgestattet? (seiner Familie)   6. Wem haben Sie alles Gute gewünscht? (dem neuen Abgeordneten)   7. Wem haben Sie gratuliert? (seinen Eltern)   8. Wem haben Sie Ihr Bedauern ausgedrückt? (seinem Gegner)

ERKLÄRUNGEN

The dative is the case primarily of the indirect object. Use the dative in response to a question with **wem?** ([*to*] *whom?*):

> **Wem** hat er geschrieben?
> Er hat **seinem Freund** geschrieben.
> **Wem** hat er das gesagt?
> Er hat es **seiner Mutter** gesagt.

Note that the dative masculine and neuter forms of der– and ein–words, respectively, are identical and end in **–em**:

	DATIVE			
MASC.:	**dem** Mann	**diesem** Mann	**einem** Mann	**ihrem** Mann
NEUT.:	**dem** Kind	**diesem** Kind	**einem** Kind	**ihrem** Kind

The dative of feminine **der–** and **ein–**words ends in **–er**:

FEM.:	der Frau	dieser Frau	einer Frau	seiner Frau

Review the order of direct and indirect objects occurring in the same sentence (pages 37–39).

Übungen

A. *Bilden Sie Fragen dem Beispiel entsprechend!*

BEISPIEL: Ich habe ihm von dem Erfolg erzählt. (mein Kollege)
Wem? Meinem Kollegen?

1. Ich habe ihr sofort gratuliert. (die Frau des Kandidaten) 2. Ich habe ihm sofort telegrafiert. (sein Vater) 3. Ich habe ihr herzlich die Hand gedrückt. (seine Schwester) 4. Ich habe ihnen sofort einen Besuch abgestattet. (seine Familie) 5. Ich habe ihm alles Gute gewünscht. (der Parteileiter)

B. *Ergänzen Sie die Sätze mit dem Dativ der angegebenen Wörter!*

BEISPIEL: Er hat die Geschichte erzählt. (seine Freundin)
Er hat seiner Freundin die Geschichte erzählt.

1. Er hat die Geschichte vorgelesen. (das Mädchen) 2. Er hat den Vorgang erklärt. (die Studentin) 3. Er hat die Zeitung vorgelesen. (der Patient) 4. Er hat ein Fahrrad gekauft. (sein Sohn) 5. Er hat das alte verkauft. (ein Neffe)

C. *Sagen Sie auf deutsch!*

1. We sold our car to a neighbor. 2. He gave it to his son. 3. The son also bought the father something. 4. The father gave his son some advice. 5. The son didn't thank him for it. 6. But he thanked his father for the car.

2. Prepositions with the Dative

KONVERSATION*

Man will mehr von Ihrem Freunde wissen.

A	B
Bei wem haben Sie ihn kennen-gelernt?	**Ich habe ihn bei einem Professor kennengelernt.**

1. Seit wann interessiert er sich für Politik? (seit einem Jahr)   2. Von wem wurde er der Partei empfohlen? (von einem Parteileiter) 3. Bei wem hat er sich besonders beliebt gemacht? (bei dem Volk) 4. Mit wem war er besonders zufrieden? (mit jedem Mitarbeiter) 5. Aus welcher Klasse stammt er? (aus dem Mittelstand)

ERKLÄRUNGEN

The following prepositions require dependent nouns, articles, pronouns, and adjectives in the dative. The most common are:

aus	*from, out of*	**mit**	*with*
außer	*outside of, except, besides*	**nach**	*according to,*[1] *toward*
		seit	*since*
bei	*with, at the house of*	**von**	*from, of, about*
entgegen	*toward*	**zu**	*to, at*

Er hat **von seinem Programm** gesprochen.
Er stammt **aus dem Mittelstand.**
Sie blieb **bei ihrer Mutter.**

Übungen

A. *Folgen Sie dem Beispiel!*

BEISPIEL: Niemand wohnt hier außer seinem Bruder.

1. Schwester.   2. Vetter.   3. Kusine.   4. Großvater.

BEISPIEL: Er kommt aus der Schule.

1. Kirche.   2. Bibliothek.   3. Warenhaus.   4. Sportabteilung.

BEISPIEL: Ich bin seit einem Jahr hier.

1. Monat.   2. Tag.   3. Stunde.   4. Minute.

---

1. In this sense the dative noun or pronoun usually follows:
   Meiner Meinung nach gewinnt er nicht.
   In my opinion he won't win.

Beispiel: Dieser Nachricht nach hat er recht.

1. Geschichte.   2. Bericht.   3. Meinung.   4. Aussage.

Beispiel: Er übernachtet bei einem Freund.

1. Kollege.   2. Kamerad.   3. Schwager.   4. Tante.

B. *Sagen Sie auf deutsch!*

1. Has he been here for a month? 2. His brother has been here for a year. 3. They received a letter from their father and mother. 4. In addition to the letter they received a postcard. 5. It came from a village in Germany. 6. The card showed a girl with her dog.

3. Prepositions with Dative or Accusative

KONVERSATION*

Die Zeitung beschreibt, wie der junge Kandidat von Ort zu Ort gefahren ist, um sein Programm bekanntzumachen. Sie möchten weiteres wissen.

A	**B**
Ist er in jede Stadt gefahren?	Er ist in jeder Stadt gewesen.

1. Ist er auch in jedes Dorf gefahren? (sein) 2. Hat seine Frau ihn in die Stadt begleitet? (treffen) 3. Ist sie in ein Hotel gegangen? (bleiben) 4. Hat er sich vor die Fernsehkamera stellen müssen? (stehen) 5. Hat er sich neben seinen Gegner gesetzt? (sitzen) 6. Hat er sein Manuskript auf das Podium gelegt? (lassen)

ERKLÄRUNGEN

In Chapter 9 we listed the prepositions **an, auf, hinter, in, neben, über, unter, vor, zwischen,** which require the accusative when expressing motion or direction, answering the question **wohin?** These same prepositions require the dative when expressing location and answering the question **wo?** Compare:

> Er setzt sich **an einen Tisch.**   (motion up to, accusative)
> *He is taking a seat at a table.*

Er sitzt **an einem Tisch**. (location, dative)
He is sitting at a table.

Er geht **an die Tür**. (motion toward, accusative)
He is going to the door.
Er steht **an der Tür**. (location, dative)
He is standing at the door.

Note: Prepositions and articles are often contracted:

an dem	= am	auf das	= aufs
an das	= ans	bei dem	= beim
in dem	= im	von dem	= vom
in das	= ins	zu dem	= zum

Übungen

A. *Ergänzen Sie mit den angegebenen Wörtern!*

BEISPIEL: Er fährt weg. (mit, Wagen)
Er fährt mit dem Wagen weg.
1. Er sitzt ruhig. (neben, seine Frau) 2. Viele Wagen sind vor ihnen. (auf, Straße) 3. Sie müssen anhalten. (vor, Licht) 4. Sie sollen warten. (an, Ecke) 5. Sie kommen endlich an. (in, Dorf) 6. Hier hält er eine Rede. (vor, eine Gruppe) 7. Er steht da. (neben, sein Sohn und seine Tochter)

B. *Ergänzen Sie den Dativ oder den Akkusativ!*

BEISPIELE: Er liest die Zeitung. (in, sein Zimmer)
Er liest die Zeitung in seinem Zimmer.

Er wirft die Zeitung. (in, sein Zimmer)
Er wirft die Zeitung in sein Zimmer.

1. Er legt sie hin. (auf, ein Tisch) 2. Er setzt sich. (in, ein Sessel) 3. Er schaut auf das Bild. (an, Wand) 4. Es gefällt ihm nicht. (an, diese Wand) 5. Er hängt es. (an, eine andere Wand) 6. Ein Freund kommt gerade. (in, Zimmer) 7. Er läuft. (an, Fenster) 8. Der Freund sieht die Zeitung. (auf, Tisch) 9. Er findet eine Illustrierte. (unter, Zeitung)

C. *Sagen Sie auf deutsch!*

1. He is staying at our house overnight. 2. We often walk together

in the park.   3. Hans wants to stop at a corner.   4. What is he doing at the corner?   5. He is standing between a man and a woman. 6. They are getting on the bus.   7. Now they are driving into the city.

4. Verbs and Adjectives with Dative Objects

KONVERSATION*

Man beschreibt den Charakter des erfolgreichen Kandidaten. Ein Freund hat den Artikel gelesen, aber vieles scheint ihm übertrieben zu sein.

A	B
Schon als Kind war er jedem behilflich.	**War er wirklich jedem behilflich?**

1. Er hat seinen Eltern immer geholfen.   2. Er war auch seinem Lehrer sehr nützlich.   3. Er wollte nie einer Aufgabe ausweichen. 4. Er hat jedem Erwachsenen höflich zugehört.   5. Er folgte seinem Vater in allem.   6. Er war ihm für jeden Gefallen dankbar.   7. Er wollte nie einem Freunde etwas schuldig sein.   8. Es war ihm immer recht, Bekannte zu empfangen.   9. Er ist jedem mit freundlichem Gruße begegnet.

ERKLÄRUNGEN

Some common verbs requiring the dative have already been reviewed (Chapter 3, page 35). Other verbs requiring the dative follow:

ähneln	*to resemble*	**schaden**	*to hurt, damage*
angehören	*to belong*	**trauen**	*to trust*
begegnen	*to meet*	**trotzen**	*to defy*
dienen	*to serve*	**ausweichen**	*to yield, evade*
entgehen	*to escape*	**zuhören**	*to listen*
erliegen	*to succumb*		

Er hörte **jedem Erwachsenen** höflich zu.
Er traute **diesem Manne** nicht.

Adjectives requiring the dative:

ähnlich	*similar*	**fremd**	*strange*
angenehm	*agreeable, pleasant*	**gleich**	*same, indifferent*
begreiflich	*comprehensible*	**möglich**	*possible (for)*
bekannt	*known, famous*	**nahe**	*near, close*
bequem	*comfortable,*	**nützlich**	*useful*
	convenient	**treu**	*loyal, faithful*
dankbar	*grateful*	**recht**	*agreeable, all right*
			(with)
		schuldig	*indebted*
		überlegen	*superior*
		verwandt	*related*
		verständlich	*comprehensible*

Adjectives requiring the dative always follow the noun or pronoun:

> Er ist **seinem Chef** sehr **dankbar.**
> Das ist **mir** leider nicht **möglich.**

Übungen

A. *Ersetzen Sie die Verben in den folgenden Sätzen!*

BEISPIEL: Ich verstehe meinen Freund. (glauben)
Ich glaube meinem Freund.

1. Ich werde ihn besuchen. (helfen) 2. Jeder bewundert ihn. (trauen) 3. Er achtet seinen Vater. (gehorchen) 4. Ich treffe seine Schwester fast täglich. (begegnen) 5. Ich höre gerne ihren Rat. (folgen) 6. Ich lobe sie dafür. (danken) 7. Ja, das mag sie. (passen) 8. Ich kenne ihren Vater. (antworten)

B. *Ergänzen Sie die Sätze mit dem Dativ der angegebenen Wörter!*

BEISPIEL: Dieses Problem ist sehr unangenehm. (der Professor)
Dieses Problem ist dem Professor sehr unangenehm.

1. Es ist unbegreiflich. (seine Frau) 2. Eine Lösung ist nicht möglich. (er) 3. Sie wäre jedoch nützlich. (die Familie) 4. Der Student ist gut bekannt. (der Rektor) 5. Sein Gesicht ist ähnlich. (sein Bruder) 6. Er ist aber überlegen. (er) 7. Er bleibt treu. (sein Ideal) 8. Es ist nicht verständlich. (seine Mitarbeiter) 9. Es ist höchst unangenehm. (jeder Kollege) 10. Das Ganze ist fremd. (die Leute)

C. *Sagen Sie auf deutsch!*

1. He is loyal to his friend.   2. They are known to the group.   3. He owes them a lot of money.   4. They belong to our party.   5. They always listen carefully to the candidates.   6. They trust him.   7. But they can't always believe him.   8. It's all right with me if they don't elect him.   9. He's not grateful to the party.   10. I met him on the street.   11. I don't always trust this man or his friends.   12. Nothing suits him.   13. He even threatened me.   14. I don't like this.   15. I don't want to help him.

WIEDERHOLUNG VON VERBFORMEN

1. Review the principal parts of the following verbs in the Appendix:

biegen	fallen	tun
binden	fließen	wachsen
entscheiden	gewinnen	zerreißen

Übung

Geben Sie das Präsens, Imperfekt, Perfekt und Futur Perfekt der folgenden Verben in den angegebenen Personen:

1. biegen (es)	6. gewinnen (Sie)
2. binden (wir)	7. wachsen (er)
3. empfehlen (er)	8. tun (ich)
4. sich entscheiden (ich)	9. zerreißen (sie, *pl.*)
5. fallen (er)	10. fließen (er)

2. The perfect infinitive consists of **haben** or **sein** plus past participle:

geschrieben haben	*to have written*
gelesen haben	*to have read*
gewesen sein	*to have been*
gegangen sein	*to have gone*

Übung

Folgen Sie dem Beispiel!

BEISPIEL: Er hat gut gesungen.
Er soll gut gesungen haben.

1. Er hat gute Zensuren bekommen.   2. Er ist sehr zufrieden gewesen.
3. Er hat sich sehr darüber gefreut.   4. Er hat uns auch sofort
geschrieben.   5. Er hat gar nichts falsch gemacht.   6. Er hat sich in
nichts geirrt.   7. Er ist sehr zuverlässig geworden.

Schlußübung

*Sagen Sie zuerst und schreiben Sie dann die folgenden Sätze auf
deutsch!*

1. I heard good news from my brother last night.   2. A friend of ours
has just been elected to the Congress.   3. He was born in my village
and we went to the same school.   4. Everybody liked him and trusted
him.   5. He listened carefully to his father and teacher and followed
their advice.   6. They say that he is supposed to have studied hard.
7. He was well known to every classmate because he helped everybody.   8. As a candidate, he went with his wife from place to place.
9. He often stopped in front of a factory.   10. There he talked with
a group of workers.   11. Sometimes he was so tired that his wife
drove him to the hotel.   12. He flung himself on the bed and fell
asleep.   13. The next morning he got back into his car.   14. He
drove on to another village or city.   15. On his car was a big poster
with a slogan.   16. He is grateful to the people because they elected
him.   17. He thanked them in a speech last night.   18. He will help
the country; he will never hurt it.

AUFSATZ

Beschreiben Sie einen interessanten Wahlkampf! Erwähnen Sie unter
anderem:

1. wann und wo der Wahlkampf stattfand!
2. wer die Gegner waren und welcher Partei sie angehörten!
3. woraus ihr Parteiprogramm bestand!
4. warum der Kampf besonders lebhaft und interessant war!
5. für wen Sie stimmen wollten und warum!
6. wer die Wahl gewonnen hat und warum!

ELFTES KAPITEL

GESPRÄCH*

Nach einem ausgezeichneten Abendessen in einem sehr bekannten Restaurant besprechen Lotte und Dick, was sie zum Nachtisch bestellen sollen.

DICK: Das Abendessen war ja großartig. Jetzt weiß ich auch endlich, was man unter deutscher Küche versteht.

LOTTE: Warst du nicht bei Kleins eingeladen? Dieters Mutter soll doch eine vorzügliche Köchin sein.

DICK: Ist sie auch. Privat essen oder im Restaurant essen ist aber schließlich nicht dasselbe.

LOTTE: Du hast recht. Das Lokal hier ist weit und breit bekannt, besonders für seinen Sauerbraten. Hat er dir nicht fabelhaft geschmeckt?

DICK: Ich habe noch nie einen besseren gegessen. Aber die Bratkartoffeln und der Spinat waren auch prima. Und jetzt muß es noch Nachtisch geben.

LOTTE: Da gibt es immer eine Auswahl. Jetzt während des Sommers serviert man meistens Obstkuchen und Fruchteis. Trotz deiner amerikanischen Vorliebe für Eis solltest du mal einen Obstkuchen probieren—und zwar mit Sahne.

DICK: Mit Schlagsahne? Das kann ich mir aber nicht gut leisten. Ich wiege jetzt schon zuviel. Ich möchte meine schlanke Linie nicht ganz verlieren!

LOTTE: Ich werde dir beweisen, daß ich keine Angst habe. Herr Ober!

OBER: Ja, bitte?

LOTTE: Haben Sie heute Pfirsich- oder Erdbeerkuchen?

OBER: Heute leider nur Erdbeerkuchen.

DICK: Bringen Sie dem Fräulein und mir je ein großes Stück—mit einer anständigen Portion Sahne!

LOTTE: Da hast du mich mal angenehm überrascht. Ich dachte nicht, daß du den Mut dazu hättest.

DICK: Es ist wirklich Wahnsinn, so was zu essen, aber man lebt nur einmal!

Übungen

A. *Beantworten Sie die folgenden Fragen!*

1. Wie beschreibt Dick das Abendessen?
2. Weshalb ist das Lokal weit und breit bekannt?
3. Welches Gemüse haben sie bestellt?
4. Wofür sollen Amerikaner eine Vorliebe haben?
5. Warum sagte Lotte: „Ich dachte nicht, daß du den Mut dazu hättest?"

B. *Erklären Sie:*

1. worüber Dick und Lotte im Restaurant sprechen!
2. warum Dick den Obstkuchen mit Sahne nicht probieren will!
3. wie Lotte beweist, daß sie keine Angst hat!

C. *Sagen Sie auf deutsch, indem Sie den Beispielen folgen!*

(a) Jetzt weiß ich, was man unter deutscher Küche versteht. (*Now I know what one means by German cooking.*)

1. What do you understand by that? 2. Now I know what you mean by good cooking. 3. Now you know what people mean by American ice cream.

(b) Dieters Mutter soll eine vorzügliche Köchin sein. (*Dieter's mother is supposed to be an excellent cook.*)

1. Herbert's father is said to be an excellent cook. 2. Whose mother is supposed to be a good cook?   3. His father's restaurant is supposed to be good.

(c) Hat dir der Sauerbraten geschmeckt? (*Did you like the taste of the sauerbraten?*)

1. The sauerbraten had a fabulous taste.   2. The ice cream tasted very good, too.   3. And the spinach? Did you like it?

(d) Du solltest mal einen Obstkuchen probieren. (*You ought to try (some) fruit pie.*)

1. Let's try some peach cake. 2. I'd like to try strawberry pie with whipped cream.   3. Will you try American ice cream?

(e) Ich möchte meine schlanke Linie nicht verlieren. (*I don't want to lose my figure.*)

1. You mustn't lose your figure. 2. Will I lose my figure? 3. She has lost her figure.

(f) Ich dachte nicht, daß du den Mut dazu hättest. (*I didn't think you had the courage for it.*)

1. I didn't think he had the courage for it. 2. Did you think she had the intelligence for it? 3. We didn't think they had the courage for it.

D. *Sagen Sie auf deutsch!*

Lotte: How did you like the sauerbraten? This restaurant is famous for its sauerbraten.

Dick: It was first-rate. And the potatoes and spinach were very good, too. By the way, what does one usually order for dessert during the summer?

Lotte: We don't eat as much ice cream as you Americans. We have a preference for fruit pies.

Dick: Let's order peach pie with whipped cream!

Lotte: Nothing for me. I weigh too much already.

Dick: Waiter! Please bring us just two cups of coffee.

GRAMMATIK UND ÜBUNG

1. Genitive; Possessive

KONVERSATION*

Sie sprechen von dem Besitzer der folgenden Dinge.

Dieses Haus gehört meinem Bruder.
A. Wessen Haus ist das?
B. Das Haus meines Bruders.

1. Diese Wohnung gehört meinem Professor   2. Dieser Garten gehört einer Witwe.   3. Dieses Fahrrad gehört dem Kleinen nebenan.
4. Dieses Stadion gehört der Stadt.   5. Dieser Wagen gehört dem Bürgermeister.   6. Dieses Hotel gehört einer internationalen Firma.
7. Dieses Laboratorium gehört einem berühmten Wissenschaftler.

Sie wollen wissen, wer was besitzt.

A	B
Hat Ihre Schwester einen Fernsehapparat?	**Das ist der Fernsehapparat meiner Schwester.**

1. Hat Ihr Bruder eine Werkstatt in der Nähe?   2. Hat Ihre Schwester einen Staubsauger?   3. Haben unsere Nachbarn eine Schreibmaschine?   4. Hat Ihr Kollege ein Studierzimmer?   5. Hat Ihr Freund nebenan ein Klavier?   6. Hat Ihre Freundin einen Führerschein?

ERKLÄRUNGEN

The genitive is the case primarily expressing possession. Use the genitive in response to a question with **wessen?** (*whose?*):

Wessen Haus ist das?—Es ist **das Haus meines Bruders.**

The genitive forms of masculine and neuter **der**–words and of masculine and neuter **ein**–words, respectively, are identical:

	GENITIVE		
MASC.:	des Mannes	eines Mannes	ihres Mannes
NEUT.:	des Kindes	eines Kindes	ihres Kindes

Feminine genitive and dative forms, respectively, are identical for **der**–words and **ein**–words:

GENITIVE:	der Frau	einer Frau	ihrer Frau
DATIVE:	der Frau	einer Frau	ihrer Frau

Masculine and neuter nouns of one syllable normally add –es in the genitive singular (des Mannes, des Kindes). Masculine and neuter nouns of more than one syllable not stressed on the last syllable normally add –s in the genitive singular (des Gartens, des Wassers). Other masculine and neuter nouns may add –s or –es in the genitive singular depending on sentence rhythm. There is no genitive ending for feminine nouns (der **Frau**, der **Schwester**).

The genitive of proper nouns, regardless of gender, is formed by adding –s: Peters Buch, Luises Schuhe, Adenauers Regierung, das Klima Deutschlands.[1]

Übungen

A. *Sagen Sie, wer der Besitzer ist!*

BEISPIEL: Das ist der Hut. (die Mutter)
Das ist der Hut der Mutter.

1. Das ist das Geschäft. (der Nachbar, die Tante, das Fräulein)
2. Ich besuche das Büro. (mein Arzt, meine Lehrerin, mein Chef)
3. Wir bewundern den Charakter. (seine Frau, ihr Mann, der Bräutigam, seine Braut) 4. Ich verteidige das Recht. (diese Person, jede Familie, dieser Wissenschaftler, ein Künstler) 5. Er verkauft das Fahrrad. (das Kind, sein Sohn, seine Tochter, Maria, Hans)

---

1. In proper names ending in a sibilant (**s, ß, tz**, etc.), genitive s is usually replaced by an apostrophe, but an additional s is actually spoken. For example: **Hans'** [hansəs] **Mutter, Schutz'** [ʃutsəs] **Vater.**

B. *Ergänzen Sie die Sätze mit dem Genitiv der angegebenen Wörter!*

1. Das ist der Stil. (ein Meister) 2. Wie heißt die Frau? (dieser Maler) 3. Wo ist das Atelier? (der Künstler) 4. Es ist an der Ecke. (unsere Straße) 5. Was ist der Zweck? (seine Arbeit) 6. Ich kann den Sinn nicht verstehen. (sein Gemälde) 7. Niemand begreift die Ideen. (dieser Künstler) 8. Ich bewundere die Leistung. (seine Tochter)

C. *Sagen Sie auf deutsch!*

1. Is that your family's hotel? 2. Is that your friend's car? 3. Is that your sister's dog? 4. Is that your colleague's book? 5. Is that your child's toy?

2. Prepositions with the Genitive

KONVERSATION*

Sie besuchen einen Geschäftsfreund in einer fremden Stadt.

A	B
Können Sie mir die Stadt auch im Regen zeigen?	**Ja, ich kann sie Ihnen trotz des Regens zeigen.**

1. Können wir die Tour am Tage machen? (ja, während) 2. Gehen wir bei diesem nassen Wetter zu Fuß? (ja, trotz) 3. Sollen wir in dem Regen ein Taxi bestellen? (ja, wegen) 4. Liegt das Rathaus im Städtchen? (ja, innerhalb) 5. Können wir es in dieser Kälte besuchen? (ja, trotz) 6. Oder sollten wir den Dom besuchen? (ja, statt, das Rathaus) 7. Liegt er in der Altstadt? (nein, außerhalb)

ERKLÄRUNG

The following prepositions require dependent nouns, articles, pronouns, and adjectives to be in the genitive:[1]

---

1. Certain adjectives and verbs also require the genitive. Most of these, however, are not common in conversation, occurring primarily in formal German. Among the more frequent adjectives are: **bewußt** (*aware of*), **fähig** (*capable of*), **gewiß** (*certain of*), **müde** (*tired of*), **sicher** (*certain of*), **würdig** (*worthy of*). Example: **Er ist sich seiner Stärke nicht bewußt.** *He isn't aware of his strength.* Among the more frequent verbs are: **sich bedienen** (*to make use of*), **bedürfen** (*to need*). Example: **Er bedarf unserer Hilfe.** *He needs our help.*

außerhalb	*outside of*
innerhalb	*inside of*
oberhalb	*above*
unterhalb	*below*
diesseits	*on this side of*
jenseits	*on that side of*

Especially common are:

anstatt (statt)	*instead of*
trotz	*in spite of*
während	*during*
wegen	*because of*

Übungen

A. *Verbinden Sie die Präpositionen mit den korrekten Formen der Substantive!*

1. Er arbeitet meistens während (die Nacht, der Frühling, der Vormittag). 2. Er beschwert sich wegen (dieser Brief, dieses Problem, dieses Telegramm, diese Vorstellung). 3. Er wohnt jenseits (der Berg, der Fluß, das Stadtzentrum). 4. Er besucht ein Theater statt (ein Kino, eine Oper, eine Versammlung). 5. Es gefällt uns trotz (die Hitze, die Kälte, der Regen, der Schnee). 6. Ich esse ein Stück Kuchen statt (ein Butterbrot, eine Banane, eine Wurst, ein Salat).

B. *Sagen Sie auf deutsch!*

1. We can discuss this during our conversation. 2. We can talk about it during our walk. 3. We are coming in spite of the weather. 4. Is his father unhappy despite his good mark? 5. He has to stay in his room because of his mark. 6. We arrived on time because of the taxi. 7. We met inside the old town. 8. we saw the cathedral instead of city hall. 9. His office is on the other side of the city. 10. We'll visit it in spite of the rain.

3. Adverbial Use of the Genitive

KONVERSATION*

Ihr Freund lädt Sie ein, mit ihm in einem Café einzukehren.

A	B
Kehren Sie am Nachmittag immer hier ein?	**Ich nicht. Mein Bruder kehrt nachmittags hier ein.**

1. Kommen Sie auch am Vormittaag hierher? (Ihr Bruder) 2. Sind Sie oft gegen Mittag hier? (Ihr Vater) 3. Kommen Sie auch manchmal am Abend? (Ihre Freunde) 4. Lesen Sie die Zeitung nur am Vormittag hier? (Ihr Onkel) 5. Spielen Sie am Sonntag immer Karten? (Ihr Lehrer) 6. Bleiben Sie jede Nacht so lange im Café? (Ihr Vetter)

ERKLÄRUNG

The genitive is used adverbially to express indefinite time or the time of usual or customary action. The following expressions are common:

abends	*in the evening*
mittags	*at noon*
morgens	*in the morning*
nachmittags	*in the afternoon*
nachts	*at night*
vormittags	*in the forenoon*
sonntags, montags, etc.	*on Sundays, Mondays,* etc.

Eines Tages wird er sich die Sache anders überlegen.
Some day he'll think differently about this.
Er schläft **vormittags** immer lange.
He always sleeps for a long time in the morning.

Übung

Sagen Sie auf deutsch!

1. He gets up late in the morning.   2. I get up early in the morning.
3. Around noon I always take a rest. 4. He eats little at noon.
5. In the afternoon I go to a café.   6. We meet there regularly in the afternoon.   7. In the evening we listen to the radio.   8. We have to work in the evening.   9. On Sundays we don't work.

4. Nouns of Quantity and Place

KONVERSATION*

Was bestellen Sie im Café? Sie machen dem Ober einen Gegenvorschlag.

A	B
Möchten Sie eine Tasse Kaffee?	**Ich möchte lieber eine Tasse Tee.**

1. Möchten Sie ein Stück Torte? (Apfelkuchen)   2. Möchten Sie ein Glas Bier? (Wein)   3. Hätten Sie gerne ein Gläschen Apfelsaft? (Apfelsinensaft)   4. Möchten Sie ein Stück Käse? (Melone)   5. Brauchen Sie ein Päckchen Zigaretten? (Schachtel Streichhölzer)   6. Wollen Sie eine Flasche Rotwein? (Weißwein)

ERKLÄRUNGEN

Contrary to English, nouns of quantity and place and the word **Monat** are followed *directly* by another noun (without ending):

ein Pfund Käse	**die Stadt Bonn**
a pound of cheese	*the city of Bonn*
zwei Tassen Kaffee	**der Monat September**
two cups of coffee	*the month of September*

Übung

Ersetzen Sie die Verben in Ihren Antworten dem Beispiel entsprechend!

BEISPIEL: Brauchen Sie ein Dutzend Eier? (schon gekauft)
            Ich habe schon ein Dutzend Eier gekauft.

1. Trinken Sie ein Glas Wein? (schon bestellt)   2. Verlangen Sie eine Tasse Kaffee? (schon getrunken)   3. Brauchen Sie ein Pfund Butter? (schon verbraucht)   4. Kennen Sie das Dorf Oberammergau? (schon besucht)   5. Mögen Sie die Stadt München? (immer bewundert)

WIEDERHOLUNG VON SUBSTANTIVFORMEN

A small number of masculine nouns add –n or –en in the genitive, dative, and accusative singular and in all plural forms. Example:

	SINGULAR		PLURAL	
NOM.:	der	Mensch	die	Menschen
GEN.:	des	Menschen	der	Menschen
DAT.:	dem	Menschen	den	Menschen
ACC.:	den	Menschen	die	Menschen

Among the more common nouns having –n (or –en) in all cases but the nominative singular are:

der Bote	messenger	der Knabe	boy
der Fabrikant	manufacturer	der Kollege	colleague
der Fürst	sovereign	der Soldat	soldier
der Held	hero	der Student	student
der Junge	boy		

Übung

Geben Sie den Genitiv der folgenden Substantive!

1. das Stück
2. der Dichter
3. der Student
4. die Arbeit
5. der Soldat
6. die Tante
7. der Knabe
8. der Kollege
9. die Dame
10. der Fürst
11. der Schriftsteller
12. der Held

Schlußübung

Sagen Sie zuerst und schreiben Sie dann die folgenden Sätze auf deutsch!

1. Last week I had to go on a business trip to the city of Cologne. 2. The week before I was in the city of Frankfurt. 3. In the evening my brother invited me to go with him to a café. 5. He has to have a cup of coffee in the afternoon and in the evening. 6. During our conversation, he told me that a good friend wanted to get married. 7. The girl lived in a village outside of the city. 8. The boy came from a poor family; he was aware of his poverty and her wealth.

9. Despite this difference they want to get married very soon.
10. After our chat, my brother took me through the streets of the city
of Cologne.   11. I greatly admire the cathedral, which is on this side
of the river.   12. In the evenings there are always many people inside
the cathedral.   13. Because of the darkness I could not see very well.
14. At eleven o'clock my brother and I said good-by to each other.
15. Because of the bad weather I could not leave until later.

AUFSATZ

Beschreiben Sie einen gemütlichen Abend im Restaurant! Schreiben
Sie:

1. mit wem Sie ausgegangen sind!
2. warum Sie das Restaurant ausgesucht haben!
3. was Sie bestellt haben und warum!
4. ob es Ihnen geschmeckt hat!
5. ob das Essen preiswert war!
6. warum Sie gerne im Gasthaus essen!

HELGA NOVAK

Eis

Ein junger Mann geht durch eine Grünanlage. In seiner Hand trägt er ein Eis. Er lutscht. Das Eis schmilzt. Das Eis rutscht an dem Stiel hin und her. Der junge Mann lutscht heftig, er bleibt bei einer Bank stehen. Auf der Bank sitzt ein Herr und liest eine Zeitung. Der

5   junge Mann bleibt vor dem Herrn stehen und lutscht.

Der Herr sieht von seiner Zeitung auf. Das Eis fällt in den Sand.

Der junge Mann sagt, was denken Sie jetzt von mir?

Der Herr sagt erstaunt, ich? Von Ihnen? Gar nichts.

Der junge Mann zeigt auf das Eis und sagt, mir ist doch eben das

10   Eis runtergefallen, haben Sie da nicht gedacht, so ein Trottel?

Der Herr sagt, aber nein, das habe ich nicht gedacht. Es kann schließlich jedem einmal das Eis runterfallen.

Der junge Mann sagt, ach so, ich tue Ihnen leid. Sie brauchen mich nicht zu trösten. Sie denken wohl, ich könne mir kein

15   zweites Eis kaufen. Sie halten mich für einen Habenichts.

Der Herr faltet seine Zeitung zusammen. Er sagt, junger Mann, warum regen Sie sich auf. Meinetwegen können Sie so viel Eis essen, wie Sie wollen. Machen Sie überhaupt, was Sie wollen. Er faltet die Zeitung wieder auseinander.

20   Der junge Mann tritt von einem Fuß auf den anderen. Er sagt, das ist es eben. Ich mache was ich will. Mich nageln Sie nicht fest. Ich mache genau was ich will. Was sagen Sie dazu?

Der Herr liest wieder in der Zeitung.

Der junge Mann sagt laut, jetzt verachten Sie mich. Bloß weil ich

25   mache was ich will. Ich bin kein Duckmäuser. Was denken Sie jetzt von mir?

Der Herr ist böse.

Er sagt, lassen Sie mich in Ruhe, gehen Sie weiter. Ihre Mutter hätte Sie öfter hauen sollen.[1] Das denke ich jetzt von Ihnen. Der

30   junge Mann lächelt. Er sagt, da haben Sie recht.

Der Herr steht auf und geht.

---

1. Ihre Mutter hätte Sie öfter hauen sollen. *Your mother should have whipped you more often.*

Der junge Mann läuft hinterher und hält ihn am Ärmel fest.

Er sagt hastig, aber meine Mutter war ja viel zu weich. Glauben Sie mir, sie konnte mir nichts abschlagen. Wenn ich nach Hause kam, sagte sie, mein Prinzchen, du bist schon wieder so schmutzig.

5 Ich sagte, die anderen haben nach mir geworfen. Darauf sie, du sollst dich deiner Haut wehren,[2] laß dir nicht alles gefallen. Dann ich, ich habe angefangen. Darauf sie, pfui, das hast du nicht nötig, der Stärkere braucht nicht anzufangen. Dann ich, ich habe gar nicht angefangen, die anderen haben gespuckt. Darauf sie, wenn du

10 nicht lernst, dich durchzusetzen, weiß ich nicht, was aus dir werden soll. Stellen Sie sich vor, sie hat mich gefragt, was willst du denn mal werden, wenn du groß bist. Neger, habe ich gesagt. Darauf sie, wie ungezogen du wieder bist.

Der Herr hat sich losgemacht.

15 Der junge Mann ruft, da habe ich ihr was in den Tee getan, was denken Sie jetzt?

From *Geselliges Beisammensein*, by Helga Novak. Copyright Herrmann Luchterhand Verlag, Neuwied, 1968. By permission.

A. *Verfassen Sie kurze Sätze mit Hilfe der unten angegebenen Wortpaare!*

1. lutschen—Eis
2. rutschen—an / Stiel
3. schmelzen—Eis
4. sitzen—auf / Bank
5. fallen—in / Sand
6. halten—für / Habenichts
7. zusammenfalten—Zeitung
8. festhalten—an / Ärmel
9. sich wehren—Haut
10. tun—in/Tee

B. *Diskussionsfragen:*

1. Mit welchen Worten würden Sie die Sprache in dieser kleinen Erzählung beschreiben?
2. Was will der junge Mann von dem Herrn? Welchen Beweis können Sie für Ihre Antwort anführen?

---

2. Darauf sie, du sollst dich deiner Haut wehren. *Thereupon she (said) you should protect your skin (defend yourself).*

ZWÖLFTES KAPITEL

GESPRÄCH*

Lotte hilft Dick, indem sie ihm als Deutsche hie und da einen Ausdruck erklärt.

LOTTE: Du siehst heute etwas deprimiert aus. Was ist denn los?

DICK: Ich bin sehr entmutigt. Je länger ich hier bin, desto schwieriger kommt mir Deutsch vor.

LOTTE: Das bildest du dir nur ein. Du machst doch fast nie Fehler. Ab und zu gebrauchst du einen Ausdruck, der nicht ganz paßt. Sonst erkennt man dich nicht sofort als Ausländer.

DICK: Ich muß unbedingt lernen, wie man ein Wörterbuch richtig gebraucht.

LOTTE: Warum sagst du das?

DICK: Siehst du, gestern mußte ich den Ausdruck „spare time" nachschlagen. Es gab so eine Auswahl, daß ich gar nicht wußte, welches Wort richtig paßte. Ich weiß es immer noch nicht.

LOTTE: Was hat man denn angegeben?

DICK: Pause, Frühstückspause, Mittagspause, Feierabend, Ruhetag, Ferien, Urlaub. Die andern fallen mir nicht mehr ein.

LOTTE: Macht nichts. Das richtige Wort ist Freizeit, und das hast du nicht mal erwähnt. Die anderen Ausdrücke bedeuten alle eine besondere Art von Freizeit.

DICK: Wie meinst du das?

LOTTE: Pause ist eine kurze Freizeit. Man spricht von einer Pause zwischen Schulstunden. Frühstückspause entspricht eurem „coffee break". Mittagspause ist eurem „lunch break" ähnlich. Der Feierabend ist der Spätnachmittag, die Zeit nach der Tagesarbeit.

DICK: Ruhetag ist leicht zu verstehen, ebenso Ferientag. Aber was ist der Unterschied zwischen Ferien und Urlaub?

LOTTE: Ferien bezieht sich auf Studenten und Kinder; Urlaub ist die Freizeit eines Erwachsenen, z.B. eines Beamten oder Soldaten.

DICK: Für dich mag das leicht sein. Aber wie kann ich das alles behalten?

LOTTE: Du mußt einfach aufpassen, zuhören, wiederholen! So hast du bisher gelernt, und so mußt du weiterlernen! Glaub mir ruhig, Dick, du hast während der vier Wochen viel gelernt! Wir sind alle stolz auf dich.

Übungen

A. *Beantworten Sie die folgenden Fragen!*

1. Warum ist Dick entmutigt?
2. Beschreiben Sie Dicks Kenntnisse im Deutschen!
3. Nennen Sie die Wörter, die Dick unter „spare time" fand!
4. Wie erklärt Lotte das Wort Pause?
5. Was bedeutet Feierabend?

B. *Erklären Sie:*

1. welche Schwierigkeiten Dick im Deutschen hat!
2. was für ein Unterschied zwischen Ferien und Urlaub besteht!
3. wie Dick alle Ausdrücke behalten soll!

C. *Sagen Sie auf deutsch, indem Sie den Beispielen folgen:*

(a) Je länger ich hier bin, desto schwieriger kommt mir Deutsch vor. (*The longer I am here, the harder German seems to me.*)

   1. The longer I live here, the easier German seems to me. 2. The longer I am in Germany, the harder English seems to me. 3. The longer I speak to him, the less I understand him.

(b) Das bildest du dir nur ein. (*You're only imagining that.*)

1. Am I only imagining that? 2. I'm convinced he's only imagining that. 3. I think they only imagined that.

(c) Ich mußte einen Ausdruck nachschlagen. (*I had to look up an expression.*)

1. Do you have to look up lots of words? 2. We had to look up many expressions. 3. Look up the word "Freizeit."

(d) Die andern fallen mir nicht mehr ein. (*The others don't occur to me any longer.*)

1. The expression occurs to me now. 2. Has the word finally occurred to you? 3. Sorry, it hasn't come back to me yet.

(e) Dieses Wort bezieht sich auf Studenten und Kinder. (*This word refers to students and children.*)

1. Which word refers to grownups? 2. Does "Urlaub" refer only to soldiers? 3. He wants to know what "Freizeit" refers to.

(f) Aber wie kann ich das alles behalten? (*But how can I retain all of that?*)

1. I can't retain all of that. 2. He can't retain all of that either. 3. Who can retain so many words?

(g) Wir sind alle stolz auf dich. (*We're all proud of you.*)

1. I am proud of you. 2. She is not proud of me. 3. How could they be proud of him?

D. *Sagen Sie auf deutsch!*

Lotte: Why do you look so discouraged today?
Dick: The more I study German, the harder it gets. I'm not just imagining it either. I have to look up so many words.
Lotte: You almost never make an error. People don't recognize you as a foreigner right away. I am very proud of you.
Dick: By the way, can you tell me what the difference between "Ferien" and "Urlaub" is?

Lotte: Yes, of course. "Ferien" refers to children and students, "Urlaub" to adults.

Dick: How can one remember all that?

GRAMMATIK UND ÜBUNG

Plural of German Nouns

Review the plural of **der**– and **ein**–words in the Appendix.

There is no practical general rule for the formation of German noun plurals, as there is for English plurals. The best way to master them is to commit each plural to memory when you encounter it. Later you will learn to generalize. There are four ways of forming German plurals, two of which are reasonably predictable.

1. No Ending in Plural

KONVERSATION*

Sie verbringen Ihre Sommerferien in Deutschland und besuchen eine befreundete Familie. Sie hören viel Neues.

A	**B**
Wir haben nur einen Bruder.	Ich dachte, Sie hätten mehrere Bruder.

1. Wir haben nur eine Tochter.   2. Wir haben nur einen Vetter. 3. Wir haben nur ein Dienstmädchen.   4. Wir haben nur ein Schlafzimmer.   5. Wir haben heute Gesellschaft. Ich habe nur einen Kellner bestellt.   6. Wir haben nur ein Zimmer oben.   7. Wir haben nur einen Laden im Dorf.

ERKLÄRUNGEN

In the conversation above, we used nouns that have no plural ending, but frequently add Umlaut:

der **Bruder**	die **Brüder**
das **Messer**	die **Messer**

Most nouns following this pattern are polysyllabic masculine or neuter and end in –el, –er, –en.[1] To this group also belong two feminine nouns:

die **Mutter**   die **Mütter**

die **Tochter**   die **Töchter**

Übungen

A. *Geben Sie den Plural!*

1. der Onkel	11. der Physiker
2. das Messer	12. der Redner
3. der Laden	13. kein Wissenschaftler
4. der Mantel	14. dieser Mantel
5. das Zimmer	15. welcher Löffel?
6. der Löffel	16. kein Messer
7. das Töchterchen	17. unser Wagen
8. das Kindlein	18. sein Mädchen
9. meine Tochter	19. mein Bruder
10. der Chemiker	20. unser Zimmer

B. *Setzen Sie die folgenden Sätze in den Plural!*

Beispiel: Dieses Mädchen hat einen netten Bruder.
Diese Mädchen haben nette Brüder.

1. Dieses Mädchen trägt einen neuen Mantel.   2. Mein Bruder fährt einen neuen Wagen.   3. Mein Lehrer kauft sich meistens einen alten Wagen.   4. Mein Onkel hat mir ein schönes Büchlein geschenkt.   5. Unser Vater besitzt ein altes Haus.   6. Dieser Laden hat nur ein großes Fenster.   7. Unser Zimmer hat einen neuen Fußboden.   8. Dieser Künstler hat eine berühmte Tochter.

2. Plural Ending –*e*

KONVERSATION*

Sie machen einen Spaziergang mit Ihren deutschen Freunden. Die Gegend gefällt Ihnen. Sie sind aber über manches erstaunt.

---

1. The endings –**chen** and –**lein** form diminutive nouns, which have no plural ending, but the stem vowel of the basic noun is usually umlauted. Diminutives are always neuter regardless of the gender of the basic noun:

	SINGULAR	PLURAL
(der Enkel)	das **Enkelchen**	die **Enkelchen**
(die Mutter)	das **Mütterchen**	die **Mütterchen**

A	B
Dieser Baum blüht schon im April.	**Alle Bäume blühen im April.**

1. Dieser Berg ist enorm hoch. 2. Dieser Fluß überschwemmt ja das Ufer. 3. Die Stadt ist im Mittelalter gebaut worden. 4. Die Nacht ist kühl. 5. Dieser Tag ist entsetzlich heiß. 6. Der Preis ist ziemlich hoch. 7. Dieser Arzt wird aber gut bezahlt. 8. Diese Stadt hat viele Neubauten.

ERKLÄRUNGEN

In the conversation above, we used nouns with plural ending –e, sometimes with Umlaut:

der **Sohn**	die **Söhne**
der **Berg**	die **Berge**
der **Fluß**	die **Flüsse**

This group is not predictable. It includes a large number of masculine and neuter nouns and some feminines. Many nouns in this group are monosyllabic.

Übungen

A. *Geben Sie den Plural!*

1. der Tag	13. der König
2. das Jahr	14. die Wand
3. das Paket	15. die Stadt
4. die Nacht	16. der Arzt
5. das Schiff	17. welcher Brief?
6. der Preis	18. unser Stuhl
7. der Lohn	19. diese Stadt
8. der Zustand	20. kein Arzt
9. der Zug	21. keine Hand
10. das Verhältnis	22. meine Kraft
11. der Spaziergang	23. dieser Preis
12. der Bericht	24. unser Geschenk

B. *Setzen Sie das angegebene Substantiv in den Plural! (Passen Sie auf die Verben auf!)*

BEISPIEL: Ich habe *meinen Freund* an die Bahn gebracht.
Ich habe *meine Freunde* an die Bahn gebracht.

1. Er will *die Stadt* im Norden besuchen.   2. Er soll *den neuen Stadt-teil* besichtigen.   3. *Der Tag* soll dort lang sein.   4. *Die Nacht* hingegen ist kurz.   5. *Sein Erlebnis* ist höchst interessant.   6. *Sein Bericht* ist immer willkommen.   7. *Das versprochene Geschenk* ist noch nicht angekommen.   8. Vielleicht hat *der Zug* Verspätung.

3. Plural Ending –*er*

KONVERSATION*

Sie wundern sich immer noch über die schöne Landschaft und die netten Leute. Ihre Freunde bestätigen alles.

A	B
Dieses Dorf ist herrlich gelegen.	**Die meisten Dörfer sind herrlich gelegen.**

1. Dieses Tal ist sehr malerisch.   2. Dieses Volkslied ist bekannt. 3. Das Kind hier ist hübsch angezogen.   4. Dieser Mann trägt Lederhosen.   5. Dieser Wald ist sehr dicht.   6. Dieses Feld trägt viel Weizen.   7. Dieses Hochhaus verdirbt die Aussicht.   8. Das Bild der Landschaft ist fabelhaft.

ERKLÄRUNGEN

In the conversation above, we used nouns adding –**er** in the plural, with Umlaut wherever possible:

der	**Mann**	die	**Männer**
das	**Buch**	die	**Bücher**
das	**Haus**	die	**Häuser**
das	**Kind**	die	**Kinder**

This rather predictable group includes primarily monosyllabic nouns, most of them neuter. There are no feminine nouns in the group.

Übung

Geben Sie den Plural!

1. dieses Bild
2. unser Bild
3. das Tal
4. kein Tal
5. welches Tal?
6. das Land
7. ihr Land
8. ihr Lied
9. sein Lied
10. dieses Haus
11. ihr Haus
12. dieses Kind
13. ihr Kind
14. welches Buch?
15. mein Buch
16. dieses Glas
17. manches Glas
18. der Reichtum
19. das Dorf
20. sein Feld
21. das Licht
22. ihr Kleid
23. der Geist
24. ihr Geld

4. Plural Ending –*en*

KONVERSATION*

Sie und Ihre Freunde finden, daß Ihre Länder vieles gemeinsam haben.

A

Eine Studentin muß hier schwer arbeiten.

B

Studentinnen in Amerika müssen auch schwer arbeiten.

1. Eine Arbeiterin in Deutschland verdient mehr als früher.   2. Eine Frau in Europa hat heute viele Rechte.   3. Eine gute Leistung wird hoch angesehen.   4. Eine Familie kann sich gut ernähren.   5. Eine Wohnung ist fast immer teuer.   6. Eine neue Idee wird oft geschätzt.

ERKLÄRUNGEN

To this group belong all feminine nouns of more than one syllable and a few of one syllable:[1]

die Tante	die Tanten
die Arbeit	die Arbeiten
die Tür	die Türen
die Frau	die Frauen

---

1. Two exceptions, **die Mutter** and **die Tochter**, were noted in Section 1.

Words having the feminine suffix –in add –nen for the plural:

die **Lehrerin**	die **Lehrerinnen**
die **Köchin**	die **Köchinnen**

This group also includes masculine nouns (see Chapter 11, page 158) that add –en or –n in the singular:

der **Held**	die **Helden**
der **Junge**	die **Jungen**

There are no neuter nouns in this group.

Note: Some nouns of non-German origin add –s in the plural:

das **Hotel**	die **Hotels**
das **Radio**	die **Radios**
das **Auto**	die **Autos**
das **Büro**	die **Büros**

Übungen

A. *Geben Sie den Plural!*

1. die Arbeiterin	11. keine Frau
2. die Tante	12. keine Küche
3. die Studentin	13. keine Toilette
4. die Frau	14. welche Wohnung?
5. die Hochzeit	15. diese Familie
6. die Zeit	16. unsere Zeitung
7. die Küche	17. seine Schule
8. die Universität	18. meine Maschine
9. die Zeitung	19. unsere Leistung
10. die Seite	20. welche Arbeiterin?

B. *Setzen Sie das Substantiv und das Verb in den Plural!*

BEISPIEL: *Diese Frau* leistet sehr viel.
             Diese Frauen leisten sehr viel.

1. *Die Küche* ist immer sauber. 2. Sie räumt *die Wohnung* schon morgens auf. 3. *Ihre Tochter* ist immer nett gekleidet. 4. *Ihre Familie* sieht zufrieden aus. 5. Man hat sie als fleißige *Arbeiterin* bezeichnet. 6. Sie hat früher *diese Schule* besucht. 7. Sie hat jedoch *keine Universität* besucht.

5. Dative Plural –*n*

KONVERSATION*

Sie haben viel über die Sitten in Deutschland gehört. Sie wollen allerlei Fragen darüber stellen.

A	**B**
Spielt der Deutsche viel mit seinen Kindern?	**Nein, er spielt nicht viel mit seinen Kindern.**

1. Verlangt er Gehorsam von seinen Kindern? (ja)   2. Geht er oft mit seinen Söhnen spazieren? (ja)   3. Geht er auch mit seinen Töchtern spazieren? (nein)   4. Heiratet er in frühen Jahren? (nein)   5. Bleibt er seinen Freunden treu? (ja)   6. Ist er anständig zu Ausländern? (ja) 7. Ist er höflich zu anderen Leuten? (ja)   8. Ist er bei Amerikanern beliebt? (ja)

ERKLÄRUNG

All German nouns end in –**n** in the dative plural, except those ending in –**s**: **den Kindern, den Mänteln, den Söhnen**; but **den Radios.**

Übungen

A. *Geben Sie den Dativ Plural der folgenden Substantive!*

1. ihre Häuser	8. jene Menschen
2. die Menschen	9. diese Bücher
3. die Söhne	10. meine Hefte
4. meine Freunde	11. diese Messer
5. die Arbeiter	12. seine Söhne
6. die Studios	13. unsere Töchter
7. die Kinder	14. die Büros

B. *Setzen Sie in den Plural!*

BEISPIEL: Er wohnt bei seinem Sohn.
Er wohnt bei seinen Söhnen.

1. Damals wohnte er bei seiner Tochter.   2. Er ging jedoch oft zu seinem Bruder.   3. Er sprach selten mit seiner Schwester.   4. Er war

nicht nett zu seinem Mitarbeiter.   5. In unserem Büro war er nicht beliebt.   6. Wir waren mit seiner Leistung nicht zufrieden.   7. Ich traf ihn manchmal in diesem Hotel.   8. Er wußte nichts von meiner Prüfung.

WIEDERHOLUNG VON SUBSTANTIVFORMEN

1. Review in the Appendix (page 304) the full declension, including plurals, of **der Mann, die Frau, das Kind**. (Disregard adjectives in the tables for the purpose of this exercise.)

2. Review in the Appendix (page 307) the declension, including plurals, of nouns taking –(e)n in the genitive, dative, and accusative singular.

3. Review in the Appendix (page 307) the irregular nouns **der Friede** (*peace*); **der Name** (*name*); **der Glaube** (*belief*); **der Gedanke** (*thought*); **der Wille** (*will*); (page 308) **das Herz** (*heart*).

Schlußübung

Schreiben Sie auf deutsch!

1. Two Americans came to our town yesterday.   2. They sat down with several Germans in a café.   3. They asked many questions about German life.   4. They asked, for example, "Are your teachers good? Are your cities old? Are the wages high?"   5. One American was especially interested in our universities.   6. He asked, "Do the universities prepare students only for the professions?"   7. The other admired Bavaria, especially its mountains, rivers, and valleys.   8. He even said he would like to live here because the villages are so picturesque.   9. The Germans also asked several questions, and the Americans answered them.   10. "Families in the United States earn a lot of money, but everyone in the family has to work very hard. 11. Newspapers in the United States may print what they wish. 12. Personal achievements are regarded highly in America."   13. In general, the American demands less obedience from his children. 14. In America one can often see fathers playing (who play) with their sons and daughters.   15. The parents often give presents to their children.   16. There are also other differences.   17. Americans are more open with foreigners, but Germans are more polite in their relationships.   18. These ideas are very interesting, but can one believe in them?

AUFSATZ

Beschreiben Sie in einem kurzen Aufsatz, was Deutschland und Amerika gemeinsam haben! Erwähnen Sie:

1. was sie politisch gemeinsam haben!
2. was sie ökonomisch gemeinsam haben!
3. was sie in der Lebensweise gemeinsam haben!

Erklären Sie auch, was einige der Hauptunterschiede sind!

KURT KUSENBERG

Geteiltes Wissen

Sie waren Zwillinge und hießen Peter und Paul. Ihr Vater, ein
närrischer Mensch, schickte sie nicht zur Schule, sondern machte
selbst den Lehrer.[1] Er verfuhr dabei nach einem Plan, der seinesgleichen sucht.[2] Soll man es glauben, daß er seine Söhne getrennt
5 unterrichtete, daß ein Lexikon das Lehrbuch abgab[3] und daß Peter
sich zwischen A und L tummeln durfte, derweil Paul gehalten war,
von K bis Z Bescheid zu wissen? Man muß es glauben, denn als die
Zwillinge ausgelernt hatten, war ein jeder auf seinem Gebiet trefflich
beschlagen[4] und vermochte im Bereich des anderen so gut wie nichts.
10 Einzeln genommen, blieb ihr Wissen freilich Stückwerk; doch
ergänzten sie einander auf das glücklichste. Wem es vergönnt war,
sich mit den beiden zu unterhalten, der trat Kenntnissen gegenüber,
die alles umfaßten, was Menschen je gedacht oder bewerkstelligt
haben. Wo Peter nicht hinreichte, griff Paul zu, und wenn es diesem
15 an einem Stichwort gebrach, sprang jener helfend ein.[5] Schwieriger
lag der Fall, sobald die Zwillinge untereinander Gespräche führten,
denn ihr Gemeinsames—vom Vater vorbedacht—erstreckte sich nur
von K bis L, nicht weiter. Hier, an diesem ergiebigen Ort, überdeckte
sich beider Wissen, hier entsprang der Quell brüderlicher Ver-
20 ständigung. Da sie guten Willens waren, brachten sie es mit der Zeit
dahin,[6] aus dem Niemandsland eine kleine Welt zu machen, ein
rechtes Zwillingsparadies, das mit der Kaaba[7] in Mekka begann und
bei der kleinasiatischen Landschaft Lyzien[8] endete.

Was diesseits und jenseits der beiden Grenzpunkte zu Hause war,
25 wirkte freilich trennend; dort schieden sich die Geister. Man darf das
nicht so verstehen, als ob Peter zwar Äpfel und Birnen, nicht aber
Pfirsiche und Zwetschgen zu unterscheiden vermochte, oder als ob

---

1. sondern machte selbst den Lehrer *but acted as their teacher himself.*
2. der seinesgleichen sucht *which cannot be equalled.*
3. daß ein Lexikon das Lehrbuch abgab *that a dictionary served as the textbook.*
4. trefflich beschlagen *exceptionally (well-)versed.*
5. wenn es diesem an einem Stichwort gebrach, sprang jener helfend ein *when the latter was lacking a catchword, the former came to the rescue.*
6. Da sie guten Willens waren, brachten sie es mit der Zeit dahin *Since they were well-intentioned, in time they succeeded in . . .*
7. Kaaba *Caaba, Moslem shrine in Mecca.*
8. Lyzien *Lycia, ancient coastal region in Asia Minor.*

Paul wohl manches über die Schiffahrt wußte, von Eisenbahnen hingegen nichts verstand. Denn das tägliche Leben sorgte dafür, daß dem einen wie dem anderen Dinge bekannt wurden, die er sich, obwohl sie nicht seine Sache waren, eben doch zu eigen machte. Es
5 wäre den Zwillingen ein leichtes gewesen,[9] ihr besonderes Wissen durch Übergriffe zu vermehren, indem sie Bekannte oder gar Bücher befragten. Sie taten es jedoch nicht, weil ein angeborener Stolz ihnen Fragen aus Unkenntnis verbot und weil sie neben dem Lexikon keine anderen Bücher gelten ließen.
10 Unter solchen Umständen mußten sehr eigenartige Verhältnisse entstehen; es sei versucht, sie anzudeuten. Während Peter die Elektrizität prächtig beherrschte, blieb ihm ein Wesentliches, nämlich die Lehre von den Wellen, durchaus rätselhaft; auch den Zusammenhang zwischen Atmung und Zwerchfell, zwischen Auster und Perle durch-
15 blickte er nie vollends, von Galgen und Strick nicht zu reden. Dafür hatte Paul, der Schiller und Shakespeare zu den Seinen rechnete, von Goethe eine recht unklare Vorstellung, und die fünf Erdteile, mit denen Peter auf vertrautem Fuße stand,[10] machten Paul viel zu schaffen.[11] Es versteht sich,[12] daß die Zwillinge über Corneille und
20 Racine[13] geteilter Meinung waren, daß der eine Alexander, Cäsar und Friedrich II.[14] unter die großen Feldherren zählte, wo der andere sich zu Napoleon, Moltke und Schlieffen[15] bekannte. Sah Peter das Stichwort Gott als sein eigen[16] an, so legte Paul in aller Unschuld die Hand auf den Teufel.[17] Daß die einende Liebe und das verbindende
25 Kabel beiden zugleich angehörten, wollen wir als Sinnbild nehmen;

---

9. Es wäre den Zwillingen ein leichtes gewesen *It would have been simple for the twins.*

10. mit denen Peter auf vertrautem Fuße stand *with which Peter was very familiar.*

11. machten Paul viel zu schaffen *gave Paul a great deal of trouble.*

12. Es versteht sich *It goes without saying.*

13. Corneille, Pierre *(1606–1684), master of the French classical drama.* Racine, Jean *(1639–1699), rival of Corneille, and considered by many to be the greatest writer of French classical tragedy.*

14. Friedrich II. *Also known as* Friedrich der Große *(1712–1786), King of Prussia renowned for his military leadership.*

15. Moltke, Count Helmuth von *(1800–1891), Prussian field marshal who modernized the Prussian army and directed strategy during the three wars of unification.* Schlieffen, Count Alfred von *(1833–1913), who as chief of the German general staff elaborated a plan of campaign for a two-front war with France and Russia (the famed "Schlieffen Plan").*

16. eigen = eigenes.

17. So legte Paul in aller Unschuld die Hand auf den Teufel *Thus, Paul in all innocence came to lay his hand (in the dictionary) on the devil (in other words, he had the devil as his "domain," while the other twin had God as his).*

bedauerlich war allerdings, daß nur Paul darüber Auskunft zu geben wußte, wie es um Zwillinge stand. Doch was besagten diese Lücken, die beiderseits kaum als solche empfunden wurden, verglichen mit jenen hämischen Vermerken, die mitten in Pauls Gebiet auf Peters

5   Reich hinwiesen, und umgekehrt? Der Eid war Peter vertraut; das Wissen um den Meineid jedoch mußte er Paul überlassen. Ähnlich erging es ihm mit dem Wort Bienensaug, welches sich nicht erklärte, sondern bescheiden auf den Ausdruck Taubnessel aufmerksam machte, der unter Pauls Hoheit fiel. Andererseits hätte dieser, dem

10 das Papier und seine Herstellung geläufig waren, gern Näheres über Hadern gehört. Es gelang ihm nicht, so wenig wie Peter sich von der Hadernkrankheit[18] ein Bild machen konnte, weil sie sich hinter dem Stichwort Milzbrand verbarg.

    Mit einem Wort: unsere Zwillinge waren Hälften, die keinerlei

15 Aussicht hatten, sich jemals zu runden. Da aber alle Wesen bestrebt sind, auf ihre Art ein Ganzes zu bilden, kam es dahin,[19] daß jeder von ihnen sein Wissen für erschöpfend und—wider besseres Wissen—das des anderen für reines Blendwerk hielt. Fragte man einen von ihnen nach einem Gegenstand, der ihm nicht zugehörte, so ward[20] ihm der

20 Bescheid: „Das weiß mein Bruder." Die Antwort hörte sich an, als sei sie leichthin gesprochen und gutartig. Wer jedoch feine Ohren hatte, vernahm den geheimen Unterton, und der lautete: „Das gibt es nicht. Aber wenn Sie sich täuschen lassen wollen, dann fragen Sie meinen Bruder."

25 Dabei blieb es, bis die Zwillinge eines Tages starben, zur selben Stunde und mit der gleichen Würde, der eine an Hadernkrankheit, der andere an Milzbrand.

A. *1. Geben Sie den Plural jedes Substantivs in einem kurzen Satz! Gebrauchen Sie z.B. als Satzrahmen:*

Da sind viele . . . .

Wir haben . . . .

Welche . . . ? usw.

---

18. Hadernkrankheit = Milzbrand.
19. Da aber alle Wesen . . . kam es dahin *Since, however, all organisms in their own way strive to form a whole, it developed.*
20. ward = wurde.

Mensch, Plan, Lexikon, Fall, Ort, Landschaft, Schiffahrt, Zusammenhang, Auster, Perle, Strick, Stichwort, Eid, Gegenstand.

2. Geben Sie den Singular jedes Substantivs in einem kurzen Satz! Gebrauchen Sie z.B. als Satzrahmen:

Hier ist . . . .

Ich esse . . . .

. . . ist . . . . . usw.

Zwillinge, Äpfel, Birnen, Pfirsiche, Zwetschgen, Eisenbahnen, Umstände, Verhältnisse, Lücken, Hadern, Hälften, Wesen.

B. *Diskussionsfragen:*

1. In welcher Hinsicht waren die Zwillinge Peter und Paul nicht typisch?
2. Was ist die Moral der Geschichte? Erläutern Sie!

DREIZEHNTES KAPITEL

GESPRÄCH*

Dick hat viel an deutschen Autofahrern auszusetzen. Er kann z.B. nicht verstehen, warum sie so rücksichtslos sind. Er versteht noch nicht, daß das Autofahren für viele Deutsche noch etwas Neues ist.

DICK: Sag mal, ist mein amerikanischer Führerschein auch in Deutschland gültig?

DIETER: Soviel ich weiß, brauchst du keinen deutschen Führerschein.

DICK: Hast du dich irgendwo erkundigt?

DIETER: Ja, ich habe bei den Behörden nachgefragt. Dein amerikanischer Führerschein genügt, aber er muß offiziell übersetzt werden. Mir kommt es fast vor, daß du Angst hast, hier Auto zu fahren.

DICK: Nicht gerade Angst, aber hier scheinen die Fahrer doch anders zu sein.

DIETER: Was willst du damit sagen?

DICK: Der Europäer hält sich oft für den einzigen auf der Straße.

DIETER: Das ist nur menschlich.

DICK: Mag sein. Aber ich glaube, man fährt vorsichtiger in den Staaten als hier oder auch sonstwo in Europa. Der Europäer fährt oft zu schnell und achtet nur selten auf Fußgänger oder andere Fahrer.

DIETER: Vielleicht sind wir ungeschickter als ihr. Und für viele Deutsche ist der Wagen eine Art Spielzeug. Ein Erwachsener kann sich damit öffentlich amüsieren. Für euch ist das Autofahren so natürlich wie essen und trinken.

DICK: Das ist wahr. Fast jeder 17jährige hat einen Führerschein. Aber wir lernen in der Schule und überall, daß Sicherheit am wichtigsten ist. Hier fährt man so unerhört schnell.

DIETER: Auf den Autobahnen gibt es keine Fahrtgeschwindigkeit. Und ich muß zugeben, wir haben viele schlimme Unfälle.

DICK: Es überrascht mich auch, wenn ich einen Autofahrer sich mit einem Polizisten streiten sehe. In Amerika würde ich mich nicht getrauen, sowas zu tun. Ich würde immer den Kürzeren ziehen.

DIETER: Sehr oft setzt der Schupo dem frechen Fahrer den Kopf zurecht. Manchmal gibt er ihm auch einen Strafzettel.

DICK: Vielleicht ist es hier am Ende doch nicht so verschieden!

Übungen

A. *Beantworten Sie die folgenden Fragen!*

1. Woher weiß Dieter, daß Dick keinen deutschen Führerschein braucht?
2. wozu Dieter zu den Behörden gegangen ist!
3. Für wen ist das Auto oft ein Spielzeug?
4. Wo gibt es keine Fahrtgeschwindigkeit?
5. Was gibt der Polizist oft einem frechen Fahrer?

B. *Erklären Sie:*

1. an wem Dick viel auszusetzen hat!
2. wozu Dieter zu den Behörden gegangen ist!
3. inwiefern die europäischen Fahrer anders zu sein scheinen!
4. was Dick sich nicht getrauen würde!

C. *Sagen Sie auf deutsch, indem Sie den Beispielen folgen!*

(a) Dick hat viel an deutschen Autofahrern auszusetzen. (*Dick finds (a lot of) fault with German drivers.*)

1. Dieter does not find fault with American drivers. 2. Everybody criticizes fast drivers. 3. There's nothing to find fault with in that.

(b) Ich habe bei den Behörden nachgefragt. (*I inquired of the authorities.*)

1. Who inquired of the authorities?   2. We inquired at the post office.   3. Why didn't you ask the policeman?

(c) Mir kommt es vor, daß du Angst hast. (*It seems to me you are afraid.*)

1. It seems to him you are afraid.   2. It seemed to us that they were afraid.   3. Does it look to you that we should be afraid?

(d) Was willst du damit sagen? (*What do you mean by that?*)

1. What am I trying to say by that?   2. I'm trying to say that the European driver is different.   3. What does he mean by that?

(e) Ich würde immer den Kürzeren ziehen. (*I would always be the loser.*)

1. He always thinks he's the loser.   2. Do you often feel that you are the loser?   3. I haven't always been the loser.

(f) Der Schupo setzt dem frechen Fahrer den Kopf zurecht. (*The cop puts the fresh driver in his place.*)

1. The cop will set him straight.   2. Who will set the cop straight?
3. The driver will not put the cop in his place.

D. *Sagen Sie auf deutsch!*

Dick: Do I have to have a German driver's license?
Dieter: No. Your American license is sufficient, but you must have it translated into German.
Dick: I think I'm afraid to drive here. Everybody exceeds the speed limit.
Dieter: For many Germans the automobile is a kind of toy. One can have fun with it in public. For Americans driving is as natural as eating and sleeping.
Dick: That's true, but we think safety should come first.
Dieter: I have to admit we have a lot of accidents.

GRAMMATIK UND ÜBUNG

1. Predicate Adjectives

KONVERSATION*

Sie sitzen mit Ihrem Freund im Restaurant. Sie merken, daß eine Anzahl Lehrer und Schulkameraden auch da sind. Sie unterhalten sich über diese Bekannten.

A	B
Ist dieser Lehrer streng?	Er ist sehr streng.
Ist seine Tochter hübsch?	Sie ist sehr hübsch.
Ist sein Dienstmädchen freundlich?	Es ist sehr freundlich.
Sind alle Ihre Lehrer zuvorkommend?	Sie sind sehr zuvorkommend.

1. Sind die meisten Studenten begabt?   2. Ist der Student da drüben klug?   3. Der Herr uns gegenüber lächelt. Ist er immer freundlich? 4. Ist seine Familie vermögend?   5. Ist sein Sohn immer so lustig? 6. Er selbst ist Chirurg. Soll er tüchtig sein?   7. Kennen Sie seine Tochter? Ist sie oft traurig?   8. Sind das die anderen Kinder? Sind sie oft so brav?   9. Sind sie oft gehorsam?

ERKLÄRUNG

Descriptive adjectives never take an ending when in predicate position, that is, primarily following the verbs **sein** and **werden**:[1]

Dieser Student ist sehr **klug**.
Dieses Mädchen ist **hübsch** geworden.

Übungen

A. *Folgen Sie dem Beispiel!*

BEISPIEL: Er war früher nicht strebsam.
Er ist strebsam geworden.

---

1. Such verbs as **bleiben** and **aussehen** also take predicate adjectives: Er bleibt immer **ruhig**. Er sieht sehr **müde** aus.

1. Seine Geschwister waren nicht fleißig.   2. Der ältere Bruder war nicht aufmerksam.   3. Der jüngere war nicht zuvorkommend.   4. Die Familie war nicht freundlich.   5. Die Eltern waren nicht tüchtig.

B. *Sagen Sie auf deutsch!*

1. In July it is very hot.   2. The days are often unpleasant.   3. The nights are seldom cool.   4. People get tired easily.   5. It is pleasant only at the shore.

2. Adjectives Before Nouns

KONVERSATION*

Der Kellner bringt Ihnen die Speisekarte. Sie lesen Ihrem Freunde vor, was es zu essen gibt. Er sagt Ihnen, was er mag und was er nicht mag.

A	B
Frischen Käse?	**Ja, frischen Käse mag ich sehr.**
Scharfe Wurst?	**Nein, scharfe Wurst mag ich nicht.**
Rohes Obst?	**Nein, rohes Obst mag ich auch nicht.**
Frische Erdbeeren?	**Ja, frische Erdbeeren mag ich sehr.**

1. Grünen Salat? (ja)   2. Rohe Eier? (nein)   3. Starken Kaffee? (nein) 4. Gebratene Äpfel? (ja)   5. Gekochte Eier? (ja)   6. Kalten Schinken? (ja)   7 Eisgekühlten Tee? (ja)   8. Frische Brötchen? (ja)   9. Kalte Milch? (nein)   10. Dunkles Brot? (nein)

ERKLÄRUNGEN

UNPRECEDED ADJECTIVES

The adjectives in the conversation above are not preceded by either a **der–** or an **ein–**word. Such adjectives have the same endings as **der–**words, except in the genitive singular masculine and neuter where the ending **–en** replaces **–es:**

	MASCULINE	FEMININE	NEUTER
NOM.:	grüner Salat	scharfe Wurst	kaltes Wasser
GEN.:	grünen Salats	scharfer Wurst	kalten Wassers
DAT.:	grünem Salat	scharfer Wurst	kaltem Wasser
ACC.:	grünen Salat	scharfe Wurst	kaltes Wasser

PLURAL

NOM.:	frische Eier
GEN.:	frischer Eier
DAT.:	frischen Eiern
ACC.:	frische Eier

Übungen

A. *Verwenden Sie die folgenden Ausdrücke zur Ergänzung von* **Wir bestellen . . . :**

BEISPIEL: warm   Kaffee
Wir bestellen warmen Kaffee.

1. kalt— Limonade
2. heiß— Tee
3. frisch— Salat
4. grün— Bohnen
5. jung— Kartoffeln
6. reif— Tomaten
7. lang— Gurken
8. roh— Obst
9. süß— Birnen
10. rot— Kirschen
11. kalt— Apfelsaft
12. gekocht— Obst

B. *Sagen Sie auf deutsch!*

1. I am buying fresh vegetables and fresh fruit.   2. They have only green beans today.   3. I see ripe tomatoes over there.   4. This is the time for red cherries.   5. We can soon buy fresh apples and sweet pears.   6. Do you like sour apples?   7. These are good cucumbers.

KONVERSATION*

Sie fragen den Kellner, was er Ihnen empfiehlt. Er zeigt auf die Speisekarte.

A

Was empfehlen Sie heute?

B

Ich empfehle diesen schmackhaften
Gänsebraten.

Was empfehlen Sie?

1. diese erstklassige Erbsensuppe. 2. diese ausgezeichnete Linsensuppe. 3. den frischen Obstsalat. 4. die russischen Eier. 5. diese
guten Spargel. 6. diese grünen Bohnen. 7. diesen guten Kalbsbraten. 8. diesen herrlichen Moselwein.

ERKLÄRUNGEN

ADJECTIVES PRECEDED BY DER–WORDS

The adjectives in the conversation above are preceded by **der**–words.
Adjectives preceded by a **der**–word end in –en, except in the nominative singular of all genders and the accusative feminine and neuter,
which end in –e: (Review the list of **der**–words contained in the
Appendix, page 302.)

	MASCULINE	FEMININE
NOM.:	dieser grüne Salat	diese scharfe Wurst
GEN.:	dieses grünen Salats	dieser scharfen Wurst
DAT.:	diesem grünen Salat	dieser scharfen Wurst
ACC.:	diesen grünen Salat	diese scharfe Wurst
	NEUTER	**PLURAL**
NOM.:	dieses kalte Wasser	diese frischen Eier
GEN.:	dieses kalten Wassers	dieser frischen Eier
DAT.:	diesem kalten Wasser	diesen frischen Eiern
ACC.:	dieses kalte Wasser	diese frischen Eier

Übungen

A. *Setzen Sie das Adjektiv in der korrekten Form vor das erste Substantiv!*

1. Ich kann diesen Fernsehapparat nicht leiden. (neu) 2. Der Apparat hat mir besser gefallen. (alt) 3. Der Empfang macht mich
nervös. (schlecht) 4. Auch bin ich von den Reklamen nicht be-

geistert. (dumm) 5. Die Reklamen sind ebenso schlecht wie unsere. (deutsch) 6. Am besten gefällt mir das Konzert. (täglich) 7. Diese Programme sind interessant. (musikalisch) 8. Die Fußballspiele sind meine Lieblingsprogramme. (international) 9. Die Kriminalstücke langweilen mich jetzt. (viel) 10. Welche Sendungen gefallen Ihnen denn? (ander) 11. Die Stücke sind meistens sehr spannend. (dramaitsch) 12. Das Bild stört mich noch immer. (flimmernd)

B. *Sagen Sie auf deutsch!*

1. Do you know the elegant lady in the gray coat? 2. That is the young wife of our mayor. 3. He married her last year. 4. Has she been driving this American car for a long time? 5. Why didn't she buy the little Volkswagen? 6. After all, every big American car is expensive.

KONVERSATION*

Der Kellner bringt Ihnen angeblich, was Sie bestellt haben. Aber er hat sich mit allem geirrt.

A	B
Hier ist Ihr heißer Kaffee.	Aber ich wollte keinen heißen Kaffee.
Hier ist Ihre heiße Suppe.	Ich wollte keine heiße Suppe.
Hier haben Sie Ihr kaltes Wasser.	Ich wollte kein kaltes Wasser.
Hier sind Ihre frischen Erdbeeren.	Ich wollte auch keine frischen Erdbeeren.

1. Hier sind Ihre frischen Himbeeren. 2. Hier ist Ihre heiße Bohnensuppe. 3. Hier ist Ihr grüner Salat. 4. Hier sind Ihre reifen Tomaten. 5. Ich bringe Ihnen Ihre grünen Bohnen. 6. Ich habe für Sie ein großes Stück Rinderbraten. 7. Ich bringe jetzt eine frische Apfeltorte.

ERKLÄRUNGEN

ADJECTIVES PRECEDED BY EIN–WORDS

In the conversation above, adjectives are preceded by **ein**–words. Adjectives preceded by an **ein**–word end in **–en,** with the following exceptions:[1] nominative singular masculine (ending in –**er**), nominative and accusative singular feminine (ending in –**e**), and nominative and accusative singular neuter (ending in –**es**): (Review the list of **ein**–words in the Appendix, page 303.)

	MASCULINE	FEMININE
NOM.:	ein guter Mann	eine gute Frau
GEN.:	eines guten Mannes	einer guten Frau
DAT.:	einem guten Mann (e)	einer guten Frau
ACC.:	einen guten Mann	eine gute Frau

	NEUTER	PLURAL
NOM.:	ein gutes Kind	keine guten Kinder
GEN.:	eines guten Kindes	keiner guten Kinder
DAT.:	einem guten Kind (e)	keinen guten Kindern
ACC.:	ein gutes Kind	keine guten Kinder

Note:

(1) The following indefinite numerical adjectives, all of which have plural meaning, take the endings of **der**–words, as do descriptive adjectives following them:

andere	*other*	**viele**	*many*
einige	*several, a few*	**wenige**	*few*
mehrere	*several*		

Einige gute Restaurants sind in dieser Gegend.
Ich kenne **wenige interessante** Leute in der Stadt.[2]

Alle (*all*) functions like a **der**–word. Descriptive adjectives following it end in –**en**:[3]

---

1. These exceptional adjective endings after **ein**–words correspond to the endings of **der**–words.

2. Indefinite numerical adjectives may also *follow* a **der**–word and function like descriptive adjectives preceded by a **der**–word:

   die **vielen guten** Freunde   die **wenigen zuverlässigen Arbeiter**
   the many good friends   *the few reliable workers*

3. Occasionally, **beide** also functions like a **der**–word:

   beide neu**en** Ausdrücke
   both new expressions

Alle fleißigen Studenten bekommen gute Noten.
Die Namen **aller neuen** Studenten sind hier.

(2) Adjectives in a series have the same ending:

Dieses **nette schöne** Mädchen ist seine Schwester.

(3) Adjectives may be used as nouns; however, they preserve their usual adjective endings:

der **Deutsche**, des **Deutschen**, etc.   der **Bekannte**, des **Bekannten**, etc.
ein **Deutscher**, eines **Deutschen**, etc.   ein **Bekannter**, eines **Bekannten**, etc.

das **Gute**, des **Guten**, etc.

(4) Adjectives preceded by **alles** (*everything*), **etwas** (*something*), **viel** (*much*), or **nichts** (*nothing*) are treated like nouns with neuter singular endings. Such noun-adjectives preceded by **etwas, viel,** or **nichts** end in **–es**; those preceded by **alles** end in **–e**:

etwas **Nettes**   nichts **Wichtiges**
something nice   *nothing important*
viel Gutes   but: **alles Schöne**
much good   *everything beautiful*

Übungen

A. *Ergänzen Sie!*

1. sein treu—Kamerad
2. unsere alt—Großmutter
3. ihre jung—Tochter
4. kein gehorsam—Kind
5. sein modern—Haus
6. unser klein—Wagen
7. ein möbliert—Zimmer
8. kein gut—Empfang
9. ein schlecht—Apparat
10. einem interessant—Programm
11. unsere bös—Nachbarn
12. ihre lieb—Kinder
13. meine ander—Geschwister
14. seinen faul—Brüdern
15. keine fleißig—Studenten
16. ihr neu—Buch

B. *Sagen Sie auf deutsch!*

1. our new television set
2. with my young sister
3. his old radio
4. no good students
5. a good friend
6. an international game
7. their red car
8. a long trip

C. *Setzen Sie das Adjektiv in der korrekten Form vor das Substantiv!*

1. Neben mir sitzt eine Studentin. (gewissenhaft)   2. Mein Freund hat sie mir vorgestellt. (deutsch)   3. Wir hatten eine Unterhaltung. (lang, interessant)   4. Keine Studenten waren anwesend. (ander) 5. Sie wohnt in einem Städtchen. (klein, modern)   6. Ich habe sie in ein Restaurant eingeladen. (gut)   7. Sie kann wegen ihrer Arbeit nicht kommen. (viel)   8. Ich treffe sie morgen nach den Vorlesungen. (erst) 9. Wir müssen uns beide auf ein Examen vorbereiten. (schwer) 10. Ich kann mir keine Zeit erlauben. (frei)

D. *Beantworten Sie die folgenden Fragen dem Beispiel entsprechend!*

BEISPIELE: Haben Sie etwas Gutes gelesen?
Ich habe nichts Gutes gelesen.
Ich habe viel Gutes gelesen.
1. Haben Sie etwas Interessantes gefunden?   2. Haben Sie etwas Wichtiges gelernt?   3. Haben Sie etwas Schlechtes gegessen?   4. Haben Sie etwas Trauriges geschrieben?   5. Haben Sie etwas Schönes gesehen?   6. Haben Sie etwas Böses gehört?

E. *Setzen Sie das Adjektiv in der korrekten Form vor das erste Substantiv!*

1. Haben Sie viele Leute auf Ihrer Reise kennengelernt? (nett)   2. Ich habe einige Leute getroffen. (freundlich)   3. Wir haben uns mit vielen Menschen unterhalten. (anständig)   4. Es waren viele Kinder auf der Reise. (klein)   5. Wir sind nur wenigen Touristen begegnet. (amerikanisch)   6. Beide Söhne waren Ärzte. (erwachsen)   7. Wir haben viele Stunden mit ihnen verbracht. (interessant)   8. Nur wenige Touristen haben sich nicht amüsiert. (ausländisch)

3. Comparison of Adjectives

KONVERSATION*

Nach dem Essen unterhalten Sie sich weiter über Leute, die Sie kennen. Sie machen Vergleiche.

<table>
<tr><td align="center">**A**</td><td align="center">**B**</td></tr>
</table>

A	B
Ist dieser Anwalt so tüchtig wie der andere?	Er ist tüchtiger als der andere.
Ist dieser Lehrer so gebildet wie seine Kollegen?	Er ist ebenso gebildet wie seine Kollegen.
Ist dieser Professor so bekannt wie der Dekan?	Er ist nicht so bekannt wie der Dekan.
Ist dieser Journalist so höflich wie sein Redakteur?	Er ist weniger höflich als sein Redakteur.

1. Ist Ihr Mathematiklehrer so streng wie Ihr Deutschlehrer? (strenger)
2. Sind die älteren Studenten so faul wie die jüngeren? (nicht so)
3. Ist diese hübsche Studentin so begabt wie ihre Freundin? (weniger)
4. Ist der neue Dekan so hoch angesehen wie sein Vorgänger? (ebenso)
5. Ist er auch so hilfsbereit wie der frühere Dekan? (weniger)   6. Ist er so zugänglich wie die Professoren? (ebenso)   7. Ist sein neues Büro so schön wie das alte? (schöner)

ERKLÄRUNGEN

The comparative of an adjective is formed by adding –er to the adjective and, if attributive, the proper adjective ending:

PREDICATIVE

Er ist **tüchtig**.
Er ist **tüchtiger** als sein Bruder.

ATTRIBUTIVE

Er ist ein **tüchtiger** Mensch.
Er ist ein **tüchtigerer** Mensch als sein Bruder.

Study the levels of comparison in the conversation above. Note that **wie** is used after a positive degree and **als** after a comparative:

Er ist **(eben)so tüchtig wie** der andere.
He is (just) as capable as the other.

Er ist **nicht so tüchtig wie** der andere.
He is not as capable as the other.

Er ist **tüchtiger als** der andere.[1]
He is more capable than the other.

Er ist **weniger tüchtig als** der andere.
He is less capable than the other.

Übungen

A. *Beantworten Sie die folgenden Fragen mit* **nein!** *Sie müssen den Komparativ in Ihren Antworten gebrauchen.*

BEISPIEL: Ist Frau Klein so alt wie ihr Mann?
Nein, er ist älter als sie.

1. Spricht sie so gut Italienisch wie er? 2. Ist sie so bescheiden wie ihr Bruder? 3. Ist Herr Kahnert so strebsam wie sein Vater? 4. Liest er soviel wie seine Söhne? 5. Besucht er die Kirche so oft wie seine Frau? 6. Fährt er so vorsichtig wie sie? 7. Ist er so sparsam wie sein Vetter? 8. Ist er so bekannt wie sein Kollege?

B. *Sagen Sie auf deutsch!*

1. This restaurant is not as good as the other. 2. The waiters are not as helpful. 3. The prices are higher, and the service is less good. 4. Their meat is not as fresh as ours. 5. But their strawberry torte tastes better than in the pastry shop. 6. Is Thomas Mann's second novel as interesting as his first? 7. It's the more interesting. 8. Is he as well known as this critic? 9. He is better known.

4. Superlative

KONVERSATION*

Sie ziehen weitere Vergleiche.

A	B
Kurt ist ein guter Student.	**Er ist der beste Student in der Klasse.**

---

1. Note that, unlike English, German has no analytical comparative (*more* plus positive degree), but suffixes **–er** regardless of the length of the word.

1. Er ist ein fleißiger Junge. (in der Gruppe) 2. Er ist ein treuer Freund. (von allen) 3. Er ist ein lustiger Bursche. (im Verein) 4. Er ist ein begabter Erzähler. (den ich kenne) 5. Seine Eltern sind strebsame Leute. (die ich kenne)

Sie ziehen immer noch Vergleiche!

A	**B**
Der Mercedes fährt schneller als der Volkswagen.	Der Cadillac fährt am schnellsten.

1. Der Opel ist kleiner als der Mercedes. (der Volkswagen) 2. Der Mercedes ist billiger als der Rolls-Royce. (der Volkswagen) 3. Die leichten Wagen gefallen mir besser als die schweren. (die mittleren) 4. In Europa fabriziert man Kameras billiger als in Amerika. (in Japan) 5. Die Löhne in Deutschland sind höher als in Japan. (in Amerika)

ERKLÄRUNGEN

The superlative is formed by adding the ending –st or –est[1] plus the proper adjective ending, whether it stands before or after the noun. As in English, the superlative is usually preceded by a definite article:

> Dieser Student ist der **fleißigste** in der Klasse.
> *This student is the hardest-working one in the class.*
> Sie ist eine der **schönsten** Frauen in der Stadt.[2]
> *She is one of the most beautiful women in the city.*

The superlative of a predicate adjective and of an adverb has the invariable ending –sten and is preceded by **am**:

> Der Frühling ist im Mai **am schönsten**.
> *Spring is most beautiful in May.*
> Er ist **am lustigsten** in Gesellschaft.
> *He is (at his) funniest at a party.*

---

1. If the adjective ends in **d, t, s, ß, z, tz**, add –est in forming the superlative: der **heißeste** Kaffee; der **älteste** in der Familie.
2. Again, there is no superlative form with *most*.

Übungen

A. *Ergänzen Sie die folgenden Sätze mit einem Superlativ!*

BEISPIELE: Er hat einen strengen Lehrer, aber wir haben . . .
Er hat einen strengen Lehrer, aber wir haben
den strengsten.

Hier ist es im Frühjahr immer schön, aber im
Herbst . . .
Hier ist es im Frühjahr immer schön, aber im
Herbst ist es am schönsten.

1. Wir haben meistens nette Professoren, aber ich habe . . . 2. Alle
Studenten sind fleißig, aber Kurt ist . . . 3. Er ist ein lustiger Junge,
aber in Gesellschaft ist er . . . 4. Sein Freund erzählt gute Witze,
aber Kurt erzählt . . . 5. Wir lernen schöne Gedichte; ich finde das
von Heine . . . 6. Von allen berühmten Romanen ist „Der Zauberberg" vielleicht . . . 7. Kurt macht leider schlimme Fehler, aber
dieser ist . . . 8. Er spricht immer viel, aber im Seminar spricht
er . . .

B. *Sagen Sie auf deutsch!*

1. This is the longest day of the year. 2. It is also one of the warmest
days. 3. Soon the greatest heat will begin. 4. In August we will
have cooler days. 5. But the days are also shorter in August. 6. We
have the shortest days in December.

5. Adverbs; gern, lieber, am liebsten

KONVERSATION*

Sie stellen Fragen und bekommen ausführliche Antworten.

A	**B**
Trinken Sie Milch gern?	**Ja, ich trinke Milch gern, aber ich trinke lieber Kaffee. Ich trinke Tee am liebsten.**

1. Essen Sie Fleisch gern? (Gemüse, Obst) 2. Reisen Sie gerne mit
dem Flugzeug? (Schiff, Auto) 3. Lesen Sie Romane gern? (Gedichte,

Theaterstücke)   4. Haben Sie Schiller gern? (Heine, Goethe)   5. Haben Sie den Winter gern? (Herbst, Frühling)

ERKLÄRUNGEN

Adverbs never have endings in German. Thus, they have the same positive and comparative forms as uninflected adjectives. In the superlative, the form is always **am . . . –sten:**

> Hans fährt sehr **vorsichtig.**
> Karl fährt **vorsichtiger.**
> Heinz-Dieter fährt **am vorsichtigsten.**

The adverb **gern(e)** (*gladly, willingly*) has an irregular comparison and is used in common idioms. Note the English equivalents:

> Ich habe das Frühjahr **gern.**
> *I like spring.*
> Ich habe den Sommer **lieber.**
> *I like summer better.   I prefer summer.*
> Ich habe den Herbst **am liebsten.**
> *I like fall best.*

> Er trinkt **gerne** Tee.
> *He likes to drink tea.*
> Er trinkt **lieber** Kaffee.
> *He prefers drinking coffee.*
> Er trinkt Milch **am liebsten.**
> *He prefers most of all to drink milk.*

Übung

Sagen Sie auf deutsch!

1. Do you like to eat cake?—Yes, but I prefer to eat ice cream.   2. Do you like to study chemistry?—Yes, but I prefer to study languages, and I like to study mathematics best of all.   3. He likes to play golf; I prefer to play tennis; my brother prefers to play basketball.   4. I don't like summer; I like winter much better; I like fall best of all.

WIEDERHOLUNG UND BEMERKUNGEN

Review the following adjectives, which are irregular in comparison.
Note, however, certain similarities to English.

POSITIVE	COMPARATIVE	SUPERLATIVE
groß (*big*)	größer	der (die, das) größte
		am größten
gut (*good*)	besser	der (die, das) beste
		am besten
hoch (*high*) [1]	höher	der (die, das) höchste
		am höchsten
nah(e) (*near*)	näher	der (die, das) nächste [2]
		am nächsten
viel (*much*)	mehr	der (die, das) meiste
		am meisten

Some monosyllabic adjectives with **a, o, u,** add umlaut in the comparative and superlative degrees: **alt, arm, dumm, grob, klug, krank, kurz, lang, stark, warm.**

Schlußübung

Sagen Sie zuerst und schreiben Sie danach auf deutsch!

1. We don't have many good students in our German class.   2. The most intelligent coed is also the hardest-working.   3. On her last exam she received the best mark in the class.   4. She had not studied as hard for this exam as for the others.   5. She had memorized the most important forms for this test.   6. She had not learned them as well for the other exams.   7. Students generally learn more if the teacher is strict.   8. Everyone thinks that his own idea is the best.   9. Which one of your teachers do you like best?   10. I like all my teachers. 11. But who gives you the highest marks?   12. Mathematics is my favorite subject, and I receive better marks in math than in any other subject.

---

1. The adjective **hoch** has a secondary stem **hoh–,** used with inflectional endings: **Der** Baum ist **hoch.** Es ist ein **hoher** Baum.
2. Note that the stem is different in the superlative.

AUFSATZ

Schreiben Sie einen Aufsatz über das folgende Thema: „Der beste Student (oder die beste Studentin) in der Deutschstunde!" Man möchte wissen:

1. worin seine Hauptstärke liegt (im Sprechen, Lesen, Übersetzen, in der Grammatik usw.);
2. warum er sich besonders für Deutsch interessiert;
3. ob Sie fast so tüchtig sind wie er;
4. weshalb Sie seine Leistung so sehr bewundern;
5. ob er nur in Sprachen begabt ist;
6. welchen Beruf er ergreifen will.

VIERZEHNTES KAPITEL

GESPRÄCH*

Dick interessiert sich für eine Reise nach Italien, weil er gehört hat, daß viele Deutsche dorthinfahren.

DIETER: Voraussichtlich bist du nicht mehr da, wenn meine Eltern zurückkommen. Sie würden sich gerne von dir verabschieden.

DICK: Sie waren sehr aufmerksam zu mir. Ich habe sie wirklich sehr lieb gewonnen. Wo wollen sie denn ihren Urlaub verbringen?

DIETER: In Italien, wie so viele Deutsche.

DICK: Warum reisen eigentlich so viele Deutsche nach Italien? Es kann nicht nur wegen des warmen Wetters sein.

DIETER: Nein, ich glaube, es hat mehr mit der Lebensweise zu tun.

DICK: Was soll das heißen?

DIETER: Du weißt, wie man den typischen Deutschen beschreibt: steif, zurückhaltend, methodisch. Der Italiener dagegen soll offener sein. Er findet so viel Vergnügen am Leben.

DICK: Man kann nicht alle Deutschen für streng und formell halten. In Süddeutschland z.B. findet man viel Gemütlichkeit, besonders zur Faschingszeit.

DIETER: Du hast recht. Viele Norddeutsche steuern dem Süden zu, sobald sie die Gelegenheit haben. Damit will ich aber natürlich nicht sagen, daß nur die Bayern freundlich sind. Es gibt auch viele nette Norddeutsche.

DICK: Übrigens, haben deine Eltern ein besonderes Reiseziel?

DIETER: Rom und Florenz haben sie schon mehrere Male besucht. Diesmal möchten sie sich nur ausruhen und das Klima genießen. Sie werden sich am Meer aufhalten.

DICK: Die Deutschen sind nicht an große Hitze gewöhnt. Ist es nicht für sie mordsheiß in Italien?

DIETER: Ja, aber es kommt darauf an, wo man ist. Im Norden ist das Klima wie zu Hause, und am Strand hat man immer ein frisches Lüftchen.

DICK: Wegen seiner Länge kann ich mir vorstellen, daß Italien unserem Staat Kalifornien sehr ähnlich ist. Da haben wir auch eine große Auswahl von Temperaturen und Temperamenten!

Übungen

A. *Beantworten Sie die folgenden Fragen!*

1. Wessen Eltern waren aufmerksam zu Dick?
2. Wohin fahren sie bald?
3. Weshalb reisen eigentlich so viele Deutsche nach Italien?
4. Wie beschreibt man oft den Italiener?
5. Warum kommen so viele Norddeutsche nach dem Süden, besonders zur Faschingszeit?
6. Welches Reiseziel haben Dieters Eltern?

B. *Erklären Sie:*

1. warum Dick sich für Italien interessiert!
2. wie man den typischen Deutschen beschreibt!
3. in welchen Hinsichten Kalifornien und Italien sich ähnlich sind!

C. *Sagen Sie auf deutsch, indem Sie den Beispielen folgen!*

(a) Sie würden sich gerne von dir verabschieden. (*They'd like to say good-by to you.*)

1. Would you like to say good-by to them? 2. I'd like to say good-by to my friends. 3. You really should say good-by to your professor.

(b) Es hat mehr mit der Lebensweise zu tun. (*It has more to do with life style.*)

1. What does it have to do with?   2. It has more to do with the warm weather.   3. Does it have anything to do with the many beaches?

(c) Viele Norddeutsche steuern dem Süden zu. (*Many North Germans head for the south.*)

1. Many foreigners head for the south, too.   2. Who heads for the north?   3. Let's head for Bavaria.

(d) Sie werden sich am Meer aufhalten. (*They're going to stay at the shore.*)

1. I'm not going to stay at the shore.   2. I didn't stay at the shore last year either.   3. Where will you be staying?

(e) Ich kann mir vorstellen, daß sie ähnlich sind. (*I can imagine that they are similar.*)

1. Can you imagine what she's doing?   2. I can't imagine why they're going to Italy.   3. I can't imagine it either.

D. *Sagen Sie auf deutsch!*

Dick: Where are you going to spend your vacation? In Italy like all the Germans?

Dieter: Yes. I want to visit Rome and Florence this time. But I still can't get used to the heat in Italy.

Dick: Doesn't it depend on where you are? There's always a breeze at the beach.

Dieter: That's true. I think I'll stay longer in the north where the climate is better. Many people speak German there, too.

GRAMMATIK UND ÜBUNG

Review of Word Order

(1) Expressions of time and manner *precede* expressions of place:

Ich bleibe **heute abend allein zu Hause.**
Er fährt **morgen mit dem Zug in die Stadt.**

(2) An indirect noun object *precedes* a direct noun object:[1]

> **Er gibt dem Mann die Eintrittskarte.**
> *He gives the man the ticket.*

(3) A pronoun object *precedes* a noun object:

> **Er gibt ihm die Eintrittskarte.**
> *He gives him the ticket.*
> **Er gibt sie dem Mann.**
> *He gives it to the man.*

(4) A direct pronoun object *precedes* an indirect pronoun object:

> **Er gibt sie ihm.**
> *He gives it to him.*

(5) A dependent infinitive stands last in a main clause:

> **Er kann heute nicht kommen.**
> **Er soll morgen abend zurückkommen.**

In a double infinitive, the modal infinitive stands last:

> **Er hat es machen wollen.**
> **Er hat zurückkommen müssen.**

(6) A past participle stands last in a main clause:

> **Ich bin immer zu spät zu Bett gegangen.**
> **Mein Freund ist gestern abgefahren.**

(7) A prefix separated from the verb stands last in a main clause:

> **Er kommt morgen in dem Kurort an.**
> **Er gab mir die Karte zurück.**

(8) In a subordinate clause introduced by an interrogative adverb or pronoun, the finite verb stands last. An infinitive or past participle immediately precedes the finite verb:

> **Wissen Sie, wann er ankommen soll?**
> **Sagen Sie mir, wer das getan hat!**

---

1. Note that English word order is the same as German in items (2), (3), and (4).

Übung

Sagen Sie auf deutsch!

1. Dieter is driving to the seashore today.   2. He wants to meet a friend at the beach.   3. I don't know what Dieter wants to do at the beach.   4. He doesn't have a car; I have to lend him my Volkswagen.   5. Yesterday I went with him to the library.   6. What were you doing in the library?   7. I was looking for several books for my history class.   8. The librarian soon brought back the books.   9. I thanked him for them.   10. When is Dieter coming back from the shore?   11. He may return tomorrow afternoon.   12. Tomorrow night I will need the car myself.

1. Word Order: Main Clauses

KONVERSATION*

Sie haben viel freie Zeit. Die Ferien kommen und Sie denken an Zerstreuung und Erholung.

A	B
Sind Sie gestern ins Konzert gegangen?	**Gestern bin ich nicht ins Konzert gegangen.**
Reisen Sie morgen wieder ab?	**Morgen reise ich nicht wieder ab.**

1. Sind Sie vorige Woche auch ins Konzert gegangen?   2. Gehen Sie gewöhnlich allein?   3. Verstehen Sie viel von Musik?   4. Hören Sie oft deutsche Lieder?   5. Besuchen Sie heute abend wieder das Konzert?   6. Bleiben Sie den ganzen Abend da?

ERKLÄRUNGEN

Normal Word Order

The normal word order in a main clause is (a) subject, (b) finite verb, (c) adverbs, (d) objects, (e) infinitive, past participle, or separable prefix:[1]

---

1. Words like **ja** (*yes*), **nein** (*no*), and expletives like **na, nun** (*well, now*), **schon gut** (*all right*), do not affect word order:

> **Ja, er wird schon kommen.**
> **Nun gut, es wird schon gehen.**

Er ist vorige Woche aus den Ferien zurückgekommen.
Er will erst morgen die Reise unternehmen.

Inverted Word Order

When an element other than the subject begins the main clause (for example, an adverb of time or place or an object to be emphasized), the subject immediately follows the finite verb:

Vorige Woche **ist er** aus den Ferien zurückgekommen.
Morgen **will er** nach Dresden fahren.
Seinen Chef **kenne ich** noch nicht.

Übung

Ändern Sie die folgenden Sätze, indem Sie mit dem Adverb beginnen!

BEISPIEL: Ich bin *gestern abend* zurückgekommen.
　　　　　Gestern abend bin ich zurückgekommen.

1. Meine Freundin will mich *heute abend* noch sprechen. 2. Ich werde *wahrscheinlich* hingehen. 3. Ich kaufe ihr *zuerst* ein Dutzend Rosen. 4. Sie hat mir oft *während der Ferien* geschrieben. 5. Ich habe *leider* ihre Briefe nicht beantwortet. 6. Sie hat sich *bestimmt* darüber geärgert. 7. Wir freuen uns *jetzt* auf das Wiedersehen.

2. Word Order: Dependent Clauses

KONVERSATION*

Man erkundigt sich über Ihre Sommerpläne.

A	B
Gehen Sie zur Erholung?	Ich gehe zur Erholung, aber ich weiß nicht wann.

1. Wollen Sie allein verreisen? (denn—Sie brauchen Ruhe.) 2. Fahren Sie in die Berge? (oder—Sie fahren ans Meer.) 3. Legen Sie sich nachmittags hin? (und—Sie machen Spaziergänge.) 4. Schwimmen Sie viel? (oder—Sie treiben einen anderen Sport.) 5. Bestellen Sie das Zimmer im voraus? (und—Sie schicken einen Scheck.) 6. Finden Sie das Hotel bequem? (aber—es ist auch teuer.)

ERKLÄRUNGEN

After Coordinating Conjunctions

In dependent clauses beginning with a coordinating conjunction, word order is normal:[1]

> Ich kann nicht öfter gehen, **denn ich habe keine Zeit.**
> Er würde mitkommen, **aber er hat kein Geld.**
> Ich habe ihm geschrieben, **und er hat mir geantwortet.**

COORDINATING CONJUNCTIONS

aber	*but*	**sondern**	*but, rather, but*
allein	*however, yet*		*on the contrary*
denn	*for, because*	**und**	*and*
oder	*or*	**entweder . . oder**	*either . . or*[2]
		weder . . noch	*neither . . nor*[2]

Note: The conjunction **aber** does not always stand at the beginning of a clause:

> Ich frage; er antwortet mir **aber** nicht.
> *I ask, but he doesn't answer me.*

Sondern always stands first in a clause or phrase and suggests *but rather, but on the contrary*, after a preceding negative statement:

> Er kommt nicht heute, **sondern** erst nächste Woche.

Übungen

A. *Verbinden Sie die folgenden Sätze mit den Konjunktionen!*

1. (denn) Er geht nicht in die Berge. Er mag sie nicht. 2. (aber) Er würde am liebsten hier bleiben. Es ist leider nicht möglich. 3. (sondern) Er ist nicht allein. Er hat viel Gesellschaft. 4. (denn) Er freut sich sehr. Seine Freundin ist zufällig hier. 5. (aber) Sie möchte ihn

---

1. Dependent clauses in German are always set off by commas.
2. **Entweder . . oder** and **weder . . noch** usually take normal word order when they connect different subjects of the same verb: **Entweder du gehst oder ich gehe.**
   If they connect the same subject, inverted order is used: **Weder kann noch will er kommen.**

gerne sprechen. Ihre Eltern erlauben es nicht. 6. (oder) Er sollte heute abreisen. Er muß die Fahrt verschieben.

B. *Sagen Sie auf deutsch!*

1. My brother is going on vacation, but I must stay home. 2. He can't leave today, but only next week. 3. Last year we had a good time, but the weather was bad. 4. It wasn't hot as always, but rather cold. 5. Either the weather is too warm or too cold.

KONVERSATION*

A	B
Bleiben Sie nur acht Tage, weil das Hotel zu teuer ist?	Nein, weil die Ferien zu kurz sind.
Gefällt es Ihnen besser, wenn Sie allein sind?	Nein, wenn ich in Gesellschaft bin.

1. Stehen Sie morgens spät auf, wenn Sie in Ferien sind? (Sie sind zu Hause.) 2. Gehen Sie so viel zu Fuß, weil Sie es gerne tun? (Es soll gesund sein.) 3. Gehen Sie erst spazieren, nachdem Sie gegessen haben? (Sie haben sich ausgeruht.) 4. Essen Sie so wenig, weil Sie keinen Appetit haben? (Sie halten Diät.) 5. Haben Sie zugenommen, da Sie Süßigkeiten nicht widerstehen können? (Sie essen im allgemeinen zuviel.) 6. Dürfen Sie normal essen, wenn Sie zehn Pfund abgenommen haben? (Sie haben zwanzig Pfund abgenommen.) 7. Halten Sie Diät, weil Sie eine schlanke Figur haben wollen? (Der Arzt hat es empfohlen.)

ERKLÄRUNGEN

After Subordinating Conjunctions

In dependent clauses beginning with a subordinating conjunction, the finite verb stands *at the end of the clause.* Subordinate or dependent word order has this sequence: (a) subordinating conjunction, (b) subject, (c) other elements, (d) finite verb:

Ich gehe nicht oft aus, **weil ich keine Zeit habe.**
Ich bin nicht lange geblieben, **obgleich es mir gut gefallen hat.**
Er war sehr froh, **als er nach vielen Monaten im Ausland seine Frau und die Kinder wiedersah.**

SUBORDINATING CONJUNCTIONS

als	*when, as, than* (in comparisons)
als ob, als wenn	*as if*
bis	*until*
bevor	*before*
da	*because, since* (causal)
damit	*so that, in order that*
daß	*that*
ehe	*before*
falls	*in case*
indem	*in that, while, by . . . -ing*
nachdem	*after*
ob	*whether*
obgleich, obschon, obwohl	*although*
ohne daß	*without*
seitdem	*since* (temporal)
sobald	*as soon as*
so lange	*as long as*
so oft	*as often as*
während	*while*
weil	*because*
wenn	*when(ever), if*
wenn . . . auch, auch wenn	*even if*

Note:

(1) A separable prefix is not separated from the verb in a subordinate clause:

> Er weiß noch nicht, wann ich **abfahre.**
> Ich glaube, daß er in München **umsteigt.**

(2) **Als, wenn, wann** all mean *when* in dependent clauses. **Als** refers to a single event in the past:

> Ich war froh, **als er fortging.**
> Ich sah ihn, **als er ankam.**

Wenn refers to repeated acts in any tense or to future action and is often equivalent to *whenever.*[1]

> Rufen Sie mich an, **wenn Sie in der Stadt sind.**
> Er war immer fort, **wenn wir ihn besuchen wollten.**

---

1. **Wenn** may also mean *if:*
> **Wenn** Sie diese Übung nicht verstehen, sollten Sie sie wiederholen.
> *If you don't understand this exercise, you should repeat it.*

Wann is used with any tense to introduce a direct or indirect question:

> **Wann kommt der Bus an?**
> **Wissen Sie, wann der Bus ankommt?**

(3) Since the double infinitive always stands last in any clause, the finite verb stands before the double infinitive in a subordinate clause:

> Ich weiß, daß er nicht **hat kommen können.**

Übungen

A. *Verbinden Sie die folgenden Sätze mit der Konjunktion!*

1. (weil) Er muß zu Hause bleiben. Er hat viel Arbeit. 2. (da) Er schaut oft aus dem Fenster. Er hat keine Lust zu arbeiten. 3. (obgleich) Er legt sich aufs Sofa. Er ist nicht müde. 4. (sobald) Er wird das Haus verlassen. Er ist mit der Arbeit fertig. 5. (daß) Stimmt es? Er hat viel Zeit verschwendet. 6. (daß) Er hat durch Erfahrung gelernt. Man kann nicht faulenzen. 7. (bevor) Er muß den Aufsatz vollenden. Er besucht seine Freunde. 8. (falls) Er kann heute noch ausgehen. Alles klappt.

B. *Ergänzen Sie mit **wenn, wann** oder **als**!*

1. Dieter traf Dick, ——— sie sich beide immatrikulierten. 2. ——— hatte Dieter sich entschlossen, eine amerikanische Universität zu besuchen? 3. Ich weiß nicht genau, ——— es war. 4. Dieter war erst 20 Jahre alt, ——— er nach Amerika fuhr. 5. ——— die beiden zusammen waren, hatten sie immer eine rege Unterhaltung.

C. *Sagen Sie auf deutsch!*

1. I wonder when he left. 2. Nobody is certain whether he arrived. 3. I will talk to him as soon as he returns. 4. Do you think that he had a good time? 5. It must have been difficult because he had no money. 6. He is looking for a job since he likes to travel.

3. Word Order: Main Clause Follows Dependent Clause

KONVERSATION*

Sie haben einen verständnisvollen Freund. Bemerken Sie jedoch, wie er Ihre Sätze ändert!

A	B
Ich will nicht zurück, obwohl man mich erwartet.	**Ich verstehe. Obwohl man dich erwartet, willst du nicht zurück.**

1. Ich habe mich vorzüglich amüsiert, obwohl ich zuerst wenig Anschluß fand.   2. Es hat mir besser gefallen, nachdem ich Gesellschaft gefunden hatte.   3. Ich habe Tennis gespielt, obwohl Tennis nicht mein Lieblingssport ist.   4. Ich habe Golf gespielt, wenn ich die Gelegenheit hatte.   5. Ich weiß leider, daß die Ferien bald vorüber sind.   6. Mein Freund mußte gestern nach Hause, da er geschäftlich zu tun hatte.   7. Es wurde mir langweilig, nachdem er abgefahren war.   8. Ich wollte mich ablenken, während ich allein war.   9. Ich habe Aufnahmen gemacht, da ich meine Kamera bei mir hatte.

ERKLÄRUNG

Following a subordinate clause, a main clause has inverted word order:

> Als er ankam, **war ich schon weg.**
> Obgleich er nicht müde war, **hat er sich hingelegt.**
> Weil sein Vater es nicht erlaubt, **kann er nicht nach Europa fahren.**

Übungen

A. *Verbinden Sie die folgenden Sätze, indem Sie mit dem Nebensatz anfangen!*

BEISPIEL: (da) Das Hotel gefiel ihm nicht. Er wollte abreisen.
Da das Hotel ihm nicht gefiel, wollte er abreisen.

1. (obgleich) Das Hotel war billig. Er beabsichtigte umzuziehen.
2. (weil) Er hatte keine Gesellschaft. Er langweilte sich sehr.   3. (als)
Wir waren angekommen. Er ließ sich vom Arzt untersuchen.   4. (bis)

Er hat zwanzig Pfund verloren. Er muß Diät leben. 5. (während) Er war in ärztlicher Behandlung. Er hat keinen Sport getrieben.

B. *Sagen Sie auf deutsch!*

1. Although he was on vacation, he did not have a good time. 2. Because he had no money, he could do very little. 3. Since he had found little company, he was often alone. 4. After he had met Dieter, he was much more satisfied. 5. When Dieter returned to Germany, he wrote to him every week. 6. Because Dieter always answered him, they had a lively correspondence.

4. Omission of Certain Subordinating Conjunctions

KONVERSATION*

Sie unterhalten sich über Ihre Urlaubserlebnisse und über die Ihres Bekannten.

A	B
Weiß er, daß es mir gut gefallen hat?	Er weiß, es hat Ihnen gut gefallen.

1. Hofft er, daß er auch hinfahren kann? 2. Sagt er, daß er den Kurort gut kennt? 3. Glaubt er, daß ich viel ausgegeben habe? 4. Denkt er, daß ich in einem Luxushotel war? 5. Meint er, daß man mir zu viel berechnet hat? 6. Hofft er, daß er bald Urlaub bekommt?

ERKLÄRUNGEN

Omission of daß

The conjunction **daß** may be omitted in a subordinate clause.[1] Such omission requires normal word order:

> Ich glaube, **daß er** uns am Flughafen **trifft.**
> *I think that he's meeting us at the airport.*
> Ich glaube, **er trifft** uns am Flughafen.
> *I think he's meeting us at the airport.*

---

1. Compare English.

Übung

*Wiederholen Sie die folgenden Sätze ohne **daß**!*

1. Er weiß, daß ich den Brief schon geschrieben habe. 2. Er glaubt, daß sein Chef ihn schon empfangen hat. 3. Er nimmt an, daß der Chef meinen Urlaub verlängert. 4. Jeder weiß, daß der Chef ein anständiger Mensch ist. 5. Mein Freund ist überzeugt, daß er es erlaubt.

KONVERSATION*

A	B
Wenn es ihm gefällt, dann bleibt er länger.	**Gefällt es mir, dann bleibe ich auch länger.**

1. Wenn er Bekannte trifft, ist er zufrieden. 2. Wenn man ihn einlädt, geht er immer mit. 3. Wenn er Karten spielt, verliert er gewöhnlich. 4. Wenn man ihn davor warnt, spielt er weiter. 5. Wenn er verliert, ärgert er sich. 6. Wenn er ins Kasino geht, hat er kein Glück.

ERKLÄRUNGEN

Omission of wenn

The conjunction **wenn** may be omitted, but subject and verb must then be inverted. The clause begins with the verb:

> **Wenn es** Ihnen **gefällt,** bleiben Sie länger.
> **Gefällt es** Ihnen, so bleiben Sie länger.[1]

Übung

*Wiederholen Sie die folgenden Sätze ohne **wenn**!*

1. Wenn Sie fortfahren, nehmen Sie mich bitte mit! 2. Wenn Sie das Hotel nicht empfehlen können, sagen Sie es mir! 3. Wenn Sie sich

---

1. If **wenn** is omitted, the result clause is often introduced by **dann** or **so**:
   Kommt er nicht, **dann bin ich auch nicht enttäuscht.**
   Sagt er das, **so ist er ein Lügner.**
   English also sometimes omits *if: Had I known it, I would have gone.*

nicht wohl fühlen, sollen Sie sich hinlegen. 4. Wenn Sie kein Geld mehr haben, müssen Sie heimfahren. 5. Wenn Sie es mir nicht glauben, kann ich auch nichts ändern.

WIEDERHOLUNG UND BEMERKUNGEN

1. **Review cardinal and ordinal numbers in the Appendix**

Übung

Sagen Sie auf deutsch!

6	43	87
13	89	99
32	22	104
14	33	125
54	44	237
76	66	1017

2. Telling Time

The common way of asking for the time is:

Wie spät ist es?

or: **Wieviel Uhr ist es?**

3 o'clock	drei Uhr	3:35	fünf nach halb vier
3:05	fünf nach drei	3:40	zwanzig vor vier
3:10	zehn nach drei	3:45	Viertel vor vier (or
3:15	Viertel nach drei (or ein		dreiviertel [auf] vier)
	Viertel [auf] vier)	3:50	zehn vor vier
3:20	zwanzig nach drei	3:55	fünf vor vier
3:25	fünf vor halb vier	4:00	vier Uhr
3:30	halb vier		

Übung

Sagen Sie auf deutsch!

1 o'clock	2:05	4:35
1:07	2:30	5:55
1:10	3:45	6:40
1:30	5:15	9:30

3. Decimals and Dates

Decimals in German are expressed by commas, equivalent to decimal points in English: **1,5 (eins Komma fünf)**.

Ordinal numbers, usually indicated by a period after the numeral, are used to express dates. Ordinals take regular adjective endings:

Heute ist **der 14. (vierzehnte) Juni.**
Wir fahren **am 15. (fünfzehnten) Juli** fort.[1]

A year is expressed without preposition, unless it is preceded by the word **Jahr**. (Note that **hundert** may not be omitted in German.):

Diese Universität wurde **1749 (siebzehnhundertneunundvierzig) gegründet.**[1]
Diese Universität wurde **im Jahre 1749** gegründet.
This university was founded in 1749.

Übung

A. *Sagen Sie auf deutsch!*

1.5	4.8	7.0	8.51
2.6	6.9	7.15	10.12

B. *Sagen Sie auf deutsch!*

1492	1801	1870
1516	1812	1914
1662	1848	1933
1789	1973	2025

C. *Sagen Sie auf deutsch!*

1. Today is November 11th. 2. Yesterday was November 10th.
3. My birthday is on February 21st. 4. Washington's birthday is on February 22nd. 5. Washington lived in the 18th century. 6. Lincoln lived in the 19th century. 7. Goethe died in 1832. 8. He was born 83 years before, in 1749. 9. I am writing a letter: Berlin, June 1, 1973. It will arrive in New York on June 4, 1973.

---

1. In correspondence, a date is indicated as follows:
Bonn, den 14. Juni 1973 or **14. 6. 73** or **14. VI. 73.**

Schlußübung

Sagen Sie zuerst und schreiben Sie dann auf deutsch!

1. This year our summer vacation begins on May 29th. 2. Unfortunately, we will have a short vacation this summer because we have had a difficult year. 3. We usually go to the shore from the 15th of July to the 8th of August. 4. We can't stay any longer because my father has to go back to work. 5. Since my friends come to visit me there, I always have a good time. 6. I have invited one friend, and he has accepted my invitation. 7. He'll visit me as soon as he has a free day. 8. Perhaps he can come on July 31st. 9. July 31st is my friend's birthday, and I would like to buy him a present. 10. Before I buy this present, I have to find out what he wants. 11. Last year he gave me a book, and I bought him a wallet. 12. His sister usually tells me what he likes; I shall have to discuss it with her. 13. Either I will drive there alone or she will come with me. 14. She is studying at the university this summer until August 7th. 15. I hope that next year my family will be able to stay longer.

AUFSATZ

Beschreiben Sie eine Ferienreise, die Sie gemacht haben! Man möchte wissen:

1. wie das Wetter war!
2. wo Sie übernachtet haben!
3. ob Sie Anschluß gefunden haben!
4. warum Sie sich zu dieser Reise entschlossen haben!
5. was für Ferien Sie im allgemeinen vorziehen.

FÜNFZEHNTES KAPITEL

GESPRÄCH*

Dick und Dieter besprechen eine Universitätsvorlesung.

DIETER: Nun, was hältst du von der Vorlesung, die wir heute morgen
gehört haben?

DICK: Die über Hemingway?

DIETER: Ja. Du hast doch sicherlich mehrere seiner Romane und Kurz-
geschichten gelesen.

DICK: Der Professor hatte gründliche Fachkenntnisse, aber der Vortrag insgesamt hat mir wenig imponiert.

DIETER: Wirklich? Mir hat er gar nicht mißfallen.

DICK: Seine Einleitung war zu lang, der Hauptteil zu kurz und der
Schluß eigentlich von wenig Belang. Außerdem hat er jedes
Wort vorgelesen—was ich nicht mag. Auch hat es mich gestört,
daß er ständig mit seiner Brille gespielt hat.

DIETER: Ja, auf der amerikanischen Universität wird weniger formell
vorgelesen. Das hat aber auch Nachteile.

DICK: Ich kann das schlecht beurteilen . . .

DIETER: Bei einer formellen Vorlesung gilt jedes Wort. Bei einem freien
Vortrag kommt manchmal auch etwas Falsches heraus.

DICK: Das kann wohl leicht vorkommen. Übrigens war ich von dem
großen Zuhörerkreis beeindruckt. Besteht denn wirklich ein so

großes Interesse für einen Autor, der nicht mehr ganz zeitgenössisch ist?

DIETER: Ich weiß nicht, ob es Hemingway ist, oder das allgemein große
Interesse für Amerika. Man mag die amerikanische Kultur kritisieren, aber das Interesse bleibt größer als für andere Länder.

DICK: Und wie ist das zu erklären?

DIETER: Vielleicht weil Amerika experimentell und erfinderisch ist.

DICK: Wir sind weniger als ihr an alte Sitten und Gebräuche
gebunden.

DIETER: Alles Neue scheint aus Amerika zu kommen. Selbst wenn wir
dem Neuen nicht trauen, sind wir doch neugierig darüber.

DICK: Was du sagst, ist höchst interessant. Zu Hause kommt mir jeder
konservativ vor, und hier betrachtet man uns manchmal als die
Radikalen. Eine komische Welt!

Übungen

A. *Beantworten Sie die folgenden Fragen!*

1. Über welchen berühmten Autor war die Vorlesung, die die zwei
Freunde besprechen?
2. Was hat Dick vielleicht von ihm gelesen?
3. Was hatte Dick über die Kenntnisse des Professors zu sagen?
4. Wovon war Dick beeindruckt?

B. *Erklären Sie:*

1. worüber Dick und Dieter sich unterhalten!
2. aus welchen Gründen der Vortrag Dick nicht imponiert hat!
3. warum Dick behauptet, daß es eine komische Welt ist!

C. *Sagen Sie auf deutsch, indem Sie den Beispielen folgen:*

(a) Was hältst du von der Vorlesung, die wir gerade gehört haben?
(*What do you think of the lecture we just heard?*)

1. What do you think of the professor who just spoke? 2. What
did he think of the novel that he read? 3. What is your impression of the professor's knowledge of his field?

(b) Mir hat der Vortrag gar nicht mißfallen. (*I didn't mind the lecture
at all.*)

1. Did the book displease you?   2. I didn't think the professor was bad at all.   3. I don't mind this university at all.

(c) Das kann wohl leicht vorkommen. (*I suppose that can easily happen.*)

1. Do you think that can easily happen?   2. That can't happen so easily.   3. I suppose that can easily happen in a lecture.

(d) Wie ist das zu erklären? (*How can that be explained?*)

1. How could that be explained?   2. That's easy to explain. 3. Why would that be easy to explain?

(e) Wir sind weniger an alte Sitten gebunden. (*We are less bound by old customs.*)

1. They are less bound by old customs than we.   2. Is America more bound by old customs than Germany?   3. Why are so many tied to old customs?

(f) Was du sagst, ist höchst interessant. (*What you say is most interesting.*)

1. What you say is highly improbable.   2. What he says is not at all interesting.   3. What I am saying is extremely dangerous.

D. *Sagen Sie auf deutsch!*

Dick: I like Hemingway. And I've read several of his novels and short stories. But the lecture did not impress me much.

Dieter: Do you think the introduction was too long?

Dick: Yes, it was much too long. And his conclusion was really of little importance. It also bothered me that he read everything aloud.

Dieter: It bothered me that he kept playing with his glasses. But the lecture really didn't displease me.

Dick: There is a big difference between an American and a German lecture.

GRAMMATIK UND ÜBUNG

1. Relative Pronouns; Relative Clauses

KONVERSATION*

Wir sind zu einer Hochzeit eingeladen.

A	B
Der junge Bräutigam ist Anwalt.	Ich kenne den jungen Bräutigam, der Anwalt ist.
Die elegante Dame ist die Mutter des Bräutigams.	Ich sehe die elegante Dame, die die Mutter des Bräutigams ist.
Das Kind ist das Blumenmädchen für die Braut.	Ich bewundere das Kind, das das Blumenmädchen ist.
Viele Leute versammeln sich in der Kirche.	Ich erkenne viele Leute, die sich in der Kirche versammeln.

1. Die Gäste warten schon auf das Brautpaar. (sehen) 2. Die Damen sind sehr elegant gekleidet. (bemerken) 3. Viele Herren sind auch in ihrem Sonntagsbesten erschienen. (kennen) 4. Die Orgel spielt den Brautmarsch von Lohengrin. (hören) 5. Der Pastor steht schon am Altar. (schauen auf) 6. Die Leute stehen von ihren Sitzen auf. (beobachten) 7. Der Bräutigam schreitet jetzt zum Altar. (mögen) 8. Die Braut erscheint jetzt am Arm des Vaters. (bewundern)

Man stellt Fragen.

A	B
Kennen Sie den Bräutigam? Man erwartet ihn momentan.	Ich kenne den Bräutigam, den man momentan erwartet.
Möchten Sie die Braut sprechen? Man bewundert sie sehr.	Ich möchte die Braut sprechen, die man sehr bewundert.
Ist das das Blumenmädchen? Jeder findet es reizend.	Das ist das Blumenmädchen, das jeder reizend findet.
Bekommen sie viele Geschenke? Man kann sie gebrauchen.	Sie bekommen viele Geschenke, die man gebrauchen kann.

1. Mochten Sie die Musik? Man spielt sie bei jeder Hochzeit.   2. War
die Ansprache interessant? Der Pastor hat sie eben gehalten.   3. Gefällt Ihnen der Frack des Bräutigams? Wir haben ihn ihm geliehen.
4. War das das berühmte Brautkleid? Sie hat es in Paris gekauft.
5. Haben Sie dem Schwiegervater gratuliert? Jeder respektiert ihn.

Sie kennen weder die Gäste noch die Sitten. Sie erkundigen sich bei
einem Herrn, der aber auch nicht viel weiß und nur Ihre Fragen
wiederholt.

A	B
Wer ist dieser junge Mann? Der Bräutigam sieht ihm ähnlich.	Ja, wer ist dieser junge Mann, dem der Bräutigam ähnlich sieht?
Wie heißt diese Dame? Jeder macht ihr Komplimente.	Ja, wie heißt diese Dame, der jeder Komplimente macht?
Wem gehört das blonde Kind? Niemand will ihm antworten.	Ja, wem gehört das blonde Kind, dem niemand antworten will?
Wo sind die neuen Eheleute? Man will ihnen die Telegramme vorlesen.	Ja, wo sind die neuen Eheleute, denen man die Telegramme vorlesen will?

1. Wo sind die Geschwister? Man will ihnen gratulieren.   2. Wo
befindet sich der Vater? Man will ihm alles Gute wünschen.   3. Wer
ist dieses hübsche Fräulein? Jeder Junggeselle läßt sich ihr vorstellen.
4. Sind viele Kollegen hier? Der Bräutigam will ihnen danken.   5. Beobachten Sie die Eltern? Man übergibt ihnen alle Geschenke.
6. Kommt nicht am Schluß eine Ansprache? Keiner hört ihr zu.

Man stellt weitere Fragen.

A	B
Hilft man dem Großvater? Niemand weiß sein Alter.	Ja, man hilft dem Großvater, dessen Alter niemand weiß.
Haben Sie die Großmutter gesehen? Ihre Freude war groß.	Ja, ich habe die Großmutter gesehen, deren Freude groß war.
Dankt man dem Personal? Seine Leistung war sehr gut.	Ja, man dankt dem Personal, dessen Leistung sehr gut war.
Suchen Sie die Gäste? Ihre Mäntel hängen noch hier.	Ja, ich suche die Gäste, deren Mäntel noch hier hängen.

1. Ist das der Chauffeur? Sein Auto glänzt wie ein Spiegel. 2. Betrachten Sie den Bräutigam? Seine Mutter weint. 3. Ist das Ehepaar im Wagen? Seine Türen sind noch offen. 4. Sehen Sie die beiden Mütter? Ihre Augen sind feucht. 5. Bemerken Sie die beiden Väter? Ihre Taschentücher sind auch nicht trocken. 6. Beobachten Sie die jungen Mädchen? Es ist ihr Wunsch, sich bald zu verheiraten.

ERKLÄRUNGEN

A relative pronoun, like a subordinating conjunction, serves to subordinate a second statement. The second statement thus becomes a relative clause. As in all subordinate clauses, the finite verb stands last in a relative clause:

> Dort ist der junge Mann, **der Anwalt werden will.**
> Kennen Sie das Mädchen, **das sich verlobt hat?**
> Sie war eine Person, **auf die man sich verlassen konnte.**

A relative pronoun has the same gender and number as its *antecedent* (the noun in the main clause to which it relates). The case of a relative pronoun, however, varies with its function within the relative clause:

der junge Mann, (antecedent) (masc. sing.)	**der** Anwalt werden will (nom. masc. sing., subject of clause)
der junge Mann, (antecedent) (masc. sing.)	**dessen** Mutter weint (gen. masc. sing., possessive)
die junge Frau, (antecedent) (fem. sing.)	**der** wir ein Geschenk kaufen (dat. fem. sing., indirect object of clause)
die junge Frau, (antecedent) (fem. sing.)	**die** Sie gut kennen (acc. fem. sing., direct object of clause)
die kleinen Kinder, (antecedent) (neuter pl.)	**die** so nett spielen (nom. pl., subject of clause)
die kleinen Kinder, (antecedent) (neuter pl.)	**denen** wir Spielzeuge kaufen (dat. pl., indirect object of clause)

Note: A relative pronoun may *not* be omitted in German:

Das Geschenk, **das** er gekauft hat, ist ziemlich teuer.
The present he bought is rather expensive.

Review the declensions of the relative pronoun. Note that the forms of the relative pronoun are identical with those of the definite article except for the genitive forms and the dative plural:[1]

	MASC.	FEM.	NEUT.	PL.
NOM.:	der	die	das	die
GEN.:	dessen	deren	dessen	deren
DAT.:	dem	der	dem	denen
ACC.:	den	die	das	die

Übungen

A. *Bilden Sie Relativsätze!*

BEISPIEL: Der junge Mann ist Anwalt. Er verheiratet sich heute.
Der junge Mann, der sich heute verheiratet, ist Anwalt.

1. Er kommt aus einer reichen Famile. Sie ist in ganz Deutschland bekannt. 2. Sein Vater ist Großindustrieller. Er ist enorm reich. 3. Diese Stahlfabrik gehört ihm. Sie können sie von hier aus sehen. 4. Ihm gehören auch mehrere andere Fabriken. Wir haben sie noch nicht besucht. 5. Seine Frau ist noch hübsch. Sie war Schauspielerin. 6. Sie sieht nicht älter aus als ihre Töchter. Sie sind alle gekommen. 7. Der Vater der Braut ist Fabrikarbeiter. Er ist ein einfacher Mann. 8. Die Braut ist sein einziges Kind. Sie ist nicht verwöhnt. 9. Sie umarmt ihre Freundinnen. Sie will ihre Freundschaft nicht verlieren. 10. Das Brautpaar reist heute nach Italien. Man hat es schön beschenkt. 11. Sie besuchen mehrere italienische Städte. Viele Dichter haben ihren Reiz beschrieben.

---

1. Forms of **welcher, welche, welches** are also occasionally used as relative pronouns in all cases but the genitive. These forms are rarely heard in conversation:

	MASC.	FEM.	NEUT.	PL.
NOM.:	welcher	welche	welches	welche
GEN.:	dessen	deren	dessen	deren
DAT.:	welchem	welcher	welchem	welchen
ACC.:	welchen	welche	welches	welche

B. *Sagen Sie auf deutsch!*

1. I recognized many people who were at the wedding.   2. I talked to the bridegroom, who seemed somewhat nervous.   3. His bride, who wasn't nervous at all, was formerly his secretary.   4. The guests, who enjoyed themselves, had brought many presents.   5. The most beautiful present was a car, which the groom's father had bought them.
6. They will drive to Italy, a country they have always wanted to visit.

2. Relative Pronouns; Objects of Prepositions

KONVERSATION*

Sie unterhalten sich über das Brautpaar.

A	B
Er war ein netter junger Mann. Arbeitete die Braut damals für ihn?	**Ja, er war der junge Mann, für den die Braut damals arbeitete.**

1. Er war ein guter Gesellschafter. Ging sie gern mit ihm aus?   2. Er war ein reizender Mensch. Dachte sie immer mehr an ihn?   3. Er war ein guter Chef. Ärgerte sie sich selten über ihn?   4. Er war auch ein gerechter Mann. Hatte sie volles Vertrauen zu ihm?   5. Er hatte einen großen Ruf als Anwalt. Ließ man sich gern von ihm vertreten?   6. Sie sah in ihm einen außergewöhnlichen Menschen. Fühlte sie sich zu ihm hingezogen?

A	B
Sie war seine Sekretärin. Konnte er sich immer auf sie verlassen?	**Sie war eine Sekretärin, auf die er sich immer verlassen konnte.**

1. Sie war nur eine Angestellte. Verabredete er sich doch öfter mit ihr?
2. Sie war eine gut aussehende Person. Ging er gern mit ihr aus?
3. Sie war eine ausgezeichnete Stenotypistin. War er sehr auf sie angewiesen?   4. Später wurde sie seine Buchhalterin. Kam er gar nicht mehr ohne sie zurecht?   5. Sie war eine treue Freundin. Hielt er große Stücke auf sie?   6. Sie war eine freundliche Person. Hat er sich endlich in sie verliebt?

A	B
Er gab ihr einen Ring. Machte er ihr Freude damit?	Ja, er gab ihr einen Ring, mit dem er ihr Freude machte.

1. Der Sohn sandte dem Vater ein Telegramm. Kündigte er darin die Verlobung an? 2. Sie ließen Anzeigen drucken. Haben Sie dadurch von der Verlobung gehört? 3. Das war eine unerwartete Partie. Hatte keiner daran gedacht? 4. In der Familie gab es viel Freude. Nahm jeder daran Teil? 5. Zwei Zeugen waren bei der Ziviltrauung. Waren Sie auch dabei anwesend? 6. Der Bürgermeister hielt eine kurze Ansprache. War niemand davon begeistert? 7. Endlich kam der Hochzeitstag. Hatte das Brautpaar gar keine Angst davor?

ERKLÄRUNGEN

Relative pronouns that are objects of a preposition have the case form required by the preposition:[1]

der Mann, **für den** sie arbeitet	(accusative after **für**)
die Eltern, **bei denen** er wohnte	(dative after **bei**)
die Stadt, **in der** er geboren ist	(dative after **in**)
der Film, **von dem** sie sprachen	(dative after **von**)

Übung

Sagen Sie auf deutsch!

1. They were married in the church in which his parents had been married. 2. The pastor's speech, about which no one was enthusiastic, lasted too long. 3. The car in which they finally left was an American make. 4. The letter in which they announced their arrival came two days later. 5. They met many people with whom they could discuss Italian life.

---

1. A preposition plus relative pronoun referring to things is sometimes replaced by a **wo**–compound (**wo** or **wor** + preposition):
   der Bleistift, **womit** Sie schreiben
   the pencil with which you are writing
   das Buch, **worin** sie ihren Namen schreiben
   the book in (to) which they write their name

3. *Wer* and *Was* as Relative Pronouns

KONVERSATION*

Antworten Sie dem Beispiel entsprechend!

A	**B**
Hat er das gesagt? Hat er sich lächerlich gemacht?	Wer das gesagt hat, hat sich lächerlich gemacht.

1. Hat er das gesagt? Hat er sich also geirrt?   2. Konnte er diesen Fehler nicht einsehen? War er blind?   3. Klagt er immer so? Macht er sich damit unbeliebt?   4. Macht er nie mit? Ist er ein Spielverderber? 5. Sieht er immer nur schwarz? Ist er ein geborener Pessimist? 6. Arbeitet er Tag und Nacht? Ist er so ehrgeizig?   7. Amüsiert er sich nie? Ist er so einseitig?   8. Nimmt er sich keinen Urlaub? Ist er in schlechter Verfassung?

Man stellt Fragen, und Sie geben Antwort.

A	**B**
Wissen Sie, was er geschrieben hat?	Ja, ich weiß, was er geschrieben hat.
Verstehen Sie alles, was er notiert hat?	Nein, ich verstehe nicht alles, was er notiert hat.

1. Wissen Sie, was er von dem Redakteur verlangt hat? (ja) 2. Gefällt Ihnen, was er geschrieben hat? (nein)   3. Stimmt alles, was er angegeben hat? (nein)   4. Billigen Sie vieles, was er gefordert hat? (ja)   5. Glauben Sie alles, was Sie gehört haben? (nein)   6. Wissen Sie immer, was Sie glauben können? (nein)

ERKLÄRUNGEN

Wer and was, when used as indefinite relative pronouns, refer to general or unspecified antecedents.

As a relative pronoun, **wer** is equivalent to *whoever* or *he who*. A relative clause starting with **wer** always precedes the main clause:

> **Wer das gesagt hat,** hat sich geirrt.
> **Wer zuletzt lacht,** lacht am besten.
> Sie können fragen, **wen sie wollen.**

As a relative pronoun, **was** is equivalent to *what, that, that which,* and is used:

(a) when no definite antecedent exists:

> Er weiß, **was er will.**

(b) when the antecedent is an indefinite neuter like **alles, allerlei, einiges, etwas, genug, manches, nichts, vieles, weniges:**

> Das ist **etwas, was** ihn interessiert.

(c) when the antecedent is a neuter noun-adjective, such as **das Beste, das Gute, das Schönste:**

> Das ist **das Beste, was** er tun kann.

(d) after an ordinal number, such as **das erste:**

> **Das erste, was** er gesagt hat, war nicht richtig.

(e) when the antecedent is a whole clause:

> Er sagt, **er kommt morgen, was** ich aber nicht glaube.

Note: **Was** may never be omitted in German.

Übungen

A. *Bilden Sie Relativsätze mit wer oder was!*

> BEISPIELE: Er kann das nicht einsehen. Er ist blind.
> Wer das nicht einsehen kann, ist blind.
>
> Es ist sehr interessant. Es ist nicht immer glaubhaft.
> Was sehr interessant ist, ist nicht immer glaubhaft.

1. Er will nicht hören. Er muß fühlen.   2. Er hat etwas geschrieben. Es hat niemand gefallen.   3. Er fordert das Unmögliche. Er wird es nie bekommen.   4. Es ist unrealistisch. Man kann das nicht verlangen.   5. Er hat diesen Fehler vorher gemacht. Er sollte ihn nicht wiederholen.   6. Es stand in der Zeitung. Es ist nicht unbedingt wahr.   7. Er mischt sich in Politik ein. Er muß auf alles gefaßt sein.

B. *Sagen Sie auf deutsch!*

1. Do you know what he wrote to the editor?   2. The little I know is not very interesting.   3. Whoever wrote it was mistaken.   4. Can you judge everything he said?   5. Who really knows what he said? 6. I don't believe all I hear.   7. Whoever believes everything he reads is a fool.   8. This is the worst thing one can do.

WIEDERHOLUNG UND BEMERKUNGEN

2. Derjenige, derselbe

Derjenige (*the one*) and **derselbe** (*the same*) are antecedents of relative pronouns and consist of the proper form of the definite article plus **jenig–** or **selb–**, with appropriate adjective endings:

> Dieser Mann ist **derjenige, den** sie geheiratet hat.
> Die Braut ist **diejenige, die** lange seine Sekretärin war.
> Er gibt das Geschenk **demjenigen, der** es verdient hat.
> Wir sprechen von **demselben Mädchen, das** Sie schon kennen.

Übungen

A. *Ergänzen Sie mit der passenden Form von* **derjenige!**

1. Mein ältester Bruder ist ———, dessen Bekanntschaft Sie gemacht haben.   2. Seine Frau ist ———; deren Bild in der Zeitung erschien. 3. ———, von der Sie sprechen, ist eine unangenehme Person. 4. Ihre Kinder sind ———, die sich schlecht benommen haben.

B. *Sagen Sie auf deutsch!*

1. Is he the same man whom you saw there yesterday?   2. Yes, and he was with the same woman who came to my house this morning. 3. How can you be sure that they are the same two people?   4. They were driving the same car on both days.

2. Infinitive Constructions

The expressions **um . . . zu** (*in order to*), **ohne . . . zu** (*without*), **(an)statt . . . zu** (*instead of*) are followed by an infinitive:

> Er kam, **um** mit uns **zu sprechen.**
> Er antwortete mir, **ohne aufzupassen.**[1]
> Er telefonierte, **anstatt** zu uns **zu kommen.**

An infinitive follows directly (without the preposition **zu**) such common verbs as **bleiben, gehen, hören, lassen, sehen.**[2] Note that the German infinitive is often translated by an English present participle:

> Er **bleibt** heute im Bett **liegen.**
> *He stays in bed today.*
> Ich **höre** ihn **kommen.**
> *I hear him coming (or come).*
> Wir **ließen** ihn draußen **warten.**
> *We kept him waiting outside.*
> Ich **sah** ihn mehrere Bücher **tragen.**
> *I saw him carrying (carry) several books.*

Like modals, **hören, lassen,** and **sehen,** when used in a compound tense, form a double infinitive (see Chapter 5, pages 66–67):

> Sie hat mich **kommen hören.**
> *She heard me coming.*
> Er hat uns **gehen lassen.**
> *He allowed us to go.*

Note: The verb **lassen** with a dependent infinitive often expresses causative action (having someone else perform an action):

> Wir **haben** den Arzt **kommen lassen.**
> *We had the doctor come.*

Übungen

A. *Verbinden Sie die folgenden Sätze mit den angegebenen Wörtern!*

> BEISPIEL: Er bleibt zu Hause. (um) Er liest ein Buch.
> Er bleibt zu Hause, um ein Buch zu lesen.

---

1. Note that in verbs with separable prefixes, **zu** stands between the prefix and the verb.
2. Sometimes also **brauchen, fühlen, helfen, machen.**

1. Sein Freund mußte ihn unterbrechen. (um) Er fragte ihn etwas.
2. Er gab ihm eine Antwort. (ohne) Er sah ihn an.   3. Er kritisiert
das Buch. (ohne) Er versteht es.   4. Er hat weitergelesen. (anstatt) Er
hat seine Korrespondenz erledigt.   5. Seine Mutter kam herein. (um)
Sie erinnerte ihn an etwas.   6. Er blieb sitzen. (anstatt) Er stand auf.
7. Dann ging er in die Küche. (um) Er trank ein Glas Milch.

B. *Sagen Sie auf deutsch!*

1. The guests were here in order to have a good time.   2. Some had
come without bringing a present.   3. They ate and drank without
being ashamed.   4. Some people had written to congratulate the
couple.   5. I called my girl friend to ask her to go out with me Saturday.   6. She couldn't, but she had me come to her house.   7. She saw
me coming and opened the door.   8. I couldn't keep her waiting and
went in.

Schlußübungen

*Sagen Sie zuerst und schreiben Sie dann die folgenden Sätze auf
deutsch!*

1. Did you get to know the handsome young lawyer who came to visit
us last year?   2. I remember him; he is the same one who got married
Saturday.   3. My whole family was at the wedding, which took place
in the same church in which my parents were married.   4. They say
the bride looked beautiful in the white dress she wore.   5. It's the
same one her parents bought for her when they were in Paris last
summer.   6. The bride's father, whom everyone seems to admire, did
everything he could to prepare a beautiful wedding.   7. The young
couple has rented an apartment in the same section of town in which
their parents live.   8. They like it there because the apartment is near
the office in which the groom works.   9. The bridegroom is lucky; he
has a wife who is talented and knows how to cook.   10. She cooks
everything he likes.   11. The first meal she prepared for him was
excellent.   12. She was the best secretary he ever had.   13. She was a
helper on whom he could always rely.   14. What she did was always
perfect.   15. He signed the letters she typed without reading them.

AUFSATZ

Schreiben Sie einen kurzen Aufsatz über eine Hochzeit, zu der Sie
eingeladen waren! Man möchte wissen:

1. wie lange Sie das Brautpaar kannten!
2. wie die Zeremonie vor sich ging!
3. was man serviert hat!
4. wie und wo sich das Brautpaar kennenlernte!
5. wohin das Paar auf die Hochzeitsreise fuhr!

WILHELM SCHÄFER

Der Nichtraucher

Einmal fuhr der boshafte Spötter Otto Erich Hartleben in der ersten Klasse, weil er allein sein wollte. Daß auf einer kleinen Station ein Herr einstieg, ärgerte ihn doppelt; denn er sah ihm auf den ersten Blick die Dienstreise an.[1] Sich an ihm zu rächen, holte er
5 eine von den Zigarren heraus, die er für den Kutscher eingesteckt hatte, und setzte sie auch in Brand,[2] trotzdem er wußte, daß er dies in der ersten Klasse nur unter Zustimmung seines Mitreisenden durfte.

Wie er es nicht anders erwartet hatte, wies der Herr mit zornigem
10 Finger auf das bezügliche Porzellanschild; aber Otto Erich Hartleben ließ sich nicht hinweisen. Er sah der steigenden Erregung seines Gegenübers mit kaum verhehltem Vergnügen zu; und als sie zu Worten überging, störte das nicht sein Behagen: So blau paffte er weiter, daß dem Mitreisenden die Geduld riß.

15 Er habe das Recht und die Pflicht, auf die Befolgung der Bahnvorschriften zu achten; denn er sei der Eisenbahnminister Budde! donnerte er und überreichte dem somit höchstamtlich ertappten Übeltäter[3] seine Karte.

Hab ich dich! triumphierte der boshafte Schalk in Otto Erich
20 Hartleben; und er meinte nicht so sehr die Karte—die er genau prüfte, ehe er sie in die Tasche steckte—wie den Dienstreisenden, der ihn seelenruhig weiterpaffen sah.

Was der Minister an der nächsten Station tun würde, sah Otto Erich Hartleben voraus; aber er wußte auch, daß er dort aussteigen
25 mußte; denn es war Vienenburg, wohin er wollte. Er sah dem Erzürnten an,[4] wie er die Sekunden zählte, und heuchelte einen empörenden Gleichmut, bis der Zug in den Weichen zu rattern begann und bald danach in das Gedränge der Reisenden einfuhr; denn

---

1. denn er sah ihm auf den ersten Blick die Dienstreise an   *for he saw right away that he was on official business.*
2. setzte sie auch in Brand   *also lit it.*
3. dem somit höchstamtlich ertappten Übeltäter   *to the wrong-doer who had thus been caught by the highest authority.*
4. Er sah dem Erzürnten an   *He could tell by looking at the angry man.*

sie hatten Verspätung. Dann freilich sputete er sich, aus dem roten Paradies mit den weißen Deckchen hinauszukommen, ehe der Minister ans Fenster treten und nach dem Stationsvorsteher rufen konnte.

5 Das Weitere entzog sich zunächst seiner Wahrnehmung; nur als er scheinbar im Gedränge vor der Sperre verschwinden wollte, legte sich ihm eine Hand auf die Schulter: „Mein Herr, Ihren Namen!" keuchte der Mann mit der roten Mütze hinter Atem,[5] weil er für seine Dicke[6] zu rasch gelaufen war, und suchte nach seinem Taschenbuch, die Personalien des halb Inhaftierten aufzunehmen.[7]

10 „Bitte sehr!" sagte Otto Erich Hartleben spöttisch und gab dem Beamten die Karte des Ministers, nicht ohne ihn durch seinen Kneifer durchbohrend anzusehen. Der hatte den Namen und den Titel mit einem Blick erfaßt, nahm Haltung an und legte die Hand an seine rote Mütze, was Otto Erich milde bemerkte; aber er winkte 15 ungnädig ab.[8]

Danach bezog er[9] eine strategische Stellung hinter der Sperre, durch die sein Rückzug unter Beobachtung des Feindes gesichert war. So sah er noch zu, wie der Beamte sich achselzuckend[10] dem Herrn im Zugfenster der ersten Klasse näherte und ihm kaum noch 20 mit der gebührenden Achtung die Karte des Ministers überreichte, mit beiden Händen bedauernd, daß da nichts zu machen sei. Die Hände des Ministers, die beide zugleich aus dem Fenster herausfuhren, schienen anderer Meinung zu sein. Es begann da offenbar eine Auseinandersetzung, die Otto Erich Hartleben nicht abwarten 25 konnte. Ihm schien es geraten, das Banngebiet[11] des Bahnhofs zu verlassen, nicht ohne die halb gerauchte Zigarre menschenfreundlich auf den Sockel zu legen. Er hatte sie nur dem Störenfried zum Tort angesteckt, weil er sonst Nichtraucher war.[12]

Reprinted by permission of the author.

---

5. hinter Atem   *puffing and blowing.*
6. für seine Dicke   *for his weight.*
7. die Personalien des halb Inhaftierten aufzunehmen   *(in order) to take down the particulars on this man about to be arrested.*
8. aber er winkte ungnädig ab   *he lowered his hand in annoyance (from the half-hearted salute he had given him).*
9. Danach bezog er   *After that he took up.*
10. achselzuckend   *shrugging his shoulders.*
11. Banngebiet   *proscribed (dangerous) area.*
12. Er hatte sie nur dem Störenfried zum Tort angesteckt   *He had lit it only to spite the troublemaker.*

A. *Indem Sie die folgenden Hauptwörter verwenden, die alle mit der Eisenbahn zu tun haben,*

Klasse	Schild
Mitreisende	Bahnvorschriften
Wagen	Weichen
Zug	Stationsvorsteher
Verspätung	Mütze
Sperre	Bahnhof

erklären Sie!

1. One may smoke in a first-class coach only with permission of fellow passengers.
2. Minister Budde, who was on an official journey, felt it was his right and duty to see that railroad regulations were adhered to. He pointed to the plaque with "Nichtraucher" on it.
3. The train began to rattle through the switches; it was late.
4. Budde wanted to find the stationmaster. He was looking for a man with a red cap.
5. Otto Erich Hartleben was trying to leave the station and had almost reached the gate.

B. *Diskussionsfragen:*

1. Erklären Sie, wen und was Otto Erich Hartleben verspottet!
2. Könnte man behaupten, daß die Stellungnahme (a) von Otto Erich und (b) vom Minister durch ihr Milieu geformt wird? Erklären Sie!

SECHZEHNTES KAPITEL

GESPRÄCH*

Dick und Lotte sind zu einer Abendgesellschaft bei Dieter eingeladen, aber Lotte muß natürlich am Nachmittag zum Schönheitssalon!

DICK: Ich habe eben einen Anruf von Dieter erhalten. Er hat ein paar Studenten aus Afrika eingeladen. Wir sollen auch hinkommen.

LOTTE: Ich habe nichts vor. Um wieviel Uhr erwartet er uns?

DICK: Kurz nach acht. Übrigens wußte ich nicht, daß es so viele ausländische Studenten hier gibt.

LOTTE: Du müßtest im Wintersemester hier sein. Dann sind Hunderte von fremden Studenten zu sehen. Sie kommen aus allen Erdteilen.

DICK: Zu Hause unterhalte ich mich gerne mit ihnen. Meine eigenen Ansichten sind oft durch ihre beeinflußt worden. Wann willst du, daß ich dich abhole?

LOTTE: Das ist heute schwer zu sagen. Man erwartet mich nämlich um fünf beim Friseur. Ich werde wohl nicht vor sieben aus dem Salon kommen.

DICK: Über zwei Stunden? Was wird denn da alles gemacht?

LOTTE: Das übliche. Ich lasse mir die Haare schneiden, waschen und legen. Das wird mindestens zwei Stunden in Anspruch nehmen.

DICK: Als Frau muß man viel Geduld haben. Du wirst wohl auch unter dem Föhn sitzen?

LOTTE: Ja, sonst trocknet das Haar nicht schnell und gründlich. Mach dir keine Sorgen um mich! Ich werde es überstehen.

DICK: Wie geht es bei Dieters Gesellschaften zu? Wird viel getanzt?

LOTTE: Das kommt drauf an. Manchmal geht es lustig zu, ein anderes Mal ganz ernsthaft. Auf eines kann **man** sich verlassen: Es wird immer guter Kuchen serviert.

DICK: Ich war in so vielen Konditoreien, daß guter Kuchen nicht mehr das richtige für mich ist. Merkst du, wieviel ich zugenommen habe?

LOTTE: Es ist mir aufgefallen, und es ist leicht zu erklären. Du mußt dich also mehr in acht nehmen.

DICK: Das läßt sich leicht sagen.

LOTTE: Aber auch ausführen, wenn man nur den Willen dazu hat.

Übungen

A. *Beantworten Sie die folgenden Fragen!*

1. Von wem hat Dick einen Anruf bekommen?
2. Um wieviel Uhr sollen Dick und Lotte bei Dieter sein?
3. Mit wem unterhält sich Dick gerne zu Hause?
4. Warum braucht Lotte zwei Stunden beim Friseur?
5. Was wird immer bei Dieter serviert?
6. Warum soll Dick sich mehr in acht nehmen?

B. *Erklären Sie:*

1. wo und mit wem Dick und Lotte den Abend verbringen werden!
2. weshalb Dick Lotte nicht vor sieben abholen kann!
3. wie es bei Dieter zugeht!
4. was Lotte auch schon aufgefallen ist!

C. *Sagen Sie auf deutsch, indem Sie den Beispielen folgen!*

(a) Ich habe nichts vor. (*I have nothing planned.*)

1. We have nothing planned for this evening. 2. He had nothing planned. 3. What do you have planned for tomorrow?

(b) Was wird denn da alles gemacht? (*What kinds of things are done there, anyhow?*)

1. Everything is being done there. 2. Isn't anything going to be done there? 3. The usual things are done.

(c) Es wird mindestens 2 Stunden in Anspruch nehmen. (*It'll take at least two hours.*)

    1. It takes up too much of my time.   2. Will it take at least three hours?   3. It'll occupy two days.

(d) Wird viel getanzt? (*Will there be a lot of dancing?*)

    1. There won't be much dancing.   2. Will there be much drinking at Dieter's?   3. There has never been much drinking there.

(e) Auf eines kann man sich verlassen. (*You can be sure of one thing.*)

    1. What can one be sure of?   2. Whom can one depend on?   3. You can always rely on Dieter.

(f) Du mußt dich mehr in acht nehmen. (*You'll have to be more careful.*)

    1. I'll have to be more careful.   2. Who has to be more careful?   3. Why does she have to be more careful?

(g) Das läßt sich leicht sagen. *(That can easily be said.)*

    1. That can be easily explained.   2. That can't be easily done.   3. Why can't that be easily carried out?

D. *Sagen Sie auf deutsch!*

Dick: We have been invited to a party tonight. They expect us shortly before eight o'clock.

Lotte: Did you just get a call from Dieter?

Dick: Yes. Some students from Africa are also supposed to come. When do you want me to pick you up?

Lotte: Not before seven. I have to get my hair cut, washed, and set.

Dick: I suppose you'll also have to sit under the dryer?

Lotte: Yes, of course. Otherwise my hair won't dry thoroughly.

Dick: As a woman you have to have a lot of patience!

Lotte: Don't worry about me. I'll survive!

GRAMMATIK UND ÜBUNG

1. Passive Constructions

KONVERSATION*

Sie sind bei reichen Leuten eingeladen. Sie haben einen fabelhaften Tag dort verbracht. Sie fragen einen anderen Gast, ob alle Tage so nett verlaufen.

A	B
Wird das Frühstück immer ins Bett gebracht?	Ja, es wird immer ins Bett gebracht.

1. Werden die Gäste immer so gut bedient?   2. Werden sogar die Schuhe abends geputzt?   3. Wird jedes Mittagessen so vornehm serviert?   4. Werden alle Gäste vom Chauffeur herumgefahren?   5. Wird das Schwimmbad täglich benutzt?   6. Wird schon wieder ein Gast angemeldet?   7. Werden immer so viele Gäste eingeladen?   8. Werden wir alle heimgebracht?

Sie erkundigen sich über diese Villa, die weit und breit für ihre Kunstgemälde bekannt ist.

A	B
Wurde die Villa von diesem Besitzer gebaut?	Nein, sie wurde nicht von ihm gebaut.

1. Wurde sie von einem guten Baumeister gebaut? (ja)   2. Wurde sie bald danach bewohnt? (ja)   3. Wurde der Garten sofort angelegt? (nein)   4. Wurden die meisten Bäume bald gepflanzt? (nein)   5. Wurden die Anlagen viel gelobt? (ja)   6. Wurde die Villa später umgebaut? (ja)   7. Wurde sie erst vorigen Monat neu angestrichen? (ja)

Sie haben weitere Fragen über die Villa.

A	B
An wen ist die Villa verkauft worden?	Sie ist an einen berühmten Maler verkauft worden.

1. Welche Gemälde sind von ihm ausgestellt worden? (seine Landschaften) 2. Was für Gäste sind oft von ihm eingeladen worden? (berühmte Leute) 3. Womit sind die Gäste unterhalten worden? (Musik) 4. Was für Musik ist gespielt worden? (klassische) 5. Welche Lieder sind gesungen worden? (deutsche) 6. Wann ist das Haus vom jetzigen Besitzer gekauft worden? (vor drei Jahren) 7. Was ist seither geändert worden? (sehr viel) 8. Von wem ist die neue Villa bewundert worden? (von allen)

ERKLÄRUNGEN

A German passive construction consists of a form of **werden** plus past participle of a transitive verb. Note that, in compound tenses, **werden** requires, as in the active voice, the auxiliary **sein**. In these tenses the **ge–** prefix is dropped and **geworden** becomes **worden**:

PRESENT	**er wird gelobt**	*he is being praised*
SIMPLE PAST	**er wurde gelobt**	*he was praised*
PRESENT PERFECT	**er ist gelobt worden**	*he has been (was) praised*
PAST PERFECT	**er war gelobt worden**	*he had been praised*
FUTURE	**er wird gelobt werden**	*he will be praised*
FUTURE PERFECT	**er wird gelobt worden sein**	*he will have been praised*

Review the passive forms in the Appendix.

Word Order in a Passive Construction

In main clauses the auxiliary infinitive **werden** and the auxiliary past participle **worden** stand in final position, preceded directly by the past participle of the main verb:

> Das Haus wird heute **verkauft werden.**
> Voriges Jahr ist es **modernisiert worden.**

In dependent clauses, the finite verb stands in its usual final position:

> Er hofft, daß das Haus heute **verkauft werden wird.**
> Er weiß nicht, daß es **modernisiert worden ist.**

Übungen

A. *Setzen Sie die folgenden Sätze ins Imperfekt, Futur und Perfekt!*

1. Diese Geschichte wird oft erzählt. 2. Die Wahrheit wird nicht immer gesagt. 3. Das Unangenehme wird leicht vergessen. 4. Sie

werden oft bei ihrer Arbeit gestört.   5. Sie werden zu oft unterbrochen.   6. Die Kinder werden schlecht erzogen.   7. Die Erwachsenen werden dadurch bestraft.   8. Das Ziel des Menschen wird selten
erreicht.

B. *Sagen Sie auf deutsch!*

1. The villa was built sixty years ago.   2. It was sold shortly thereafter.   3. It will be sold again very soon.   4. The history of the villa
has not been forgotten.   5. Many beautiful pictures were exhibited
there.   6. The painter was greatly admired everywhere.   7. His work
is still being studied today.   8. It will always be exhibited in this
country.

2. Expressing the Agent and Means in a Passive Construction

KONVERSATION*

Einer der vielen Gäste in der Villa ist plötzlich erkrankt. (Passen Sie
auf, daß Sie die richtige Zeit des Passivs verwenden!)

A	B
Behandelt ihn ein tüchtiger Arzt?	**Ja, er wird von einem tüchtigen Arzt behandelt.**
Hat er ihn schon untersucht?	**Ja, er ist schon von ihm untersucht worden.**

1. Hat der Arzt schon die Diagnose gestellt?   2. Hat ein Spezialist sie
bestätigt?   3. Hat die Familie einen Chirurgen hinzugezogen?
4. Hat ein Freund den Patienten ins Krankenhaus gebracht?
5. Benachrichtigt der Gastgeber seine Familie?   6. Besuchen sie ihn
schon morgen im Krankenhaus?   7. Säubert das Personal sein
Zimmer?

Am nächsten Tage erkundigen Sie sich weiter über den Zustand des
Kranken. Man weiß heute viel mehr.

A	B
Ist die Krankheit durch Ansteckung verursacht worden?	**Nein, sie ist nicht durch Ansteckung verursacht worden.**

1. Ist er durch das Fieber geschwächt worden? (ja)   2. Ist sein Zustand durch die Entzündung verschlimmert worden? (nein)   3. Ist er durch die Operation gerettet worden? (ja)   4. Ist ihm durch Medikamente geholfen worden? (ja)   5. Wurde er durch die Besuche ermüdet? (ja) 6. Wurde seine Stimmung durch den Besuch gehoben? (ja)   7. Wurde der Patient durch die Aufmerksamkeiten verwöhnt? (nein)

ERKLÄRUNGEN

The (animate) agent of a passive construction (*by whom* the action is performed), is expressed by **von** with the dative:

> Er ist **vom Arzt** untersucht worden.
> Die Diagnose ist **von einem Spezialisten** gestellt worden.

The means *by which* something is done is expressed by **durch**:

> Er ist **durch eine Operation** gerettet worden.
> Er wurde **durch das Fieber** sehr geschwächt.

Note: In changing a sentence from active to passive, the direct object of the active becomes the subject of the passive; the subject of the active becomes the agent in the passive; **werden** retains the same tense as the active verb:

> ACTIVE: **Der Arzt** hat **den Gast** untersucht.
> PASSIVE: **Der Gast** ist **von dem Arzt** untersucht worden.

Übungen

A. *Setzen Sie ins Passiv!*

1. Viele Leute besuchen die berühmte Villa.   2. Der Besitzer hat die Gäste telefonisch eingeladen.   3. Die Dienstmädchen putzen abends die Schuhe.   4. Ein Diener wird das Frühstück ins Zimmer bringen. 5. Alle Leute loben das Essen.   6. Viele Leute haben die Gemälde bewundert.   7. Die Gäste haben viele Aufnahmen gemacht.   8. Der Gastgeber rief den Arzt vor einer Stunde.   9. Sie brachten einen Familienfreund ins Krankenhaus.   10. Ein bekannter Chirurg wird ihn morgen operieren.   11. Das Fieber hat ihn geschwächt.

B. *Bilden Sie Fragen!*

BEISPIEL: In diesem Hotel wird nur Deutsch gesprochen. (wo?)
Wo wird nur Deutsch gesprochen?

1. Wir wurden hier sehr gut bedient. (wann?) 2. Jeder Gast ist freundlich empfangen worden. (wer?) 3. In diesem Saal wurde viel getanzt. (wo?) 4. Die Mahlzeiten sind auf der Terrasse gegessen worden. (warum?) 5. Das Schwimmbad ist nur nachmittags benutzt worden. (wieso?) 6. Abends wurden uns nette Geschichten erzählt. (wann?) 7. Das Hotel wird bald geschlossen. (warum?) 8. Voriges Jahr wurde es im Oktober zugemacht. (wann?)

3. Apparent Passive: Expressing a State or Condition

KONVERSATION*

Obwohl Sie schon mehrere Tage in der Villa verbracht haben, wundern Sie sich immer noch über dieses herrliche Gebäude.

A	B
Wurden die Zimmer schön möbliert?	Die Zimmer sind sehr schön möbliert.

1. Wurde die Küche modern eingerichtet? 2. Wird der Garten gut gepflegt? 3. Wurden die Blumen schön angelegt? 4. Wird das Personal gut bezahlt? 5. Wurde die Villa schon verkauft?

ERKLÄRUNGEN

A true passive describes an action in the process of taking place; an apparent passive describes a condition or state that is the result of an earlier passive action. Compare:

TRUE PASSIVE	APPARENT PASSIVE
Die Villa **wird verkauft.**	Die Villa **ist verkauft.**
The villa is being sold.	*The villa is [already] sold.*

Übungen

A. *Beantworten Sie die Fragen dem Beispiel entsprechend!*

BEISPIEL: Wird das Essen jetzt zubereitet?
Es ist schon zubereitet.

1. Wird der Tisch jetzt gedeckt? 2. Wird das Tischtuch heute gewaschen? 3. Wird die Suppe jetzt gekocht? 4. Wird das Fleisch bald gebraten? 5. Wird das Dienstmädchen bald angestellt? 6. Wird das Zimmer sofort aufgeräumt? 7. Wird der Nachtisch bald serviert?

B. *Sagen Sie auf deutsch!*

1. Is the door being opened? 2. No, it's being closed. 3. Why isn't it being opened? 4. It can't be opened again. 5. It's closed.

4. Impersonal Passive Construction

KONVERSATION*

An einem Abend hat es Gesellschaft gegeben. Sie konnten nicht anwesend sein. Sie möchten wissen, wie der Abend verlief.

A	B
Hat man viel über Politik gesprochen?	Ja, es ist viel über Politik gesprochen worden.

1. Hat man meistens ernste Themen diskutiert? 2. Hat man viel gelacht? 3. Haben die Leute auch viel getrunken? 4. Hat man viel geraucht? 5. Haben die jungen Leute lange getanzt? 6. Hat man auch Klavier gespielt? 7. Hat man viel gesungen?

ERKLÄRUNGEN

In an impersonal passive construction, the subject is the impersonal pronoun **es**:

Es wird heute abend **getanzt.**
There will be dancing this evening.

Es wurde viel **geraucht.**
There was much smoking.   (or: *They smoked a great deal.*)
Es ist viel über Politik **gesprochen worden.**
There was much talk about politics.

When another word begins the sentence, **es** is omitted:

Heute abend **wird getanzt.**
Gestern **wurde** viel **geraucht.**
Viel **ist** über Politik **gesprochen worden.**

Übung

Setzen Sie die folgenden Sätze ins Passiv dem Beispiel entsprechend!

Beispiel: Man tat viel.
        Viel wurde getan.

1. Man sang viele Lieder. 2. Man hat andauernd gegessen. 3. Man tanzte spät in die Nacht hinein. 4. Man hat auch mehrere Geschichten erzählt.

5. Substitute Constructions for the Passive

KONVERSATION*

Sie wollen genau wissen, was besprochen wurde.

A	**B**
Ist über Literatur gesprochen worden?	Man hat über Literatur gesprochen.

1. Ist viel über die Wirtschaftskrise gesagt worden? (nein) 2. Wurde die letzte Reise des Präsidenten erwähnt? (ja) 3. Ist sie kritisiert worden? (nein) 4. Wurde seine Innenpolitik diskutiert? (ja) 5. Ist die Politik während des Essens vergessen worden? (ja) 6. Sind die neuesten Romane erwähnt worden? (ja)

Sie haben noch andere Fragen.

A	**B**
Konnten Sie den Gastgeber sprechen?	Er war nicht zu sprechen.

1. Konnten Sie ihn nirgendswo finden? 2. Konnten Sie sein Verschwinden erklären? 3. Konnten Sie denn die Tür nicht aufmachen? 4. Konnten Sie seine Frau nicht sprechen? 5. Konnten Sie sein Kind nicht hören?

Der Gastgeber hatte so viele uneingeladene Gäste, daß es ihm zu bunt geworden ist. Er hat vor, die Villa zu verkaufen.

A	B
Kann so eine große Villa leicht verkauft werden?	**Sie läßt sich nicht leicht verkaufen.**

1. Kann ein großes Haus leicht vermietet werden? 2. Kann es leicht saubergehalten werden? 3. Können so viele Zimmer aufgeräumt werden? 4. Können die enormen Rechnungen bezahlt werden? 5. Können die finanziellen Probleme gelöst werden?

ERKLÄRUNGEN

In German, the passive is not used as frequently as in English. An active construction is usually used instead of the passive, especially when the agent or instrument is not expressed.

man *plus Active Construction*

Man is the most frequent substitute for the passive:

> **Man hat** über vieles **gesprochen.**
> *Many things were discussed.*
> **Man hat** den Patienten sofort **untersucht.**
> *The patient was immediately examined.*

sein *plus* zu *plus Infinitive*

A passive construction combined with a modal auxiliary, especially **können**, is often replaced by a form of **sein** plus **zu** plus active infinitive:

Er war nicht **zu finden.**
(replaces:) Er **konnte** nicht **gefunden werden.**[1]
He couldn't be found.   (He was not to be found.)

Es war nichts **zu machen.**
(replaces:) Es **konnte** nichts **gemacht werden.**[1]
Nothing could be done.   (There was nothing to do.)

sich lassen *plus Infinitive*

Sich lassen plus active infinitive may replace a passive construction usually involving the modal **können:**

Das **läßt sich** leicht **erklären.**
(replaces:) Das **kann** leicht **erklärt werden.**[1]
This can be explained easily.   (This is easy to explain.)

Das **läßt sich** nicht **machen.**
(replaces:) Das **kann** nicht **gemacht werden.**[1]
This can't be done.

Reflexive Verb

A reflexive verb may sometimes replace a passive construction:

Sein Wunsch **erfüllt sich.**
His wish is being fulfilled.
Diese Sache **vergißt sich** schnell.
This matter is (or: *will be*) *quickly forgotten.*

Übungen

A. *Ersetzen Sie das Passiv, indem Sie* **man** *gebrauchen!*

Beispiel: Es ist viel über Politik gesprochen worden.
          Man hat viel über Politik gesprochen.

1. Unsere Außenpolitik wurde lange diskutiert. 2. Die Reise des Präsidenten wurde kritisiert.   3. Die Wahl ist nicht erwähnt worden.

---

1. These sentences may also be expressed as **man**–constructions: **Man konnte** ihn nicht **finden. Man konnte** nichts **machen.**

4. Die Parteien sind sehr gelobt worden.   5. Ihre Leiter sind angegriffen worden.   6. Neue Chefs werden bald gewählt werden.

B. *Ersetzen Sie das Passiv dem Beispiel entsprechend!*

BEISPIEL: Das Buch kann nicht leicht gefunden werden.
Das Buch ist nicht leicht zu finden.

1. Das Buch kann kaum gelesen werden.   2. Die Ideen können nur mit Mühe verstanden werden.   3. Diese Buchhandlung muß unbedingt besucht werden.   4. Diese Verkäuferin muß bewundert werden.   5. Wertvolle Bücher können dort gekauft werden.   6. Artikel können darüber geschrieben werden.

C. *Sagen Sie auf deutsch, indem Sie das Passiv ersetzen!*

1. Only German is spoken in this class.   2. A language is never learned quickly.   3. Most subjects can be learned only with effort. 4. In our class literature is discussed a great deal.   5. Goethe is especially admired.   6. But other writers are also read a lot.   7. This new novel can be recommended to all.   8. The play, unfortunately, cannot be recommended.

WIEDERHOLUNG UND BEMERKUNGEN

1. Present Participle

Forms

The present participle of all German verbs is formed by adding –d to the present infinitive:[1]

singen **singend**   tanzen **tanzend**

Used as Adjective

The present participle may be used as an adjective, with appropriate adjective endings when in attributive position:

---

1. **sein** is the single exception. The present participle (rarely used) is **seiend**.

Singende Kinder sind glückliche Kinder.
Am **folgenden** Tag kam er nicht.
Jedes Hotel hat **fließendes** Wasser.

Used as Adverb

The present participle is sometimes used adverbially:

Das Kind lief **weinend** aus dem Haus.

Used as Noun-Adjective

The present participle may be used as a noun-adjective with appropriate endings:

Viele **Reisende** fahren ins Ausland.
Die **Überlebenden** haben den Unfall beschrieben.

Übung

Sagen Sie auf deutsch!

1. in the following year   2. running children   3. a dancing girl
4. those (people) returning   5. on account of the sleeping child   6. in boiling water (acc.)

2. Past Participle

The past participle frequently functions as an adjective, usually in a passive sense, with the appropriate ending in attributive position:

ein gut **erzogenes** Kind
ein gut **gepflegter** Garten

In predicate position, the past participle is not inflected:

Das Kind ist gut **erzogen.**
Der Garten ist gut **gepflegt.**

The past participle is sometimes used as a noun-adjective with appropriate adjective endings:

Seine **Geliebte** hat ihm geschrieben.
Der **Verstorbene** hatte viele Freunde.

Übung

Antworten Sie dem Beispiel entsprechend!

Beispiel: Was ist ein Kind, das gut erzogen ist?
          Ein gut erzogenes Kind.

Was ist

1. ein Haus, das solid gebaut ist? 2. ein Zimmer, das gut aufgeräumt ist? 3. eine Wohnung, die modern eingerichtet ist? 4. ein Gebäude, das gut erhalten ist? 5. eine Garage, die saubergehalten wird? 6. ein Baum, der neu gepflanzt ist? 7. ein Park, der neu angelegt ist? 8. ein Buch, das viel gelesen wird?

3. Extended-Adjective Construction

The extended-adjective is a typical German construction, especially in scholarly and scientific writing. It consists usually of an adjective or a participle modified (that is, "extended") by a prepositional phrase and sometimes an adverb. In this construction, the article (or its equivalent) is separated from its noun by the extended-adjective or participle. The most common word order is (a) **der**– or **ein**–word, (b) preposition, (c) object of preposition, (d) adverb, (e) adjective or present or past participle, (f) noun. In the examples below, the extended-adjective is bracketed. English normally uses a relative clause in such situations:

(a) Der [(b) **in** (c) **seinen jungen Jahren** (d) **schon** (e) **begabte**] (f) Komponist . . .
The composer who was gifted already in his early years . . .

Eine [**aus vielen Teilen bestehende**] Theorie . . .
A theory which is composed of many parts . . .

Goethe ist ein [**in der ganzen Welt berühmter**] Dichter.
Goethe is a poet famous throughout the world.

Note: The extended adjective rarely occurs in conversation, being normally replaced by a relative clause:
Goethe ist ein Dichter, der **in der ganzen Welt berühmt ist.**

Übung

Übersetzen Sie die folgenden Sätze ins Englische!

1. Er trug einen aus Gold gemachten Ring am Finger. 2. Der durch

die Stadt fließende Fluß war schmutzig. 3. Die in diesem Dorfe wohnenden Menschen sind fast alle alt. 4. Ich weiß, daß sie vor der von ihr morgen durchzumachenden Operation Angst hat. 5. Wir fahren mit dem nächsten, erst in zwei Stunden ankommenden Zug ab.

Schlußübung

Schreiben Sie auf deutsch!

1. I was invited by a friend to spend my vacation at his house. 2. I didn't know that he lived in a house that was built over a hundred years ago. 3. His family must be well-to-do since we were served by three maids. 4. I was picked up at the station; my shoes were shined every evening; I was driven around by a chauffeur. 5. The most delicious meals were served every day. 6. The other guests and I were treated like royalty. 7. This beautiful life was suddenly interrupted by my friend's illness. 8. He was immediately examined by a doctor and taken to a hospital. 9. He was given injections three times a day, and he also had to take other medication. 10. Yesterday I was told that I could visit him. 11. I was accompanied by his brother, who had not been introduced to me before. 12. The patient was depressed at the time we arrived. 13. We wanted to cheer him up, but what could be done? 14. His brother talked about a party to which he had been invited. 15. There was much dancing and singing, and many jokes were told. 16. Serious questions were also discussed, literature, politics, etc. 17. The patient now seemed more cheerful. 18. Just then a well-dressed man entered the room. 19. He was a specialist who seemed satisfied with my friend's condition. 20. My friend will be discharged from the hospital tomorrow.

AUFSATZ

Beschreiben Sie eine Krankheit, an der Sie gelitten haben! Wir möchten wissen:

1. wer die Diagnose gestellt hat!
2. ob ein Spezialist herbeigerufen werden mußte!
3. ob man Sie mit Einspritzungen gequält hat!
4. wodurch Sie geheilt worden sind: Operation, Medikamente, Ruhe!
5. wie lange Sie im Krankenhaus bleiben mußten!
6. wieviel diese Krankheit Sie oder Ihre Eltern gekostet hat.

SIEBZEHNTES KAPITEL

GESPRÄCH*

Dick und Lotte machen Verlobungs- und Reisepläne und haben obendrein fast einen Streit.

DICK: Wissen deine Eltern jetzt, daß du uns nächsten Sommer besuchen willst? Hatten sie etwas dagegen?

LOTTE: Sie taten fast, als hätten sie es erwartet. Wenn sie gar nichts von meinen Plänen gewußt hätten, hätten sie bestimmt anders reagiert.

DICK: Du meinst, du hattest sie langsam darauf vorbereitet?

LOTTE: Ja, ich fand das nötig. Übrigens, wie steht es nun mit einer formellen Verlobung? Was glaubst du?

DICK: Wenn wir uns jetzt hier verlobten, würden meine Eltern uns nie verzeihen. Wenn wir es in Amerika täten, würde es deine Eltern kränken.

LOTTE: Vielleicht hast du recht. Ich habe meinen Eltern einen Vorschlag gemacht, mit dem sie einverstanden sind. Ich soll nächsten Sommer nach Amerika fliegen, deine Familie kennenlernen und Vorlesungen an deiner Universität hören.

DICK: Sollten wir Dieter nicht mitteilen, was wir vorhaben? Schließlich hätten wir uns nicht kennengelernt, wenn er nicht nach Amerika gekommen wäre.

LOTTE: Vielleicht wäre das besser für dich gewesen.

DICK: Du sprichst ja, als ob ich ganz impulsiv gehandelt hätte. Als ob ich mir nicht alles gründlich überlegt hätte!

LOTTE: Bitte ärgere dich nicht! Ich habe es wirklich nur im Spaß gemeint.

Übungen

A. *Beantworten Sie die folgenden Fragen!*

1. Worauf hatte Lotte ihre Eltern vorbereitet?
2. Was sagte Dick über eine formelle Verlobung?
3. Wann soll Lotte nach den Vereinigten Staaten kommen?
4. Wo hatten Dick und Dieter einander kennengelernt?
5. Was sagte Lotte im Spaß?
6. Mit welchen Worten hat Dick ihr geantwortet?

B. *Erklären Sie:*

1. was für Pläne Dick und Lotte machen!
2. wie Lores Eltern reagierten!
3. welchen Vorschlag Lotte ihren Eltern machte!

C. *Sagen Sie auf deutsch, indem Sie den Beispielen folgen:*

(a) Sie taten fast, als hätten sie es erwartet. (*They acted almost as if they had expected it.*)

1. She acted almost as if she had expected it.   2. Did he act as if he had expected it?   3. You acted as if you had known it.

(b) Übrigens, wie steht es nun mit einer formellen Verlobung? (*By the way, how do you feel about a formal engagement at this time?*)

1. By the way, how about our plans at this time?   2. By the way, what is the status of your trip to America?   3. How about the lectures at my university?

(c) Sie sind mit dem Vorschlag einverstanden. (*They are in agreement with the suggestion.*)

1. I'm not in agreement with the suggestion.   2. Why aren't you in agreement with this idea?   3. Nobody agrees with it.

(d) Wir hätten uns nicht kennengelernt, wenn er nicht nach Amerika gekommen wäre. (*We wouldn't have gotten to know one another if he hadn't come to America.*)

1. Would you have gotten to know one another if he had not come to America?   2. I wouldn't have gotten to know her if I hadn't traveled.   3. Why wouldn't you have gotten to know him?

(e) Ich habe es wirklich nur im Spaß gemeint. (*I really only meant it in fun.*)

1. Did you really mean it only in fun?   2. She acted as if she only meant it in fun.   3. I don't think he meant it in fun.

D. *Sagen Sie auf deutsch!*

Dick: Do your parents have anything against your visiting us next summer?
Lotte: No, but I expected them to react differently.
Dick: Had you been preparing them for our plans?
Lotte: Yes, I found it necessary. They wouldn't have forgiven us.
Dick: Do you think we should tell Dieter what we're planning? If he hadn't visited me in America, I wouldn't have gotten to know you.
Lotte: Perhaps you're right.

WIEDERHOLUNG UND BEMERKUNGEN

Forms of the Subjunctive

There are two tenses of the subjunctive in common use, the present and the past. Each has two forms, generally called present subjunctive I and II and past subjunctive I and II.

1. Present Subjunctive I

The present subjunctive I is formed with the infinitive stem of the verb plus subjunctive endings, which are the same for all verbs and tenses except **sein**:

WEAK	STRONG	IRREGULAR	MODAL
ich sage	spreche	gehe	könne
du sagest	sprechest	gehest	könnest
er sage	spreche	gehe	könne
wir sagen	sprechen	gehen	können
ihr saget	sprechet	gehet	könnet
sie sagen	sprechen	gehen	können
Sie sagen	sprechen	gehen	können

AUXILIARY		
ich habe	sei[1]	werde
du habest	seiest	werdest
er habe	sei[1]	werde
wir haben	seien	werden
ihr habet	seiet	werdet
sie haben	seien	werden
Sie haben	seien	werden

Note that for most verbs there are distinctive subjunctive endings only for the 2nd person singular and plural and the 3rd person singular. The other endings are identical with the indicative.

There are no irregularities in the subjunctive; that is, the stem does not change (ich **fahre**, du **fahrest**), and the endings are the same no matter what the stem ends in (ihr **saget**, **werdet**).

2. Present Subjunctive II

The present subjunctive II is formed with the simple-past stem of the verb plus subjunctive endings. If the verb is irregular, the vowels **a, o, u** of the past stem are changed to **ä, ö, ü**:

---

1. Note that the present subjunctive I of **sein** has no endings in the first and third persons singular: **ich sei, er sei.**

WEAK [1]	STRONG	IRREGULAR	MODAL
ich sagte	spräche	ginge	könnte
du sagtest	sprächest	gingest	könntest
er sagte	spräche	ginge	könnte
wir sagten	sprächen	gingen	könnten
ihr sagtet	sprächet	ginget	könntet
sie sagten	sprächen	gingen	könnten
Sie sagten	sprächen	gingen	könnten

AUXILIARY		
ich hätte	wäre	würde
du hättest	wärest	würdest
er hätte	wäre	würde
wir hätten	wären	würden
ihr hättet	wäret	würdet
sie hätten	wären	würden
Sie hätten	wären	würden

Irregular weak verbs (**brennen, kennen, nennen, rennen**) take the stem vowel **e** in the present subjunctive II (instead of **ä**):

er kennte, nennte, rennte; es brennte

Modal auxiliaries in the present subjunctive II take Umlaut if they have Umlaut in the infinitive:

dürfen	ich **dürfte**, etc.
können	**könnte**
mögen	**möchte**
müssen	**müßte**
But: **wollen**	**wollte**
sollen	**sollte**

3. Past Subjunctive I

The past subjunctive I consists of the present subjunctive I of the auxiliary **haben** or **sein** plus past participle:

---

1. The present subjunctive II forms of weak (regular) verbs are identical with those of the indicative.

ich habe gesprochen	ich sei gegangen
du habest gesprochen	du seiest gegangen
er habe gesprochen	er sei gegangen
wir haben gesprochen	wir seien gegangen
ihr habet gesprochen	ihr seiet gegangen
sie haben gesprochen	sie seien gegangen
Sie haben gesprochen	Sie seien gegangen

4. Past Subjunctive II

The past subjunctive II consists of the present subjunctive II of **haben** or **sein** plus past participle:

ich hätte gesprochen	ich wäre gegangen
du hättest gesprochen	du wärest gegangen
er hätte gesprochen	er wäre gegangen
wir hätten gesprochen	wir wären gegangen
ihr hättet gesprochen	ihr wäret gegangen
sie hätten gesprochen	sie wären gegangen
Sie hätten gesprochen	Sie wären gegangen

5. Review the subjunctive forms of the passive in the Appendix.

6. The subjunctive in German occurs chiefly in two situations: contrary-to-fact conditions, in which subjunctive II forms are used, and indirect discourse, in which both subjunctive I and II forms are used.

GRAMMATIK UND ÜBUNG ·

1. Contrary-to-fact Conditions in Present Time

KONVERSATION*

An einem regnerischen Nachmittag besprechen Sie mit einem Freund, was Sie unter gewissen Umständen tun würden. Wie würden Sie Ihr Leben anders gestalten, wenn sich etwas in Ihrer Lage veränderte?

A	**B**
Was würden Sie tun, wenn Sie viel Geld hätten?	Wenn ich viel Geld hätte, würde ich eine Weltreise machen.

Was würden Sie tun,

1. wenn Sie viel Freizeit hätten? (sich gut amüsieren) 2. wenn Sie freie Hand in allem hätten? (verschiedenes anders tun) 3. wenn Sie ein nettes Mädchen fänden? (es heiraten) 4. wenn Sie ein Auto hätten? (Ausflüge machen) 5. wenn man Sie ins Theater einladen sollte? (die Einladung annehmen) 6. wenn Sie alle Examen beständen? (sich sehr freuen) 7. wenn Sie die Ferien hier verbringen müßten? (sich ärgern) 8. wenn Sie in Deutschland studieren könnten? (sich sofort anmelden)

Das Träumen gefällt Ihnen. Was würden Sie tun, wenn jetzt sofort gewisse Änderungen einträten?

A	B
Was würden Sie tun, wenn Sie in die Stadt führen?	**Wenn ich in die Stadt führe, ginge ich ins Kino.**

Was würden Sie tun,

1. wenn man Ihnen 500 Dollar gäbe? (sie auf die Bank bringen) 2. wenn Sie Besuch bekämen? (überrascht sein) 3. wenn das Wetter schön wäre? (ins Freie gehen) 4. wenn Sie eine Wette gewännen? (das Geld ausgeben) 5. wenn Sie einen großen Preis bekämen? (einen Sportwagen kaufen) 6. wenn Sie nur erstklassige Noten erhielten? (sich sehr freuen) 7. wenn man Ihnen eine Europareise anböte? (das Angebot annehmen) 8. wenn man Ihnen ein Geschenk brächte? (es nicht zurückweisen)

Weitere Spekulationen.

A	B
Wenn Sie ein Haus hätten, würden Sie es gut versorgen?	**Hätte ich ein Haus, so würde ich es gut versorgen.**

1. Wenn Sie nicht arbeiten müßten, würden Sie die Zeit gut verwenden? 2. Wenn Sie ins Ausland führen, müßten Sie sich einen Paß besorgen? 3. Wenn Sie mehr arbeiteten, würden Sie bessere Noten bekommen? 4. Wenn man Sie weniger störte, wären Sie weniger nervös? 5. Wenn Sie einen Beruf wählen könnten, würden Sie Mediziner werden? 6. Wenn Sie Geld brauchten, würden Sie sich an Ihre Eltern wenden?

ERKLÄRUNGEN

The present subjunctive II expresses a contrary-to-fact condition in present time. The conclusion is expressed by **würde** plus infinitive.[1] Note the comparable sequence in English:

> Wenn ich Geld **hätte, würde** ich eine Reise **machen.**[2]
> *If I had the money, I would go on a trip.*
> Wenn es wärmer **wäre, würde** ich schwimmen **gehen.**[2]
> *If it were warmer, I would go swimming.*

Formal German may prefer subjunctive II in the conclusion to **würde** plus infinitive, which is the more conversational form:

> Wenn ich Zeit **hätte, läse** ich dieses Buch.
> *If I had the time, I would read this book.*
> Wenn ich reich **ware, gabe** ich meine Stelle auf.
> *If I were rich, I would give up my job.*

Present subjunctive II forms are generally preferred over **würde** plus infinitive with auxiliary and modal verbs:

> Wenn wir keine Sorgen **hätten, wären** wir zufrieden.
> *If we had no worries, we would be contented.*
> Wenn ich in die Stadt **führe, könnte** ich ihn dort treffen.
> *If I drove downtown, I could meet him there.*
> Wenn er nicht **käme, müßte** ich ihn anrufen.
> *If he didn't come, I would have to call him.*

In contrary-to-fact conditions, **wenn** may be omitted. The finite verb must then be first in the clause (see review of word order, Chapter 14). The result clause is commonly introduced by **so** or **dann**:

> **Hätte ich Geld, dann** würde ich eine Reise machen.
> **Wäre es wärmer, so** würde ich schwimmen gehen.

---

1. This form is also called present conditional.
2. As in English, the result clause may precede the if–clause:

> **Ich würde eine Reise machen,** wenn ich Geld hätte.
> **Ich würde schwimmen gehen,** wenn es wärmer wäre.

Übungen

A. *Verbinden Sie die Sätze den Beispielen entsprechend!*

BEISPIELE: Das Buch ist interessant. Ich lese es.
Wenn das Buch interessant wäre, würde ich es lesen.
Wenn das Buch interessant wäre, läse ich es.

1. Es ist möglich. Ich schaffe mir viele Bücher an.   2. Ich kann es. Ich kaufe nur Biographien.   3. Ich habe Geburtstag. Mein Vater schenkt mir einen Roman.   4. Der Roman ist realistisch. Er gefällt mir besser. 5. Sie leihen mir das Buch. Ich bin Ihnen dankbar.   6. Es ist ein interessanter Roman. Jeder kennt ihn schon.   7. Das Buch kostet nicht viel. Sie können es kaufen.   8. Ich finde das Buch langweilig. Ich empfehle es nicht.

B. *Verbinden Sie die folgenden Sätze, ohne* **wenn** *zu gebrauchen!*

BEISPIELE: Er kommt morgen. Ich spreche mit ihm.
Käme er morgen, dann würde ich mit ihm sprechen.
Käme er morgen, dann spräche ich mit ihm.

1. Es ist möglich. Er bleibt mehrere Tage.   2. Er besucht seine Freunde. Sie freuen sich.   3. Er sieht vergnügt aus. Es gefällt ihm hier. 4. Wir fahren ihn in die Stadt. Er ist begeistert davon.   5. Wir haben viel Zeit. Wir können ihm mehr zeigen.   6. Er hat wenig Geduld. Unsere Unterhaltungen sind kurz.   7. Er hat Heimweh. Er geht bestimmt nach Hause.

C. *Sagen Sie auf deutsch!*
1. If we could afford it, we would work less.   2. If my friend had a good job, he would get married.   3. If I had the money, I would buy a new car.   4. I would drive my brother to school if I had a car. 5. He would be grateful if I drove him.   6. If my parents knew this, they would be happy.   7. I would help them if I could.

2. Contrary-to-fact Conditions in Past Time

KONVERSATION*

Sie spekulieren jetzt über die Vergangenheit. Was wäre geschehen, wenn verschiedenes anders gewesen wäre?

A	**B**
Was wäre passiert, wenn Sie nicht fleißig studiert hätten?	**Wenn ich nicht fleißig studiert hätte, hätte ich die Examen nicht bestanden.**

Was wäre passiert,

1. wenn Sie die Examen nicht bestanden hätten? (sich schämen)
2. wenn Sie Ihr Studium hätten aufgeben müssen? (sich eine Stelle suchen) 3. wenn Sie kein Geld zum Studium gehabt hätten? (sich Geld leihen) 4. wenn Ihre Eltern Ihnen nicht geholfen hätten? (sonstwo Hilfe suchen) 5. wenn Sie erst spät einen Beruf gewählt hätten? (viel Zeit verlieren) 6. wenn Sie keinen Anschluß gefunden hätten? (unzufrieden sein) 7. wenn man Ihnen schlechten Rat gegeben hätte? (viele Fehler machen) 8. wenn Sie nicht die richtige Kleidung gehabt hätten? (neue kaufen müssen)

A	**B**
Hätten Sie mehr geleistet, wenn Sie fleißiger gearbeitet hätten?	**Hätte ich fleißiger gearbeitet, dann hätte ich mehr geleistet.**

1. Hätten Sie mehr gelernt, wenn Sie nie geschwänzt hätten?
2. Hätten Sie besser abgeschnitten, wenn Sie nicht krank geworden wären? 3. Hätten Sie sich schneller erholt, wenn Sie sich in acht genommen hätten? 4. Wären Sie länger zu Hause geblieben, wenn Sie keine Arbeit gehabt hätten? 5. Hätten Sie um Hilfe gebeten, wenn es nötig gewesen wäre? 6. Wären Sie zum Dekan gegangen, wenn er Ihnen hätte helfen können?

ERKLÄRUNGEN

The past subjunctive II expresses a contrary-to-fact condition in past time. In the result clause, the past subjunctive II is generally preferred to the more cumbersome **würde** plus perfect infinitive.[1] The conjunction **wenn** may be omitted:

---

1. The form **würde** plus perfect infinitive (**ich würde gegessen haben**) is also called perfect conditional.

Wenn ich Geld **gehabt hätte, hätte** ich die Reise **gemacht.**
If I had had the money, I would have made the trip.
Wir **wären** schwimmen **gegangen,** wenn es wärmer **gewesen wäre.**
We would have gone swimming if it had been warmer.

Hätte ich Geld gehabt, dann hätte ich die Reise gemacht.
Wäre es wärmer gewesen, dann wären wir schwimmen gegangen.

Übungen

A. *Verbinden die Sätze den Beispielen entsprechend!*

> Beispiele: Ich habe ihn getroffen. Ich habe ihm alles erzählt.
> Wenn ich ihn getroffen hätte, hätte ich ihm alles erzählt.
> Hätte ich ihn getroffen, dann hätte ich ihm alles erzählt.

1. Ich habe es gewußt. Ich habe es ihm gesagt. 2. Jemand hat es erwähnt. Ich habe es in Betracht gezogen. 3. Es ist genau so passiert. Ich habe es nicht bezweifelt. 4. Es hat in der Zeitung gestanden. Ich habe es geglaubt. 5. Sie haben die Geschichte gelesen. Sie hat einen Eindruck gemacht. 6. Die Leute haben nicht geraucht. Sie sind nicht krank geworden. 7. Sie haben sich mit dem Essen in acht genommen. Sie haben sich wohl gefühlt. 8. Die Ärzte haben es bewiesen. Es ist so gewesen.

B. *Sagen Sie auf deutsch!*

1. If I had not seen it, I would not have believed it. 2. If he had not done it, I would have been disappointed. 3. I would have trusted him if he had not lied to me before. 4. I would have driven the whole distance alone if it had been necessary. 5. I would have been afraid if he had not come along. 6. It would have been better if we had spoken to him.

3. Unfulfilled Wishes

KONVERSATION*

Sie wünschen, daß vieles anders wäre!

A	**B**
Ist Ihr Wagen in Ordnung?	Ja, wenn er nur in Ordnung wäre!
	Ja, wäre er nur in Ordnung!

1. Ist er neu? 2. Sind Sie zufrieden damit? 3. Können Sie ihn jeden Tag benutzen? 4. Können Sie sich auf ihn verlassen? 5. Ist das Hotel in der Nähe? 6. Dürfen Sie schnell auf dieser Strecke fahren? 7. Kommen Sie vor Mitternacht an? 8. Ist die Bedienung gut?

Sie wünschen, vieles wäre anders gewesen.

A	B
Sind Sie lange im Hotel geblieben?	**Ja, wenn ich nur lange geblieben wäre!**
	Ja, wäre ich nur lange geblieben!

1. Haben Sie Ihren Wagen verkauft? 2. Haben Sie ein besseres Auto gefunden? 3. Sind Sie die kürzere Strecke gefahren? 4. Haben Sie sich die Karte angeschaut? 5. Haben Sie ein Zimmer vorausbestellt? 6. Haben Sie das Hotel vor Mitternacht erreicht? 7. Hat man ein Zimmer für Sie bereit gehalten? 8. Haben Sie gut geschlafen?

ERKLÄRUNGEN

An unfulfilled wish is expressed by a **wenn**–clause with present subjunctive II:

IN PRESENT TIME

Wenn ich nur Geld hätte!
Hätte ich nur Geld!
If only I had money!

Wenn ich nur reich wäre!
Wäre ich nur reich!
If only I were rich!

IN PAST TIME

Wenn ich nur den Mann gesehen hätte!
Hätte ich nur den Mann gesehen!
If only I had seen the man!

Wenn ich nur zu Hause gewesen wäre!
Wäre ich nur zu Hause gewesen!
If only I had been at home!

Übungen

A. *Ändern Sie die Sätze den Beispielen entsprechend!*

BEISPIELE: Er ist gesund.
Wenn er nur gesund wäre!
Wäre er nur gesund!

1. Es ist in Ordnung. 2. Es geht ihr wieder besser. 3. Wir haben keine Sorgen. 4. Sie hat keine Geduld. 5. Ich bin zufrieden. 6. Sie können Ihre Rechnung bezahlen. 7. Ich kann mir einen Wagen leisten. 8. Ich habe genug auf der Bank.

B. *Ändern Sie die Sätze den Beispielen entsprechend!*

BEISPIELE: Er hat es mir gesagt.
Wenn er es mir nur gesagt hätte!
Hätte er es mir nur gesagt!

1. Er hat die Geschichte klar verstanden. 2. Das Buch ist nicht interessant gewesen. 3. Er hat die Prüfungen bestanden. 4. Er hat gut abgeschnitten. 5. Seine Eltern sind zufrieden gewesen. 6. Sie haben ihn gelobt. 7. Er hat sich dankbar gezeigt. 8. Wir haben uns nicht über ihn geärgert.

C. *Sagen Sie auf deutsch!*

1. If only he had written the letter! 2. If I had only read it! 3. If only his parents were not so excited! 4. If only they had been calmer last night! 5. If only we knew what the future would bring! 6. If we had only known this yesterday!

4. Subjunctive after *als (ob)*

KONVERSATION*

Sie sprechen von einem Bekannten, dem Sie nicht völlig trauen.

A	B
Ist er müde?	Er tut, als ob er müde wäre.
Hat er sich geärgert?	Er sah aus, als ob er sich geärgert hätte.

1. Ist er böse? (aussehen)   2. War er zornig? (tun)   3. Geht es ihm gut? (sich kleiden)   4. Hat er zugenommen? (aussehen)   5. Wollte er einen guten Eindruck machen? (sich benehmen)

Beantworten Sie dieselben Fragen ohne **ob**!

A	**B**
Ist er müde?	Er tut, als wäre er müde.
Hat er sich geärgert?	Er sah aus, als hätte er sich geärgert.

ERKLÄRUNGEN

Clauses introduced by **als ob** (*as if, as though*) require present subjunctive II for present time, past subjunctive II for past time.[1] Note that **ob** may be omitted, with the finite verb directly following **als**:

> Er tut, **als ob er** müde wäre.
> Er tut, **als wäre er** müde.

> Er sah aus, **als ob er** krank gewesen wäre.
> Er sah aus, **als wäre er** krank gewesen.

Übungen

A. *Verbinden Sie die folgenden Sätze mit **als ob** und **als**, den Beispielen entsprechend!*

BEISPIELE: Er spricht. Er weiß alles.
　　　　　Er spricht, als ob er alles wüßte.
　　　　　Er spricht, als wüßte er alles.

1. Er sieht aus. Er ärgert sich.   2. Wir tun. Wir sind hungrig.   3. Wir tun. Wir sind zornig.   4. Er sieht aus. Es liegt ihm nichts daran. 5. Sie weint. Sie kann ihn rühren.   6. Er sitzt da. Er hat kein Interesse.

B. *Verbinden Sie die Sätze mit **als ob** und **als**!*

BEISPIELE: Er tat. Er hat alles gemerkt.
　　　　　Er tat, als ob er alles gemerkt hätte.
　　　　　Er tat, als hätte er alles gemerkt.

---

1. Subjunctive I may also be used following **als** or **als ob**, although it is not as common as subjunctive II.

1. Er sah aus. Er hat mich erkannt.   2. Es war mir. Ich bin ihm schon einmal begegnet.   3. Er lächelte. Es ist gar nichts passiert.   4. Wir taten. Wir sind einverstanden gewesen.   5. Es kam mir vor. Er hat alles verstanden.   6. Er machte seine Arbeit weiter. Wir sind nicht gekommen.

C. *Sagen Sie auf deutsch!*
1. He acted as though he were sick.   2. He was dressed as though he were very poor.   3. He looked nervous, as though he had not slept for a few days.   4. I talked to him as though I wanted to help him. 5. He smiled as though he were grateful.   6. I acted as though I believed him.

Schlußübung

Sagen Sie zuerst und schreiben Sie dann die folgenden Sätze auf deutsch!

1. Have you sometimes wondered what you would do if you were younger?   2. No, but I have often wondered what I would do if I were older and richer.   3. I know what I would do if I had more money. 4. I love to travel, and I would surely travel a great deal.   5. If only I had enough money in the bank!   6. If only I had saved some money as my parents had wanted.   7. If I had known then what I know now, I would have been more diligent and ambitious.   8. I would live my life very differently if I had the opportunity.   9. Would you also help others if you could?   10. I'd help all my friends.   11. I'd even lend them money.   12. I don't think that would be a good idea.   13. If only I didn't have so many friends!

AUFSATZ

Wie hätten Sie Ihre Sommerferien anders verbracht, wenn Sie bessere Noten erhalten hätten? Schreiben Sie:

1. was für Noten Sie bekommen haben!
2. warum Sie nicht fleißiger gelernt haben!
3. warum Sie bedauern, daß Sie sich nicht mehr angestrengt haben!
4. wohin Sie nächsten Sommer reisen möchten!
5. was Sie gerne sehen wollen!
6. wen Sie mitnehmen möchten!

ACHTZEHNTES KAPITEL

GESPRÄCH*

Lotte, Dick und Dieter sind am Flughafen. Dicks Flugzeug fliegt in wenigen Minuten ab.

DICK: Wer hätte je geglaubt, daß diese Wochen so schnell vorbeigingen! Mir kommt es vor, als wäre ich erst angekommen.

DIETER: Ja, die angenehmen Stunden vergehen schneller als die anderen. Übrigens, wo ist Ernst? Er sagte doch gestern abend, er wollte mit zum Flughafen.

DICK: Vielleicht ist etwas vorgefallen?

LOTTE: Beinahe hätte ich es vergessen. Er rief mich schon in aller Frühe an und sagte, ich solle sein Bedauern ausdrücken, aber er müsse zu Hause bleiben.

DICK: Wieso denn? Fühlt er sich nicht wohl?

LOTTE: Doch. Aber seiner Mutter ginge es gar nicht gut. Er sagte, sie müßte ganz plötzlich ins Krankenhaus gebracht werden. Er hätte sich gern telefonisch bei dir verabschiedet, aber du hast ja kein Telefon.

DICK: Rufe ihn bitte später an! Sag ihm, wie leid es mir tut, daß seine Mutter nicht in Ordnung ist.

LOTTE: Kann ich ihm noch etwas ausrichten?

DICK: Sag ihm auch, er hat einen glänzenden Humor, der einen in gute Stimmung versetzen kann. Dieter, wo gehst du denn hin?

DIETER: Ich muß mir noch schnell eine Zeitung kaufen. Falls man dich ruft, bevor ich zurück bin, wünsche ich dir jetzt schon eine gute Reise und baldiges Wiedersehen.

LOTTE: Er will uns allein lassen. Er fragte mich gestern, ob es uns nicht lieber wäre, wenn er nicht mitkäme. Er meinte, er wollte uns auch nicht unter ähnlichen Umständen um sich haben.

DICK: Ach, hier wird schon mein Flug angesagt. Auf Wiedersehen, Lotte.

LOTTE: Leb wohl, Dick! Schreib oft, denk viel an uns und telegrafiere, sobald du ankommst!

Übungen

A. *Beantworten Sie die folgenden Fragen!*

1. Wann soll Dicks Flugzeug abfliegen?
2. Wie kommt es Dick vor?
3. Wen rief Ernst an und was sagte er?
4. Warum konnte Ernst sich nicht telefonisch von Dick verabschieden?
5. Was für einen Humor hat Ernst?
6. Weshalb wünscht Dieter seinem Freund plötzlich eine gute Reise und ein baldiges Wiedersehen?
7. Was soll Dick tun, wenn er wieder zu Hause ist?

B. *Erklären Sie:*

1. warum die Freunde am Flughafen sind!
2. was Lotte über Ernst zu berichten hat!
3. wohin Dieter plötzlich geht und warum!

C. *Sagen Sie auf deutsch, indem Sie den Beispielen folgen:*

(a) Wer hätte es je geglaubt! (*Who would ever have believed it!*)

1. I would never have believed it.   2. Who would ever have tried it?   3. We wouldn't have done it.

(b) Er sagte, er wollte mit zum Flughafen. (*He said he wanted to come along to the airport.*)

1. When did he say he wanted to come along?   2. We said we didn't want to come along.   3. He said he had to come along.

(c) Vielleicht ist etwas vorgefallen? (*Did something perhaps happen?*)

1. Nothing happened.   2. What would have happened?   3. Act as if nothing had happened.

(d) Wie fühlt er sich? Ihm ist nicht wohl. (*How does he feel? He's not well.*)

1. How do you feel? I'm not well.   2. Don't you feel well?   3. I feel well, but my mother is not well.

(e) Kann ich ihm noch etwas ausrichten? (*Can I give him another message?*)

1. Please give him another message.   2. What message am I supposed to give him?   3. I can't give him that message.

(f) Es wäre mir lieber, wenn er nicht mitkäme. (*I would prefer that he not come along.*)

1. Would you prefer that he not come along?   2. We would prefer that they not go.   3. Wouldn't he prefer that she not be there?

D. *Sagen Sie auf deutsch!*

Lotte: Ernst called me this morning and said he was sorry that he couldn't come along. He also said his mother was ill. I think she had to be taken to the hospital.

Dick: Would you call him later and deliver a message?

Lotte: Gladly.

Dick: Please tell him I will write often. But where is Dieter?

Lotte: He wanted to leave us alone. He thought we wouldn't want him around.

Dick: Tell him I hope to see him again soon.

Lotte: Your flight is being announced. Good-by, Dick.

Dick: Good-by, Lotte. I'll wire you as soon as I arrive.

GRAMMATIK UND ÜBUNG

1. Indirect Discourse: Present Time

KONVERSATION*

Heute ist Ihr letzter Tag als Student. Sie denken über die vier Jahre nach, die Sie hier verbracht haben. Sie erinnern sich besonders an eine Unterhaltung mit Ihrem Vater kurz vor Anfang Ihres Studiums.

A	B
Was sagte Ihr Vater?	**Mein Vater sagte, er wollte mit mir sprechen.**
	(oder) Mein Vater sagte, er wolle mit mir sprechen.

Was sagte Ihr Vater?

1. „Ich gebe dir einen guten Rat." 2. „Das Studium ist heute sehr wichtig." 3. „Jedermann muß Fachkenntnisse besitzen." 4. „Man darf keine Gelegenheit verpassen." 5. „Du sollst fleißig lernen." 6. „Das Studium kommt zuerst." 7. „Das Vergnügen ist weniger wichtig." 8. „Ich bin leider kein reicher Mann." 9. „Ich kann dir nicht viel mitgeben." 10. „Du mußt recht sparsam sein." 11. „Ich bitte dich noch um eines." 12. „Du sollst uns jede Woche schreiben."

ERKLÄRUNGEN

The subjunctive is used in indirect discourse, that is, when someone's statement is merely reported, rather than quoted directly. Indirect discourse is commonly introduced by (1) verbs of reporting (for example, **sagen, fragen, behaupten, erklären, schreiben**) or (2) verbs stating an opinion (for example, **denken, glauben, meinen, behaupten**).

The present subjunctive II (or I) is used in indirect discourse when the direct statement (or question) was or would have been in the present tense. In general, subjunctive II is preferred in conversation and informal writing, although there are regional and stylistic variations. Where subjunctive I forms are identical with indicative forms, subjunctive II must be employed to avoid ambiguity:

DIRECT:	Er sagte: „Wir **sind** nicht reich."	
INDIRECT:	Er sagte, sie **wären** nicht reich.	(Subjunctive II)
	Er sagte, sie **seien** nicht reich.	(Subjunctive I)

DIRECT:	Sie sagten: „Wir **haben** große Hoffnung."	
INDIRECT:	Sie sagten, sie **hätten** große Hoffnung.	(Subjunctive II)
BUT NOT:	Sie sagten, sie haben große Hoffnung.	(Subjunctive I)

Note: Unlike English, the tense of the introductory verb has no bearing on the tense of the verb in indirect discourse:

Er **sagt,** er **wäre** nicht reich.
He says he isn't rich.
Er **sagte,** er **wäre** nicht reich.
He said he wasn't rich.
Er **wird sagen,** er **wäre** nicht reich.[1]
He will say he isn't rich.

Übungen

A. *Ersetzen Sie die direkte Rede durch die indirekte Rede!*

BEISPIELE: Er sagte: „Ich bin sehr enttäuscht."
Er sagte, er wäre sehr enttäuscht.
Er sagte, er sei sehr enttäuscht.

1. Er sagte: „Deine Noten sind sehr schlecht." 2. Er meinte: „Es gibt nur eine Möglichkeit." 3. Er behauptete: „Du nimmst die Arbeit nicht ernst." 4. Meine Mutter meinte: „Dein Vater übertreibt wohl." 5. Er antwortete: „Ich habe hundertprozentig recht." 6. Er sagte: „Ich lasse dich ungern auf die Universität zurück." 7. Er sagte auch: „Ich gebe dir viel weniger Geld mit." 8. Die Mutter sagte: „Das Auto muß hier bleiben." 9. Ich dachte: „Das ist ein schwerer Verlust." 10. Ich versprach ihnen: „Ich werde nächstes Semester fleißig studieren."

---

1. A subjunctive form of **werden** is used to express the future in indirect discourse:
   DIRECT: Er sagte: „Ich **werde** morgen **kommen.**"
   INDIRECT: Er sagte, er **würde (werde) morgen kommen.**
   Note: Some speakers favor a subjunctive II form in place of the **würde** form: Er sagte, er **käme** morgen.

B. *Setzen Sie die folgenden Sätze in die indirekte Rede, indem Sie sie mit Er dachte einführen!*

BEISPIEL: Sie haben viel Glück.
              Er dachte, sie hätten viel Glück.

1. Ich habe viel freie Zeit.   2. Ich bin wohlhabend.   3. Ich soll eine Weltreise machen.   4. Ich kann mehrere Monate fortbleiben. 5. Meine Eltern können stolz auf mich sein.   6. Meine Noten sind ausgezeichnet.   7. Mein Benehmen ist vorbildlich.

C. *Sagen Sie auf deutsch!*

1. He said that he would come.   2. I answered that this would please me.   3. He said he was arriving at one o'clock.   4. I thought that I could pick him up.   5. My brother told me that this train was often late.   6. I said that I would be at the station on time.

2. Indirect Discourse with *daß*-Clause

KONVERSATION*

Während seiner letzten Vorlesung hat Ihr Professor einige persönliche Bemerkungen gemacht.

A	B
Was sagte der Professor?	**Er sagte, daß das Leben viel Schönes bieten könnte.** (oder) **Er sagte, daß das Leben viel Schönes bieten könne.**

Was sagte der Professor?

1. „Man muß das Schöne erkennen."   2. „Ich werde Sie alle vermissen."   3. „Sie sind eine fleißige Gruppe."   4. „Sie haben nichts zu befürchten."   5. „Es gibt viele Gelegenheiten für die moderne Jugend."   6. „Ich bin überzeugt, Sie werden Großes leisten." 7. „Heute ist die letzte Vorlesung."

ERKLÄRUNG

Indirect discourse may also be expressed in a **daß**-clause, with dependent word order:

> Er sagte, **daß dies** sein Buch **wäre.**
> Er sagte, **daß er** viel Vergnügen **hätte.**
> Er schrieb, **daß er** ihn nicht abholen **könnte.**

Übung

Ändern Sie die folgenden Sätze, indem Sie den Nebensatz mit **daß** beginnen!

BEISPIEL: Er sagte, er könnte die Vorlesung nicht verstehen.
Er sagte, daß er die Vorlesung nicht verstehen könnte.

1. Er behauptete, das Fach wäre sehr schwer. 2. Er klagte, man verlange zu viel von ihm. 3. Er berichtete, der Professor sei in schlechter Stimmung. 4. Sie behauptete, sie müsse während des Examens rauchen. 5. Er erklärte, das Rauchen sei absolut verboten. 6. Sie meinte, das wäre eine dumme Vorschrift.

3. Indirect Discourse: Past Time

KONVERSATION

Kurz nach dem Unterricht haben Sie sich von einem Freunde verabschiedet. Er hat einige interessante Ansichten ausgedrückt.

A	B
Was meinte der Student?	**Er meinte, er hätte viel gelernt.** (oder) **Er meinte, er habe viel gelernt.**[1]

Was meinte der Student?

1. „Die vier Jahre waren höchst interessant." 2. „Wir haben viel studieren müssen." 3. „Wir haben uns auch manchmal amüsiert."

---

1. Remember that subjunctive I forms are replaced by subjunctive II forms when the former are identical with the indicative.

4. „Ich habe die Vorlesungen regelmäßig besucht." 5. „Mein Philosophieprofessor hat mich sehr beeinflußt." 6. „Es hat auch langweilige Stunden gegeben."

Sie haben soeben einen Brief von Ihrem Vater erhalten. Er soll Sie mit dem Gepäck abholen.

A	**B**
Was schrieb Ihr Vater?	**Mein Vater schrieb, daß er mich mehrere Male angerufen hätte.**

Was schrieb Ihr Vater?

1. „Ich habe dich leider nicht angetroffen." 2. „Du bist jedes Mal weg gewesen." 3. „Ich habe dich sonst immer abgeholt." 4. „Vorige Woche hat der Chef mit mir telefoniert." 5. „Ich bin danach geschäftlich verreist." 6. „Die Reise hat länger gedauert als sonst." 7. „Sie hat mich sehr ermüdet."

ERKLÄRUNGEN

The past subjunctive II (or I) is used in indirect discourse if the direct statement was or would have been in a past tense:

DIRECT: Er sagte: „Ich **habe** sie oft **gesprochen.**"
INDIRECT: Er sagte, er **hätte** sie oft **gesprochen.**

DIRECT: Sie schrieb: „Ich **bin** schon zu lange **geblieben.**"
INDIRECT: Sie schrieb, sie **wäre** schon zu lange **geblieben.**

Übungen

A. *Ersetzen Sie die direkte Rede durch die indirekte Rede!*

BEISPIELE: Sie schrieb: „Es hat mir sehr gut gefallen."
Sie schrieb, es hätte ihr sehr gut gefallen.

1. Er sagte: „Ich habe mich über ihren Brief gefreut." 2. Er meinte: „Sie hat sich großartig amüsiert." 3. Sie berichtete: „Ich habe einen bekannten Künstler kennengelernt." 4. Sie schrieb: „Er hat einen großen Eindruck auf mich gemacht." 5. Sie schrieb weiter: „Ich habe

eins seiner Gemälde gekauft." 6. Sie gab zu: „Es hat sehr viel gekostet." 7. Sie versicherte dem Vater: „Ich habe nicht viel Geld ausgegeben." 8. Sie schrieb: „Ich bin sehr sparsam gewesen."

B. *Sagen Sie auf deutsch!*

1. He said that he had already received her letter. 2. She reported that she had spent very little money. 3. He thought that the picture had cost a lot. 4. She assured him that she had been very economical. 5. He answered that he had been angry, but that he was angry no longer. 6. She wrote back that his letter had made her very happy.

4. Indirect Questions and Commands

KONVERSATION*

Ein Student fragt einen Freund über seine zukünftigen Pläne.

A	B
Was fragte der Student?	**Der Student fragte, ob er schon eine Stelle hätte.**

Was fragte der Student?

1. „Holt man dich ab?" 2. „Darf ich mitfahren?" 3. „Wann wirst du dir eine neue Stelle suchen?" 4. „Ist es leicht, eine gute Stellung zu finden?" 5. „Wo muß man sich dafür anmelden?" 6. „Hilft es, Stellenangebote zu beantworten?" 7. „Welche Zeitung ist für diesen Zweck am besten?" 8. „Was hältst du von einem Stellenvermittlungsbüro?"

Der Student freut sich so auf seine Heimkehr, daß es seinem Freunde auffällt.

A	B
Was fragte der Freund?	**Der Freund fragte, wann er die Eltern zuletzt gesehen hätte.**

Was fragte der Freund?

1. „Seit wann hast du deine Freundin nicht gesprochen?" 2. „Warum hast du sie nicht öfter besucht?" 3. „Wie oft ist sie zu dir gekommen?" 4. „Wo hat sie ihr Studium abgelegt?" 5. „Warum hat es

ihr dort nicht gut gefallen?" 6. „Wie oft habt ihr euch insgesamt getroffen?" 7. „Wann habt ihr euch verlobt?"

ERKLÄRUNGEN

Indirect questions are frequently put in the subjunctive, especially when doubt or uncertainty is implied. Subjunctive II (or I) is used:

PRESENT TIME

DIRECT: Ich fragte ihn: „Kommst du mit?"
INDIRECT: Ich fragte ihn, ob er mitkäme.
Ich fragte ihn, ob er mitkomme.

PAST TIME

DIRECT: Ich fragte ihn: „Wer hat das gesagt?"
INDIRECT: Ich fragte ihn, wer das gesagt hätte.
Ich fragte ihn, wer das gesagt habe.

To express a command indirectly, German uses the modal auxiliary **sollen** in the present subjunctive II (or I) plus the infinitive of the verb. This is normally equivalent to an English construction with *should, ought to, is to*:

DIRECT: Er sagte: „Schreibe oft!"
INDIRECT: Er sagte, er sollte oft schreiben.
Er sagte, er solle oft schreiben.

Übungen

A. *Ersetzen Sie die direkten Fragen durch indirekte Fragen!*

BEISPIELE: Er hat mich gefragt: „Bleiben Sie lange?"
Er hat mich gefragt, ob ich lange bliebe.

Er hat mich gefragt:

1. „Sind Sie zum ersten Mal hier?" 2. „Haben Sie Ihren Paß bei sich?" 3. „Lassen Sie ihn erneuern?" 4. „Warum haben Sie kein Visum?" 5. „Wieviel Geld haben Sie bei sich?" 6. „Kennen Sie jemand in Deutschland?"

B. *Folgen Sie den Beispielen!*

> BEISPIELE: Er hat mich gefragt: „Sind Sie vor Gericht gewesen?"
> Er hat mich gefragt, ob ich vor Gericht gewesen wäre.

Er hat mich gefragt:

1. „Hat der Richter viele Fragen an Sie gestellt?" 2. „Haben Sie alle Fragen klar beantwortet?" 3. „Hat der Staatsanwalt Sie in Verlegenheit gebracht?" 4. „Hat der Verteidiger Ihnen geholfen?" 5. „Hat die Angelegenheit Sie gestört?" 6. „Sind Sie der einzige Zeuge gewesen?"

C. *Ersetzen Sie den direkten Imperativ durch einen indirekten!*

> BEISPIELE: Er sagte: „Freuen Sie sich über das Telegramm!"
> Er sagte, ich sollte mich über das Telegramm freuen.

1. Mein Bruder sagte: „Antworte ihm sofort!" 2. Meine Schwester sagte: „Warte ein paar Tage!" 3. Der Vater betonte: „Überlege dir die Sache genau!" 4. Er wiederholte: „Denke darüber nach!" 5. Die Mutter sagte: „Folge seinem Rat!" 6. Meine Freundin hat einfach gesagt: „Sprich nicht davon!"

5. Indicative in Indirect Discourse

In everyday speech the indicative is becoming more frequent in indirect discourse. The indicative is normally used in indirect discourse:

(a) when the subject of the main clause is in the first person:

> Ich habe ihm gesagt, daß ich ihm nicht mehr trauen **kann**.
> Ich habe meinen Eltern geschrieben, daß du mit mir **fährst**.

(b) when reporting facts:

> Er sagt, daß er 1915 geboren **ist**.
> Sie haben mir geschrieben, daß er einen Unfall **gehabt hatte**.

In indirect discourse expressed in the indicative, **daß**-clauses are usually preferred when the verb of the main clause is in the present tense:

> Er sagt, daß sie morgen **kommt**.

Übung

Beantworten Sie die Fragen dem Beispiel entsprechend!

BEISPIEL: Wieviel Uhr ist es? (vier Uhr)
Er sagt, daß es vier Uhr ist.

1. Wann fährt er ab? (um halb sieben)   2. Um wieviel Uhr kommt er
an? (um zehn)   3. Wo spricht er den Kollegen? (im Büro)   4. Was ist
er von Beruf? (Reisender)   5. Wohin reist er morgen? (nach Belgien)
6. Wie lange bleibt er dort? (acht Tage)

6. Other Uses of the Subjunctive

Idiomatic Expressions of Politeness (Subjunctive II)

Dürfte ich Sie um eine Zigarette **bitten?**
Might I ask you for a cigarette?
Ich möchte noch einen Teller Suppe.
I'd like another bowl of soup.
Hätten Sie vielleicht einen Moment Zeit für mich?
Would you have a minute for me?
Würden Sie bitte so gut sein und mir den Teller reichen?
Would you be good enough to pass me the plate?
Könnten Sie mir **vielleicht** diese Auskunft geben?
Could you perhaps give me this information?

Expressions of Possibility and Obligation (Subjunctive II)

Das könnte wirklich so **sein.**
It might really be like that.
Das dürfte wahr **sein.**
That might be true.
Du hättest sie besuchen **sollen.**
You should have visited her.
Das hätte so geschehen **können.**
It could have happened like that.

Wishes (Subjunctive I)

Es lebe der König!
Long live the King!
Das gebe Gott!
God grant that!

Third Person Singular Commands (Subjunctive I)

Er bleibe einfach hier!
Just let him stay here!
Man frage ihn nicht so viel!
They shouldn't ask him so much.
Man nehme zwei Tropfen.
Take two drops.

First Person Plural Commands (Subjunctive I)

Essen wir jetzt!
Let's eat now!

Übungen

A. *Bilden Sie höfliche Fragen!*

1. Bitten Sie höflich um ein Stück Kuchen! 2. Bitten Sie höflichst um ein Glas Milch! 3. Bitten Sie höflichst um eine Schachtel Zigaretten! 4. Fragen Sie, ob jemand Ihnen behilflich sein könnte! 5. Fragen Sie Ihre Freundin, ob sie mit Ihnen ins Kino gehen möchte! 6. Fragen Sie sie, ob sie Ihnen morgen Gesellschaft leisten würde!

B. *Sagen Sie auf deutsch!*

1. This might be so. 2. It might be true. 3. He could have seen this. 4. He might have done it. 5. Long live the Republic! 6. May God punish our enemies! 7. Let us talk about something else. 8. Let's go to the movies. 9. She should have gone yesterday.

Schlußübung

Sagen Sie zuerst und schreiben Sie dann auf deutsch!

1. My father told me that he would pick up my luggage. 2. I answered that it really wasn't necessary. 3. I explained that it wasn't too heavy and that I could carry it. 4. My mother wrote that I should buy a present for my sister. 5. She reminded me that it was her birthday and that last year I had forgotten it. 6. She said I should buy her a handbag. 7. She thought I could get an inexpensive one in my section of town. 8. I answered that all the stores there were very expensive. 9. Then I thought that I had enough money and that I

could really get her a nice handbag.   10. The storekeeper asked me whether I liked the one he was showing me.   11. I answered that I liked it, but that the price was too high.   12. He said I could have it for less.   13. "Would you want another bag?" he asked.   14. "Could I show you one for your mother?"   15. I thanked him because he had been nice.   16. I said that I could not afford another.

AUFSATZ

Wie jeder andere haben Sie doch wenigstens einmal einen Brief von Ihren Eltern bekommen, in dem sie Sie kritisierten. Berichten Sie:

1. wer den Brief geschrieben hat!
2. wann der Brief geschrieben wurde!
3. was die Eltern schrieben; nämlich (a) worüber sie sich geärgert haben, (b) was sie von Ihnen erwartet haben!
4. ob sie Ihrer Meinung nach recht hatten!
5. wie Sie auf den Brief reagiert haben!

HANS BENDER

Mit dem Postschiff

Die Aegilium, das neue, weiße Postschiff, das sechzehn Uhr dreißig von Porto San Stefano abfuhr, näherte sich zur Dämmerung der Insel. Eine Wolke rauchte aus dem Bergkegel;[1] unten, wo der Hafen lag, warfen zwei Leuchtfeuer ihre Lichttaue[2] ins Wasser, den auf- und niedersteigenden Bug zu fassen.

Die Bank, auf der sie saß, hob und senkte sich mit. Der Italiener und die zwei Kinder—drei-, vierjährige Mädchen—, die in seinen Armbeugen lehnten, hoben und senkten sich mit; und vorn, an der Reling, der Priester und die Seminaristen—die gestikulierten, redeten und nach jedem Satzende einen Grund fanden zu lachen—hoben und senkten sich mit.

Als ihr Streichholz verlöscht war, hielt der Italiener sein Feuerzeug herüber, eine ruhige, senkrechte Flamme, die seine gekrümmten Hände vor dem Seewind schützten. Die schwarzen Pupillen der Mädchen sahen herauf; seine Augen sahen herab—in ihren Halsausschnitt. Sie setzte sich aufrecht. Sie dankte.

Später, als die Mädchen wegsahen, geradeaus, den Blinklichtern entgegen und den Fenstern der Häuser, die sich näherten und vermehrten, fragte er, warum sie auf die Insel fahre.

Sie wolle sich erholen, sagte sie. Im Albergo La Pergola werde sie erwartet. So konnten von vornherein keine Zweifel aufkommen.[3] Er sagte, es sei ein gutes Albergo. Das Essen sei gut, die Betten auch—man könne das Albergo La Pergola schon sehen. Dort! Rechts über der Mole das langgestreckte Gebäude mit den Lampen über der Terrasse! Aber jetzt seien nicht mehr viel Fremde da; ein englisches Paar, ein Franzose und ein Deutscher oder ein Holländer, ein blonder, der immer Bücher lese.

Also war Bernhard schon registriert. Sie lächelte, weil die Italiener waren, wie Bernhard zu Hause gesagt hatte; so neugierig, so allwissend. Bernhard kannte die Italiener; er hatte in Rom studiert.

---

1. Bergkegel *here: smokestack.*
2. Lichttaue *ropes of light.*
3. So konnten von vornherein keine Zweifel aufkommen. *That way there could be no doubt from the start.*

Der Italiener sagte, im Frühling müsse sie auf die Insel kommen. Im Frühling sei es schöner. Im Frühling blühe der Mastix und das Klima sei gut. Jetzt sei der Sommer vorbei. Zu kalt schon . . . nicht gut . . . nicht gut. Er sprach mit einer rauhen Stimme; nicht immer nahm er die Zigarette aus dem Mund, während er sprach. Aber sie freute sich, daß sie fast alles, was er sagte, verstand.

Die Mädchen schlüpften aus seinen Armen und gingen steifbeinig zum Geländer. Allein, ohne daß die Lücke zwischen ihnen ausgefüllt war, saß er neben ihr.

„Noch zwanzig Minuten", sagte er.

„So lange? Die Insel ist doch schon ganz nahe."

„Es täuscht, Signorina.[4] Es täuscht! Ich weiß es, ich bin auf der Insel zu Hause."

Es war besser, wenn er sprach. Sein Blick, der sie betastete, war abgelenkt. Sie zeigte auf die Mädchen und sagte: „Sie sind nett."

Er sagte: „Sie gehören mir."

„Und wie heißen sie?"

„Sie heißen Angelina und Sandra."

Sie sagte: „Angelina und Sandra, schöne Namen. I nomi italiani sono belli!"[5]

Es machte ihr keine Mühe, solche einfachen Sätze—die sie vor dem Urlaub gelernt hatte—zu sagen:

„I nomi italiani sono belli!"

Er sagte: „Ich habe Angelina und Sandra auf dem Markt von Orbetello neue Kleider gekauft—"

Es waren weiße Musselinkleidchen mit abstehenden, gestärkten Röckchen, die in der Dämmerung leuchteten wie Brautschleier in der Kirche. Gewiß nicht die geeignete Bekleidung für den Abend über dem Wasser. Aber vielleicht waren italienische Mädchen frühzeitig abgehärtet.

„Schöne Kleidchen", sagte er.

„Ja, sehr schöne Kleidchen. Belle vestine!"[6]

„Ich habe sie für Trauben gekauft!"

Als der Italiener nicht mehr sprach, spürte sie den Blick auf den

---

4. Signorina = Fräulein.

5. I nomi italiani sono belli! = Die italienischen Namen sind schön.

6. Belle vestine = schöne Kleidchen.

Knien. Sie zupfte den Rock darüber und sagte nochmals: „Belle vestine!" um das Gespräch wieder in Gang zu bringen.

Er sagte: „Angelina und Sandra haben keine Mama."

5 Sie sah zu den Mädchen und den Seminaristen, die ihren Priester wie Fledermäuse umflatterten. Sein Blick war weg. Sie konnte wagen, zu ihm hinüber zu sehen. Das Licht von der Kommandobrücke fiel auf seine Füße. Die Zehen krümmten sich über den Holzsohlen. Er trug Sandalen mit aufgenagelten Leinenbändern,[7] wie die jungen Burschen in Porto San Stefano sie getragen hatten;

10 schwarzhaarige Jungen in zebragestreiften Pullovern, die sie im Café und auf dem Weg zum Schiff wie Piraten umringt hatten.

„Vor drei Monaten ist ihre Mama gestorben. Sie war krank. Ein Jahr lang krank."

So reich war ihr Wortschatz nicht, Teilnahme zu bezeugen.[8] Sie

15 schwieg. Er schwieg. Die Blinklichter blinkten—grün, rot, grün, rot—, und zwischen den unruhigen Lichtsignalen hielt die beständige Kette der lichtgelben Fenster.

Er sagte: „Bleiben Sie auf der Insel. Bleiben Sie bei mir. Bei Angelina und Sandra." Es bestand kein Zweifel: „Resti nell'isola!

20 Resti con me!"[9] sagte er.

Wie gut, die Zigarette war gerade zu Ende. Sie konnte die Kippe zertreten, hinabsehen, aufstehen, zur Reling hingehen, in die Nähe des Priesters, der mit weitausholenden Gesten[10] seinen Schülern irgend etwas Wissenswertes von der Insel erzählte. Angelina und

25 Sandra wichen zurück vor ihrer Hand, die ihr Haar streicheln wollte, weil sie vielleicht bereute, ihren Papa allein auf der Bank zurückgelassen zu haben.

Schon war der Sitz der sich drehenden Leuchtfeuer zu ahnen; zwei stumpfe Metalltürme, die rechts und links die Hafeneinfahrt flan-

30 kierten. Zwischen den Vierecken der Fenster schrieben Neonschriften deutlich lesbar „Bar" und „Café", und eine blaue Neonschrift schrieb „Caracas". Stimmen waren zu hören und die Wartenden waren zu sehen, dicht gedrängt auf der Mole. Über den Köpfen winkte jemand. Bernhard sicher. Sie winkte zurück.

---

7. mit aufgenagelten Leinenbändern *with bradded cloth binding.*

8. Teilnahme zu bezeugen *to express (her) sympathy.*

9. Resti nell'isola! Resti con me ⸗ Bleiben Sie auf der Insel! Bleiben Sie bei mir!

10. mit weitausholenden Gesten *with exaggerated gestures.*

Die Sirene brüllte. Es war Zeit, zum Unterdeck hinabzusteigen, wo sie bei der Abfahrt die Koffer hingestellt hatte. Andere Koffer waren daneben und darüber gestapelt worden.

Sie hob sie beiseite. Als sie ihren ersten Koffer am Griff nahm,
5 faßte der Italiener mit zu.[11]

„Prego—"[12]

Er stand unter dem braunen Deckenlicht und lachte sie mit seinen weißen, gesunden Zähnen an. Er war kleiner, als sie gedacht hatte. Breit, kräftig. Er trug eine blaue Jacke und ein weißes Hemd, das
10 drei Knöpfe tief offen war. Angelina und Sandra hingen an seinen Taschen und blickten hinab zu dem fremden, wuchtigen Koffer, den ihr Papa sich angeeignet hatte.

„Grazie—"[13]

Er wollte auch ihren zweiten Koffer, den kleineren, abnehmen,
15 aber sie dankte abweisender. Er zog die Hand zurück.

Die anderen Passagiere hatten sich zur Absperrkette gedrängt, nur der Priester und die Seminaristen donnerten eben erst die Eisentreppe herab.

Er machte nochmals einen Versuch, den zweiten Koffer, den
20 kleineren, wegzunehmen. Er legte seine Hand um den Griff, aber auch sie ließ ihre Hand liegen, und seine Hand deckte ihre Hand zu.

Sie erschrak, als der uniformierte Seemann am Ende des Laufstegs das Billett verlangte. Gleich hinter dem Seemann—in der vorderen Reihe der Wartenden—stand Bernhard. Er begrüßte sie, aber der
25 Druck seiner Hand war so kräftig nicht, wie sie ihn in Erinnerung hatte.

By permission of Carl Hanser Verlag, München, 1962.

A. *Geben Sie die Stammzeiten der in den folgenden Sätzen angegebenen starken Zeitwörter!*

1. Zwei Leuchtfeuer *warfen* ihre Lichttaue ins Wasser.
2. Die Bank *hob* und senkte sich mit.
3. Sie konnte die Kippe *zertreten, hinabsehen, aufstehen,* zur Reling hingehen.

---

11. faßte der Italiener mit zu   *the Italian lent a hand.*
12. **Prego** = Bitte.
13. **Grazie** = Danke.

4. Angelina und Sandra *wichen zurück* vor ihrer Hand.
5. Angelina und Sandra *hingen* an seinen Taschen.
6. Sie *erschrak*, als der Seemann das Billett verlangte.

B. *Diskussionsfragen:*

1. Welche Funktion haben die drei Gruppen: (a) Bernhard und die junge Dame, (b) der Italiener und seine Kinder und (c) der Priester und die Seminaristen?
2. Warum schien Bernhards Händedruck weniger kräftig zu sein als zuvor?

FRIEDO LAMPE

Eduard—eine kleine Formfibel

BRIEF

Liebe Eltern, ich kann Euch die freudige Mitteilung machen, daß
Luise diese Nacht um zwei Uhr einen gesunden Jungen geboren hat.
Wir sind ja so glücklich. Nach fünf Jahren des Wartens ist uns
5   endlich unser Wunsch in Erfüllung gegangen. Ich habe Luise zur
Klinik begleitet und mußte dort stundenlang im Gang warten, Dr.
Heinrich wollte mich nicht zu ihr lassen. Luises Befinden ist aus-
gezeichnet. Zur Taufe müßt Ihr unbedingt kommen, das Kind soll
Onkel Eduards Namen haben, Onkel Moritz wird ja böse sein, daß
10   wir das Kind nicht nach ihm nennen, aber Moritz—nein, das geht
doch nicht . . .

DRAMA

Onkel Moritz: Da sieh an,[1] Luise, das ist aber nett, daß du deinen
alten Onkel auch einmal besuchst. Was macht denn der Kleine?
15   *Luise:* Danke, Onkel, er ist quietschvergnügt. Ja, ich bin her-
gekommen, um dich zur Taufe einzuladen.
Onkel Moritz: Also Taufpate soll ich sein? Gerne, gerne, mein
Kind. Das ist recht, daß ihr an euren alten Onkel gedacht habt. Ja,
was soll ich dem Jungen denn schenken?
20   *Luise:* Ach, Onkel Moritz, verzeih—
Onkel Moritz: Natürlich kriegt der Junge ein schönes Geschenk.
Onkel Moritz hat sich noch nie lumpen lassen.[2]
Luise: Onkel, sei uns nicht böse, wenn—
Onkel Moritz: Kein Wort mehr, ich kenne meine Pflicht als
25   Taufpate.
Luise: Onkel, entschuldige—
Onkel Moritz: Nur keine falsche Bescheidenheit. Wie wär's mit
einem Kinderwagen?
Luise: Onkel, hör doch mal!

---

1. Da sieh an *Now look here.*
2. Onkel Moritz hat sich noch nie lumpen lassen. *Uncle Moritz has never acted shab-
bily.*

Onkel Moritz: Nun, mein Kind?

Luise: Du mußt uns richtig verstehen—bitte, braus nicht gleich auf. Sieh mal, der Name Moritz ist doch nun wirklich nicht schön und gar nicht mehr modern—die Kinder in der Schule würden
5 später über den Jungen lachen—

Onkel Moritz: Was heißt das? Du willst doch nicht sagen—

Luise: Ja, wir wollten den Jungen Eduard nennen—nach Onkel Eduard.

Onkel Moritz: So, mein Name ist euch nicht gut genug? Da steckt
10 etwas anderes dahinter.³ Das ist ein Komplott mit Tante Lisbeth.

Luise: Nein, nein, Onkel Moritz!

Onkel Moritz: Immer Eduard. Eduard, Eduard. Ich verstehe, ich verstehe. Bloß weil er etwas mehr Geld hat, weil ihr glaubt—

Luise: Nein, Onkel, das ist es nicht.
15 *Onkel Moritz:* Mir kann man nichts vormachen.⁴ Ich durchschaue alles. O wie recht habe ich, mich von dieser Familie zurückzuziehen. Ich soll zur Taufe kommen? Denke nicht dran. Ihr sollt euch wundern, Eduard, der wird dem Jungen noch lange nicht sein Vermögen vermachen, der Liederjahn, der alte Knicker. Pfui Teufel.⁵
20 *Luise:* Onkel, glaub mir doch—

Onkel Moritz: Kein Wort mehr. Raus, raus, ich will dich nicht mehr sehen, nie mehr. Allein will ich sein. Pfui Teufel. Raus.

TAUFPREDIGT

Pastor Wonnesam: Fünf Jahre gingen dahin, aber sie verloren
25 nicht den Mut und den Glauben. Wer da die Hoffnung nicht aufgibt, der wird auch erhöret.⁶ Und siehe da, der Herr segnete sie. Da liegt er nun, unser kleiner Erdenbürger, gesund und rosig und vergnügt. Und alle sind um ihn, die Eltern, die Großeltern, der Onkel Eduard, der ihm den Namen schenken soll, und alle strahlen
30 im Glück und Sonnenschein dieser Stunde. Ja, die Sonne, die Frühlingssonne, scheint warm und golden zu uns herein. O möge sie immer auf seinen Wegen leuchten. Nur einer, ein liebes Mitglied

---

3. Da steckt etwas anderes dahinter. *Something else is behind that.*
4. Mir kann man nichts vormachen. *You can't put anything over on me.*
5. Pfui Teufel! *Disgusting!*
6. erhöret *obsolete for* erhört.

der Familie, muß ferne weilen, da ihn böse Unpäßlichkeit befallen[7]
—der Onkel Moritz. Aber auch er wird in Liebe auf seinem Krankenlager dieser Stunde gedenken und im Geiste bei uns sein . . .

KANZLEISTIL

5   *Dr. Rehbein, der Notar, an Onkel Moritz:*

Sehr geehrter Herr![8]
Ihr gefälliges Schreiben vom 12. 6. habe ich ergebenst zur Kenntnis genommen. Ich werde also Ihren Anordnungen gemäß dem
Testament eine andere Form zuteil werden lassen.[9] Ich wiederhole
10   noch einmal die fraglichen Punkte, um sicher zu sein, daß keine
Irrtümer unterlaufen. Ihr früherer Testamentsentscheid, demzufolge Ihre Nichte Luise W. oder ihr erstgeborenes Kind im Falle
eines Ablebens Ihrerseits zum alleinigen Erben eingesetzt war, ist
von Ihnen annulliert, und Sie haben sich jetzt entschlossen, Ihr
15   ganzes Vermögen dem Verein zur Förderung der Gartenkultur . . .

ROMAN

Eduard war vor ihrer Garderobentür angelangt und wollte schon
die Klinke niederdrücken, da hörte er leises Gelächter. Es waren
diese sanft glucksenden, girrenden Taubentöne, die er so gut kannte.
20   Aber was war das? Eine Männerstimme klang dazwischen, ein
vergnügtes, zufriedenes Männerlachen. Eduard horchte, aber er
konnte nichts Deutliches vernehmen. Da öffnete er schnell die Tür.
Rosi saß vor ihrem Toilettentisch, die Puderquaste in der Hand,
und über sie gebeugt stand der Direktor. „Ah, Sie sind's, mein
25   Lieber", sagte der Direktor im harmlosesten Ton der Welt, „wollen
Sie auch unserem feschen Jägerburschen Ihre Begeisterung und
Bewunderung zu Füßen legen? Also dann will ich nicht stören.
Über das bewußte Projekt[10] sprechen wir morgen, Rosi. Überleg's

---

7. da ihn böse Unpäßlichkeit befallen (hat)   *since he is suffering from a certain indis-
position.*
8. Sehr geehrter Herr!   *Dear Sir.*
9. Ich werde also Ihren Anordnungen gemäß dem Testament eine andere Form zuteil
werden lassen.   *In accordance with your instructions I will therefore rewrite your
will.*
10. das bewußte Projekt   *the project in question.*

dir noch mal. Servus, servus."[11]—„Was wollte er? Warum ist er
hier?" fragte Eduard finster. „Mein Gott, was Geschäftliches, mein
Liebling", sagte Rosi und betupfte ihr Gesicht mit der Quaste. „Aber
ihr lachtet so vergnügt, ehe ich eintrat, und wenn du diese gurren-
5   den Töne ausstößt, dann weiß ich . . ."—„Nun hör aber auf, das ist
ja fad. Er ist doch der Direktor, da muß ich doch freundlich sein.
Sag lieber, wie du mich findest." Sie sprang auf vom Stuhl und
schritt graziös in ihrer schlanken grünen Jägertracht durchs Zimmer,
den schwarzen Dreispitz[12] keck auf der weißen Lockenperücke. Und
10 dann legte sie die Hand hinter den Kopf und tanzte und sang:
,Meine Lust ist das Jagen im grünen Wald.' Eduard umschlang sie
leidenschaftlich. „Mein Jäger, mein süßer kleiner Jäger. Versprich
mir, daß du mir treu sein willst, immer, immer. Ich hab' auch eine
große Überraschung für dich." Rosi hob schnell den Kopf und sah
15 ihn gespannt an. „Ich bin heute bei meinem Notar Doktor Rehbein
gewesen", sagte Eduard, „wenn ich einmal sterben sollte . . ."—
„Sprich doch nicht davon, Liebling, das mag ich nicht hören."—„Ja,
dann sollst du mein ganzes Vermögen erben."—„Still davon, mein
Herzchen,[13] mein Goldiger,[14] pfui, vom Tode zu reden. Und sag,
20 dein Patenkind, dieser kleine Eduard, der soll nun gar nichts mehr
haben? Mein Gott, wie traurig!"—„Gar nichts", sagte Eduard,
„Luise, die wird sich fuchsen, die wird einmal Augen machen, ha,
ha."

LYRIK

25   Schlaf, Eduard, schlaf in Frieden,
            Noch ist dir Ruh beschieden,
            Noch weißt du nichts von unserer Welt,
            Von Ruhm und Stand und Ehr und Geld,
            Noch kannst du glücklich lachen.
30   Ich will still bei dir wachen.
            Der Mond, der scheint zum Fenster rein,[15]
            Wie kühl und heiter ist sein Schein,

---

11. Servus *So long.*
12. Dreispitz *three-cornered hat.*
13. Herzchen *pet.*
14. Goldiger *precious.*
15. rein = herein.

Die Lampe, die ist ausgedreht,
Ein Wind sanft die Gardine bläht.
O bliebest du doch immer klein,
Und könnt' ich immer bei dir sein
5   Und sitzen so im Dunkeln
Beim klaren Sternefunkeln,[16]
Doch schon auf Treppenstufen
Tönt Vaters Schritt. Gleich wird er rufen.

REPORTAGE

10   Gestern abend brach in einem Hause der Charlottenstraße ein
Feuer aus, dessen Ursachen bis jetzt noch nicht festgestellt werden
konnten. Das Feuer griff schnell um sich[17] und zerstörte den Dachstuhl und zwei Etagenwohnungen. Menschenleben sind nicht zu
beklagen,[18] auch ein großer Teil des Inventars konnte gerettet wer-
15   den. Bei diesem Ereignis tat sich besonders der 54jährige Moritz M.
hervor. Durch Zufall führte ihn sein Abendspaziergang in die Nähe
des fraglichen Hauses, und als er den Flammenschein aus der Ferne
sah, lief er sofort zur nächsten Telephonzelle und benachrichtigte
die Feuerwehr. Aber nicht genug damit,[19] er eilte zu dem Hause, in
20   dessen drittem Stock sein Neffe Hans W. mit seiner Gattin Luise
wohnte, klingelte, und als sich niemand meldete und er von den
Nachbarn erfuhr, daß das Ehepaar zum Theater gegangen war, um
sich die Oper ‚Jägerglück' anzusehen, die Fräulein Rosi Huber in
der Hosenrolle[20] des Alois zu einem so triumphalen Erfolge geführt
25   hat, stürzte er in das brennende Haus, noch vor Ankunft der Feuerwehr, schlug die Wohnungstür ein und rettete den kleinen Sohn des
Ehepaares, Eduard mit Namen, aus Flammen und Qualm, unter
größter Lebensgefahr.[21] Diese Handlungsweise ist besonders ergrei-
fend, wenn man erfährt, daß Moritz M. sich seit längerem mit
30   seinem Neffen und seiner Nichte verfeindet hatte.[22] Im Augenblick

---

16. Sternefunkeln *twinkling of the stars.*
17. griff schnell um sich *spread quickly.*
18. Menschenleben sind nicht zu beklagen *There was no loss of life.*
19. Aber nicht genug damit *as if this weren't enough.*
20. Hosenrolle *man's part (acted by a woman).*
21. unter größter Lebensgefahr *at the (greatest) risk of his life.*
22. sich ... verfeindet hatte *had been at odds.*

der Gefahr vergaß er allen Zwist, seine innige Liebe zu dem kleinen Eduard, sein tiefes Familiengefühl brach mächtig durch und trug den Sieg davon.[23] Der Bürgermeister hat dem kühnen Mann die goldene Rettungsmedaille[24] verliehen. Moritz M. tat noch ein
5 übriges[25] und nahm das obdachlos gewordene Ehepaar in seine geräumige Wohnung auf.

Singspiel-Libretto

Onkel Moritz, Hans, Luise, der kleine Eduard im Korbwagen, auf einem Balkon. Es ist Abend. Sie sitzen an einem Tisch, vor sich
10 Weingläser.

Onkel Moritz
Wir wollen allen Streit begraben,
Wie bin ich froh, daß wir uns wieder haben.

Hans
15 Wie ist der Abend mild und lau.
O küsse mich, umarm' mich, Frau.

Luise
Den guten Onkel wolln wir preisen!
Klein-Eduard soll jetzt Moritz heißen.

20 *Onkel Moritz*
Ach, Namen sind ja nur ein Scherz.
Gehört mir nur sein kleines Herz,
So mag er heißen, wie er will.
Ach, seid mir von dem Namen still.

25 *Alle*
Ja, mag er heißen, wie er will,
Ach, seid mir von dem Namen still.
Die Namen sind ja nur ein Scherz,
Das Wichtigste ist doch das Herz.
30 So trinken wir denn allezeit
Auf Freundschaft und auf Herzlichkeit!

---

23. **trug den Sieg davon** *carried the day.*
24. **Rettungsmedaille** *medal (awarded) for saving life.*
25. **Moritz M. tat noch ein übriges** *Moritz did yet another thing.*

Sie heben die Gläser, der kleine Eduard jauchzt im Korbwagen, über den Dächern geht der große gelbe Vollmond auf.

APPENDIX

1. Auxiliary Verbs

INFINITIVE

haben	sein	werden

PRESENT PARTICIPLE

habend	seiend	werdend

PAST PARTICIPLE

gehabt	gewesen	geworden

PRESENT INDICATIVE

ich habe	ich bin	ich werde
du hast	du bist	du wirst
er hat	er ist	er wird
wir haben	wir sind	wir werden
ihr habt	ihr seid	ihr werdet
sie haben	sie sind	sie werden
Sie haben	Sie sind	Sie werden

SIMPLE PAST

ich hatte	ich war	ich wurde
du hattest	du warst	du wurdest
er hatte	er war	er wurde

287

wir hatten	wir waren	wir wurden
ihr hattet	ihr wart	ihr wurdet
sie hatten	sie waren	sie wurden
Sie hatten	Sie waren	Sie wurden

FUTURE INDICATIVE

ich werde haben	ich werde sein	ich werde werden
du wirst haben	du wirst sein	du wirst werden
er wird haben	er wird sein	er wird werden
wir werden haben	wir werden sein	wir werden werden
ihr werdet haben	ihr werdet sein	ihr werdet werden
sie werden haben	sie werden sein	sie werden werden
Sie werden haben	Sie werden sein	Sie werden werden

PRESENT PERFECT

ich habe gehabt	ich bin gewesen	ich bin geworden
du hast gehabt	du bist gewesen	du bist geworden
er hat gehabt	er ist gewesen	er ist geworden
wir haben gehabt	wir sind gewesen	wir sind geworden
ihr habt gehabt	ihr seid gewesen	ihr seid geworden
sie haben gehabt	sie sind gewesen	sie sind geworden
Sie haben gehabt	Sie sind gewesen	Sie sind geworden

PAST PERFECT

ich hatte gehabt	ich war gewesen	ich war geworden
du hattest gehabt	du warst gewesen	du warst geworden
er hatte gehabt	er war gewesen	er war geworden
wir hatten gehabt	wir waren gewesen	wir waren geworden
ihr hattet gehabt	ihr wart gewesen	ihr wart geworden
sie hatten gehabt	sie waren gewesen	sie waren geworden
Sie hatten gehabt	Sie waren gewesen	Sie waren geworden

FUTURE PERFECT

ich werde gehabt haben	ich werde gewesen sein
du wirst gehabt haben	du wirst gewesen sein
er wird gehabt haben	er wird gewesen sein
wir werden gehabt haben	wir werden gewesen sein
ihr werdet gehabt haben	ihr werdet gewesen sein
sie werden gehabt haben	sie werden gewesen sein
Sie werden gehabt haben	Sie werden gewesen sein

ich werde geworden sein
du wirst geworden sein
er wird geworden sein
wir werden geworden sein
ihr werdet geworden sein
sie werden geworden sein
Sie werden geworden sein

PRESENT SUBJUNCTIVE I

ich habe	ich sei	ich werde
du habest	du seiest	du werdest
er habe	er sei	er werde
wir haben	wir seien	wir werden
ihr habet	ihr seiet	ihr werdet
sie haben	sie seien	sie werden
Sie haben	Sie seien	Sie werden

PRESENT SUBJUNCTIVE II

ich hätte	ich wäre	ich würde
du hättest	du wärest	du würdest
er hätte	er wäre	er würde
wir hätten	wir wären	wir würden
ihr hättet	ihr wäret	ihr würdet
sie hätten	sie wären	sie würden
Sie hätten	Sie wären	Sie würden

PAST SUBJUNCTIVE I

ich habe gehabt	ich sei gewesen	ich sei geworden
du habest gehabt	du seiest gewesen	du seiest geworden
er habe gehabt	er sei gewesen	er sei geworden
wir haben gehabt	wir seien gewesen	wir seien geworden
ihr habet gehabt	ihr seiet gewesen	ihr seiet geworden
sie haben gehabt	sie seien gewesen	sie seien geworden
Sie haben gehabt	Sie seien gewesen	Sie seien geworden

PAST SUBJUNCTIVE II

ich hätte gehabt	ich wäre gewesen	ich wäre geworden
du hättest gehabt	du wärest gewesen	du wärest geworden
er hätte gehabt	er wäre gewesen	er wäre geworden
wir hätten gehabt	wir wären gewesen	wir wären geworden
ihr hättet gehabt	ihr wäret gewesen	ihr wäret geworden
sie hätten gehabt	sie wären gewesen	sie wären geworden
Sie hätten gehabt	Sie wären gewesen	Sie wären geworden

CONDITIONAL

ich würde haben	ich würde sein	ich würde werden
du würdest haben	du würdest sein	du würdest werden
er würde haben	er würde sein	er würde werden
wir würden haben	wir würden sein	wir würden werden
ihr würdet haben	ihr würdet sein	ihr würdet werden
sie würden haben	sie würden sein	sie würden werden
Sie würden haben	Sie würden sein	Sie würden werden

IMPERATIVE

habe!	sei!	werde!
habt!	seid!	werdet!
haben Sie!	seien Sie!	werden Sie!

2. Modal Auxiliaries

PRESENT INDICATIVE

dürfen	können	mögen
ich darf	ich kann	ich mag
du darfst	du kannst	du magst
er darf	er kann	er mag
wir dürfen	wir können	wir mögen
ihr dürft	ihr könnt	ihr mögt
sie dürfen	sie können	sie mögen
Sie dürfen	Sie können	Sie mögen

müssen	sollen	wollen
ich muß	ich soll	ich will
du mußt	du sollst	du willst
er muß	er soll	er will
wir müssen	wir sollen	sie wollen
ihr müßt	ihr sollt	wir wollt
sie müssen	sie sollen	ihr wollen
Sie müssen	Sie sollen	Sie wollen

SIMPLE PAST

ich durfte	ich konnte	ich mochte
du durftest	du konntest	du mochtest
er durfte	er konnte	er mochte
wir durften	wir konnten	wir mochten
ihr durftet	ihr konntet	ihr mochtet
sie durften	sie konnten	sie mochten
Sie durften	Sie konnten	Sie mochten

ich mußte	ich sollte	ich wollte
du mußtest	du solltest	du wolltest
er mußte	er sollte	er wollte
wir mußten	wir sollten	wir wollten
ihr mußtet	ihr solltet	ihr wolltet
sie mußten	sie sollten	sie wollten
Sie mußten	Sie sollten	Sie wollten

FUTURE INDICATIVE

ich werde dürfen (können, mögen, müssen, sollen, wollen), etc.

PRESENT PERFECT

ich habe gedurft (gekonnt, gemocht, gemußt, gesollt, gewollt), etc.

PAST PERFECT

ich hatte gedurft (gekonnt, gemocht, gemußt, gesollt, gewollt), etc.

FUTURE PERFECT

ich werde gedurft (gekonnt, gemocht, gemußt, gesollt, gewollt) haben, etc.

PRESENT SUBJUNCTIVE I

ich dürfe (könne, möge, müsse, solle, wolle), etc.

PRESENT SUBJUNCTIVE II

ich dürfte (könnte, möchte, müßte, sollte, wollte), etc.

PAST SUBJUNCTIVE I

ich habe gedurft (gekonnt, gemocht, gemußt, gesollt, gewollt), etc.

PAST SUBJUNCTIVE II

ich hätte gedurft (gekonnt, gemocht, gemußt, gesollt, gewollt), etc.

CONDITIONAL

ich würde dürfen (können, mögen, müssen, sollen, wollen), etc.

Wissen (*to know*) is conjugated like a modal auxiliary in the present tense. The simple past is **wußte**, the past participle **gewußt**:

ich weiß	wir wissen
du weißt	ihr wißt
er weiß	sie wissen

3. Summary of a Weak (Regular) and a Strong (Irregular) Verb

ACTIVE

INFINITIVE

sagen   **tragen**

PRESENT PARTICIPLE

sagend   tragend

PAST PARTICIPLE

gesagt   getragen

PRESENT INDICATIVE

ich sage	ich trage
du sagst	du trägst
er sagt	er trägt
wir sagen	wir tragen
ihr sagt	ihr tragt
sie sagen	sie tragen
Sie sagen	Sie tragen

SIMPLE PAST

ich sagte	ich trug
du sagtest	du trugst
er sagte	er trug
wir sagten	wir trugen
ihr sagtet	ihr trugt
sie sagten	sie trugen
Sie sagten	Sie trugen

FUTURE INDICATIVE

ich werde sagen	ich werde tragen
du wirst sagen	du wirst tragen
er wird sagen	er wird tragen
wir werden sagen	wir werden tragen
ihr werdet sagen	ihr werdet tragen
sie werden sagen	sie werden tragen
Sie werden sagen	Sie werden tragen

PRESENT PERFECT

ich habe gesagt	ich habe getragen
du hast gesagt	du hast getragen
er hat gesagt	er hat getragen
wir haben gesagt	wir haben getragen
ihr habt gesagt	ihr habt getragen
sie haben gesagt	sie haben getragen
Sie haben gesagt	Sie haben getragen

PAST PERFECT

ich hatte gesagt	ich hatte getragen
du hattest gesagt	du hattest getragen
er hatte gesagt	er hatte getragen
wir hatten gesagt	wir hatten getragen
ihr hattet gesagt	ihr hattet getragen
sie hatten gesagt	sie hatten getragen
Sie hatten gesagt	Sie hatten getragen

FUTURE PERFECT

ich werde gesagt haben	ich werde getragen haben
du wirst gesagt haben	du wirst getragen haben
er wird gesagt haben	er wird getragen haben
wir werden gesagt haben	wir werden getragen haben
ihr werdet gesagt haben	ihr werdet getragen haben
sie werden gesagt haben	Sie werden getragen haben
Sie werden gesagt haben	sie werden getragen haben

IMPERATIVE

sage!	trage!
sagt!	tragt!
sagen Sie!	tragen Sie!

PRESENT SUBJUNCTIVE I

ich sage	ich trage
du sagest	du tragest
er sage	er trage
wir sagen	wir tragen
ihr saget	ihr traget
sie sagen	sie tragen
Sie sagen	Sie tragen

PRESENT SUBJUNCTIVE II

ich sagte	ich trüge
du sagtest	du trügest
er sagte	er trüge
wir sagten	wir trügen
ihr sagtet	ihr trüget
sie sagten	sie trügen
Sie sagten	Sie trügen

PAST SUBJUNCTIVE I

ich habe gesagt	ich habe getragen
du habest gesagt	du habest getragen
er habe gesagt	er habe getragen
wir haben gesagt	wir haben getragen
ihr habet gesagt	ihr habet getragen
sie haben gesagt	sie haben getragen
Sie haben gesagt	Sie haben getragen

PAST SUBJUNCTIVE II

ich hätte gesagt	ich hätte getragen
du hättest gesagt	du hättest getragen
er hätte gesagt	er hätte getragen
wir hätten gesagt	wir hätten getragen
ihr hättet gesagt	ihr hättet getragen
sie hätten gesagt	sie hätten getragen
Sie hätten gesagt	Sie hätten getragen

CONDITIONAL

ich würde sagen	ich würde tragen
du würdest sagen	du würdest tragen
er würde sagen	er würde tragen
wir würden sagen	wir würden tragen
ihr würdet sagen	ihr würdet tragen
sie würden sagen	sie würden tragen
Sie würden sagen	Sie würden tragen

PASSIVE

INFINITIVE

geliebt werden   **gesehen werden**

ich werde geliebt	ich werde gesehen
du wirst geliebt	du wirst gesehen
er wird geliebt	er wird gesehen
wir werden geliebt	wir werden gesehen
ihr werdet geliebt	ihr werdet gesehen
sie werden geliebt	sie werden gesehen
Sie werden geliebt	Sie werden gesehen

ich wurde geliebt	ich wurde gesehen
du wurdest geliebt	du wurdest gesehen
er wurde geliebt	er wurde gesehen
wir wurden geliebt	wir wurden gesehen
ihr wurdet geliebt	ihr wurdet gesehen
sie wurden geliebt	sie wurden gesehen
Sie wurden geliebt	Sie wurden gesehen

ich werde geliebt werden	ich werde gesehen werden
du wirst geliebt werden	du wirst gesehen werden
er wird geliebt werden	er wird gesehen werden
wir werden geliebt werden	wir werden gesehen werden
ihr werdet geliebt werden	ihr werdet gesehen werden
sie werden geliebt werden	sie werden gesehen werden
Sie werden geliebt werden	Sie werden gesehen werden

ich bin geliebt worden	ich bin gesehen worden
du bist geliebt worden	du bist gesehen worden
er ist geliebt worden	er ist gesehen worden
wir sind geliebt worden	wir sind gesehen worden
ihr seid geliebt worden	ihr seid gesehen worden
sie sind geliebt worden	sie sind gesehen worden
Sie sind geliebt worden	Sie sind gesehen worden

ich war geliebt worden	ich war gesehen worden
du warst geliebt worden	du warst gesehen worden
er war geliebt worden	er war gesehen worden

wir waren geliebt worden   wir waren gesehen worden
ihr wart geliebt worden   ihr wart gesehen worden
sie waren geliebt worden   sie waren gesehen worden
Sie waren geliebt worden   Sie waren gesehen worden

FUTURE PERFECT

ich werde geliebt worden sein   ich werde gesehen worden sein
du wirst geliebt worden sein   du wirst gesehen worden sein
er wird geliebt worden sein   er wird gesehen worden sein
wir werden geliebt worden sein   wir werden gesehen worden sein
ihr werdet geliebt worden sein   ihr werdet gesehen worden sein
sie werden geliebt worden sein   sie werden gesehen worden sein
Sie werden geliebt worden sein   Sie werden gesehen worden sein

PRESENT SUBJUNCTIVE I

ich werde geliebt   ich werde gesehen
du werdest geliebt   du werdest gesehen
er werde geliebt, etc.   er werde gesehen, etc.

PRESENT SUBJUNCTIVE II

ich würde geliebt   ich würde gesehen
du würdest geliebt   du würdest gesehen
er würde geliebt, etc.   er würde gesehen, etc.

PAST SUBJUNCTIVE I

ich sei geliebt worden   ich sei gesehen worden
du seiest geliebt worden   du seiest gesehen worden
er sei geliebt worden, etc.   er sei gesehen worden, etc.

PAST SUBJUNCTIVE II

ich wäre geliebt worden   ich wäre gesehen worden
du wärest geliebt worden   du wärest gesehen worden
er wäre geliebt worden, etc.   er wäre gesehen worden, etc.

CONDITIONAL

ich würde geliebt werden   ich würde gesehen werden
du würdest geliebt werden   du würdest gesehen werden
er würde geliebt werden   er würde gesehen werden
wir würden geliebt werden   wir würden gesehen werden
ihr würdet geliebt werden   ihr würdet gesehen werden
sie würden geliebt werden   sie würden gesehen werden
Sie würden geliebt werden   Sie würden gesehen werden

4. Reflexive Verbs

sich ärgern   sich helfen

ich ärgere mich	ich helfe mir
du ärgerst dich	du hilfst dir
er ärgert sich	er hilft sich
wir ärgern uns	wir helfen uns
ihr ärgert euch	ihr helft euch
sie ärgern sich	sie helfen sich
Sie ärgern sich	Sie helfen sich

For the formation of other tenses, follow the conjugations on pages 292–294.

5. Verbs with the Dative

antworten	*to answer*	folgen	*to follow*
begegnen	*to meet*	gefallen	*to please*
befehlen	*to order*	gehorchen	*to obey*
danken	*to thank*	gehören	*to belong*
dienen	*to serve*	geschehen	*to happen*
entgegnen	*to answer*	glauben	*to believe*
erwidern	*to answer*	helfen	*to help*
fehlen	*to be missing, lacking, to be the matter with*	scheinen	*to seem*

6. Strong and Other Irregular Verbs

INFINITIVE	SIMPLE PAST	PAST PART.	3RD SING. PRES.
backen (*bake*)	(buk) backte	gebacken	bäckt
befehlen (*command*)	befahl	befohlen	befiehlt
befleißen, sich (*apply oneself*)	befliß	beflissen	
beginnen (*begin*)	begann	begonnen	
beißen (*bite*)	biß	gebissen	
bergen (*hide*)	barg	geborgen	birgt
bersten (*burst*)	barst	ist geborsten	birst
betrügen (*deceive*)	betrog	betrogen	
beweisen (*prove*)	bewies	bewiesen	
biegen (*bend*)	bog	gebogen	

INFINITIVE	SIMPLE PAST	PAST PART.	3RD SING. PRES.
bieten (*offer*)	bot	geboten	
binden (*bind*)	band	gebunden	
bitten (*beg, request*)	bat	gebeten	
blasen (*blow*)	blies	geblasen	bläst
bleiben (*remain, stay*)	blieb	ist geblieben	
bleichen (*bleach*)	blich	geblichen	
braten (*roast*)	briet	gebraten	brät
brechen (*break*)	brach	gebrochen	bricht
brennen (*burn*)	brannte	gebrannt	
bringen (*bring, take*)	brachte	gebracht	
denken (*think*)	dachte	gedacht	
dreschen (*thrash*)	drosch	gedroschen	drischt
dringen (*penetrate*)	drang	ist gedrungen	
empfangen (*receive*)	empfing	empfangen	empfängt
erlöschen (*go out, become extinct*)	erlosch	ist erloschen	
erscheinen (*appear*)	erschien	ist erschienen	
erschrecken (*be startled*)	erschrak	ist erschrocken	erschrickt
essen (*eat*)	aß	gegessen	ißt
fahren (*drive, travel*)	fuhr	(ist) gefahren	fährt
fallen (*fall*)	fiel	ist gefallen	fällt
fangen (*catch*)	fing	gefangen	fängt
fechten (*fence; fight*)	focht	gefochten	ficht
finden (*find*)	fand	gefunden	
flechten (*plait, braid*)	flocht	geflochten	flicht
fliegen (*fly*)	flog	(ist) geflogen	
fliehen (*flee*)	floh	ist geflohen	
fließen (*flow*)	floß	ist geflossen	
fressen (*eat*)	fraß	gefressen	frißt
frieren (*be cold; freeze*)	fror	gefroren	
gären (*ferment*)	gor	ist gegoren	
	gärte	(gegärt)	
gebären (*give birth to*)	gebar	geboren	gebiert
geben (*give*)	gab	gegeben	gibt
gedeihen (*thrive*)	gedieh	ist gediehen	
gefallen (*please*)	gefiel	gefallen	gefällt
gehen (*go*)	ging	ist gegangen	
gelingen (*succeed*)	gelang	ist gelungen	
gelten (*be worth, be considered*)	galt	gegolten	gilt
genesen (*recover*)	genas	ist genesen	
genießen (*enjoy*)	genoß	genossen	
geschehen (*happen*)	geschah	ist geschehen	geschieht
gestehen (*confess*)	gestand	gestanden	

INFINITIVE	SIMPLE PAST	PAST PART.	3RD SING. PRES.
gewinnen (*win*)	gewann	gewonnen	
gießen (*pour*)	goß	gegossen	
gleichen (*resemble*)	glich	geglichen	
gleiten (*slide, slip*)	glitt	(ist) geglitten	
glimmen (*glow*)	glomm	geglommen	
graben (*dig*)	grub	gegraben	gräbt
greifen (*grasp, grip*)	griff	gegriffen	
haben (*have*)	hatte	gehabt	hat
halten (*hold; stop*)	hielt	gehalten	halt
hängen (*hang*)	hing	gehangen	hängt
hauen (*beat; hew*)	hieb	gehauen	
heben (*lift, raise*)	hob	gehoben	
heißen (*be called*)	hieß	geheißen	
helfen (*help*)	half	geholfen	hilft
kennen (*know*)	kannte	gekannt	
klimmen (*climb*)	klomm	ist geklommen	
klingen (*sound, tinkle*)	klang	geklungen	
kneifen (*pinch*)	kniff	gekniffen	
kommen (*come*)	kam	ist gekommen	
kriechen (*creep, crawl*)	kroch	ist gekrochen	
laden (*load*)	lud	geladen	lädt
lassen (*let; cause*)	ließ	gelassen	läßt
laufen (*run*)	lief	ist gelaufen	läuft
leiden (*suffer*)	litt	gelitten	
leihen (*lend*)	lieh	geliehen	
lesen (*read*)	las	gelesen	liest
liegen (*lie, be lying*)	lag	gelegen	
lügen (*tell a lie*)	log	gelogen	
mahlen (*grind*)	mahlte	gemahlen	
meiden (*avoid*)	mied	gemieden	
melken (*milk*)	molk	gemolken	
	(melkte)	(gemelkt)	
messen (*measure*)	maß	gemessen	mißt
nehmen (*take*)	nahm	genommen	nimmt
nennen (*name, call*)	nannte	genannt	
pfeifen (*whistle*)	pfiff	gepfiffen	
preisen (*praise*)	pries	gepriesen	
quellen (*gush forth*)	quoll	ist gequollen	quillt
raten (*advise; guess*)	riet	geraten	rät
reiben (*rub*)	rieb	gerieben	
reißen (*tear, rend*)	riß	gerissen	
reiten(*ride horseback*)	ritt	(ist) geritten	
rennen (*run*)	rannte	ist gerannt	

INFINITIVE	SIMPLE PAST	PAST PART.	3RD SING. PRES.
riechen (*smell*)	roch	gerochen	
ringen (*struggle, wrestle*)	rang	gerungen	
rinnen (*trickle*)	rann	ist geronnen	
rufen (*call*)	rief	gerufen	
salzen (*salt*)	salzte	gesalzen (gesalzt)	
saufen (*drink*)	soff	gesoffen	
saugen (*suck*)	sog (saugte)	gesogen (gesaugt)	
schaffen (*create*)	schuf	geschaffen	
scheiden (*part*)	schied	geschieden	
scheinen (*shine; seem*)	schien	geschienen	
schelten (*scold*)	schalt	gescholten	schilt
scheren (*shear*)	schor	geschoren	
schieben (*push*)	schob	geschoben	
schießen (*shoot*)	schoß	geschossen	
schlafen (*sleep*)	schlief	geschlafen	schläft
schlagen (*beat, hit, strike*)	schlug	geschlagen	schlägt
schleichen (*sneak*)	schlich	ist geschlichen	
schleifen (*sharpen*)	schliff	geschliffen	
schließen (*close*)	schloß	geschlossen	
schlingen (*sling*)	schlang	geschlungen	
schmeißen (*throw*)	schmiß	geschmissen	
schmelzen (*melt*)	schmolz	(ist) geschmolzen	schmilzt
schneiden (*cut*)	schnitt	geschnitten	
schreiben (*write*)	schrieb	geschrieben	
schreien (*shout, scream*)	schrie	geschrie(e)n	
schreiten (*stride*)	schritt	ist geschritten	
schweigen (*be silent*)	schwieg	geschwiegen	
schwellen (*swell*)	schwoll	ist geschwollen	schwillt
schwimmen (*swim*)	schwamm	(ist) geschwommen	
schwinden (*dwindle*)	schwand	ist geschwunden	
schwingen (*swing*)	schwang	geschwungen	
schwören (*swear*)	schwor	geschworen	
sehen (*see*)	sah	gesehen	sieht
sein (*be*)	war	ist gewesen	ist
senden (*send*)	sandte (sendete)	gesandt (gesendet)	
sieden (*boil, seethe*)	sott (siedete)	gesotten (gesiedet)	
singen (*sing*)	sang	gesungen	
sinken (*sink*)	sank	ist gesunken	
sinnen (*meditate*)	sann	gesonnen	

INFINITIVE	SIMPLE PAST	PAST PART.	3RD SING. PRES.
sitzen (*sit*)	saß	gesessen	
speien (*spit*)	spie	gespie(e)n	
spinnen (*spin*)	spann	gesponnen	
sprechen (*speak*)	sprach	gesprochen	spricht
sprießen (*sprout*)	sproß	ist gesprossen	
springen (*jump*)	sprang	ist gesprungen	
stechen (*prick, sting*)	stach	gestochen	sticht
stehen (*stand*)	stand	gestanden	
stehlen (*steal*)	stahl	gestohlen	stiehlt
steigen (*climb, ascend*)	stieg	ist gestiegen	
sterben (*die*)	starb	ist gestorben	stirbt
stinken (*stink*)	stank	gestunken	
stoßen (*push*)	stieß	gestoßen	stößt
streichen (*stroke; paint*)	strich	gestrichen	
streiten (*fight, quarrel*)	stritt	gestritten	
tragen (*carry; wear*)	trug	getragen	trägt
treffen (*meet; hit*)	traf	getroffen	trifft
treiben (*drive*)	trieb	getrieben	
treten (*kick, step*)	trat	(ist) getreten	tritt
trinken (*drink*)	trank	getrunken	
tun (*do*)	tat	getan	
verbergen (*hide*)	verbarg	verborgen	verbirgt
verbieten (*forbid*)	verbot	verboten	
verderben (*spoil*)	verdarb	verdorben	verdirbt
vergessen (*forget*)	vergaß	vergessen	vergißt
verlieren (*lose*)	verlor	verloren	
vermeiden (*avoid*)	vermied	vermieden	
vermögen (*be able*)	vermochte	vermocht	vermag
verzeihen (*forgive; excuse*)	verzieh	verziehen	
wachsen (*grow*)	wuchs	ist gewachsen	wächst
waschen (*wash*)	wusch	gewaschen	wäscht
weben (*weave*)	wob (webte)	gewoben (gewebt)	
weisen (*show, point to*)	wies	gewiesen	
wenden (*turn*)	wandte (wendete)	gewandt (gewendet)	
werben (*vie, compete*)	warb	geworben	wirbt
werden (*become, get*)	wurde	ist geworden	wird
werfen (*throw*)	warf	geworfen	wirft
wiegen (*weigh*)	wog	gewogen	
winden (*wind*)	wand	gewunden	
wissen (*know*)	wußte	gewußt	weiß
ziehen (*pull; go, march*)	zog	(ist) gezogen	
zwingen (*force*)	zwang	gezwungen	

7. Declension of *der* and *dieser*

SINGULAR

der	die	das	dieser	diese	dieses (dies)
des	der	des	dieses	dieser	dieses
dem	der	dem	diesem	dieser	diesem
den	die	das	diesen	diese	dieses (dies)

PLURAL (ALL GENDERS)

die	diese
der	dieser
den	diesen
die	diese

8. Der–Words

dieser	*this*	mancher	*many a*
jeder	*each, every* (plural: alle)	solcher	*such a*
jener	*that*	welcher	*which, what*
aller	*all*		

9. *Der* and *welcher* as Relative Pronouns

SINGULAR

der	die	das	welcher	welche	welches
dessen	deren	dessen	(dessen)	(deren)	(dessen)
dem	der	dem	welchem	welcher	welchem
den	die	das	welchen	welche	welches

PLURAL

die	welche
deren	(deren)
denen	welchen
die	welche

10. Interrogative Pronouns *wer?* and *was?*

wer?	was?
wessen?	—
wem?	—
wen?	was?

11. Declension of Ein–Words

SINGULAR

ein	eine	ein		mein	meine	mein
eines	einer	eines		meines	meiner	meines
einem	einer	einem		meinem	meiner	meinem
einen	eine	ein		meinen	meine	mein

unser	unsere	unser
unseres	unserer	unseres
unserem	unserer	unserem
unseren	unsere	unser

PLURAL (ALL GENDERS)

meine	unsere
meiner	unserer
meinen	unseren
meine	unsere

12. Ein–Words

ein	kein

mein	unser
dein	euer
sein	ihr
ihr	Ihr

13. Ein–Words Used as Pronouns Declined Like *der*

SINGULAR			PLURAL (ALL GENDERS)
keiner	keine	keines (keins)	keine
keines	keiner	keines	keiner
keinem	keiner	keinem	keinen
keinen	keine	keines (keins)	keine

14. Personal Pronouns

SINGULAR

NOM.:	ich	du	er	sie	es	man
GEN.:	(meiner)	(deiner)	(seiner)	(ihrer)	(seiner)	—
DAT.:	mir	dir	ihm	ihr	ihm	einem
ACC.:	mich	dich	ihn	sie	es	einen

PLURAL   FORMAL

NOM.:	wir	ihr	sie	Sie
GEN.:	(unserer)	(euerer)	(ihrer)	(Ihrer)
DAT.:	uns	euch	ihnen	Ihnen
ACC.:	uns	euch	sie	Sie

15. Weak Adjective Endings (After Der–Words)

SINGULAR

der nette Mann	die gute Frau	das kleine Kind
des netten Mannes	der guten Frau	des kleinen Kindes
dem netten Mann(e)	der guten Frau	dem kleinen Kind(e)
den netten Mann	die gute Frau	das kleine Kind

PLURAL

die reichen Männer (Frauen, Kinder)
der reichen Männer (Frauen, Kinder)
den reichen Männern (Frauen, Kindern)
die reichen Männer (Frauen, Kinder)

16. Strong Adjective Endings (Not Preceded by a Der– or Ein–Word)

SINGULAR

guter Wein	frische Milch	kaltes Wasser
guten Weines	frischer Milch	kalten Wassers
gutem Wein	frischer Milch	kaltem Wasser
guten Wein	frische Milch	kaltes Wasser

PLURAL (ALL GENDERS)

rote Äpfel
roter Äpfel
roten Äpfeln
rote Äpfel

17. Mixed Adjective Endings (After Ein–Words)

SINGULAR

kein netter Mann	keine gute Frau	kein kleines Kind
keines netten Mannes	keiner guten Frau	keines kleinen Kindes
keinem netten Mann	keiner guten Frau	keinem kleinen Kind
keinen netten Mann	keine gute Frau	kein kleines Kind

PLURAL (ALL GENDERS)

keine netten Männer (Frauen, Kinder)
keiner netten Männer (Frauen, Kinder)
keinen netten Männern (Frauen, Kindern)
keine netten Männer (Frauen, Kinder)

18. Declension of *derselbe* and *derjenige*

SINGULAR

derselbe	dieselbe	dasselbe
desselben	derselben	desselben
demselben	derselben	demselben
denselben	dieselbe	dasselbe

derjenige	diejenige	dasjenige
desjenigen	derjenigen	desjenigen
demjenigen	derjenigen	demjenigen
denjenigen	diejenige	dasjenige

PLURAL (ALL GENDERS)

dieselben	diejenigen
derselben	derjenigen
denselben	denjenigen
dieselben	diejenigen

19. Class I Nouns (Strong)[1]

No ending in plural; Umlaut: masculines sometimes, feminines always, neuters never.

---

1. Feminine nouns have no inflectional endings in the singular.

SINGULAR	–	der Vater	PLURAL	(¨)–	die Väter
	–s	des Vaters		(¨)–	der Väter
	–	dem Vater		(¨)n	den Vätern
	–	den Vater		(¨)–	die Väter

To Class I belong:

(a) masculine and neuter nouns ending in –el, –en, –er;

(b) nouns with the suffixes –chen and –lein (always neuter);

(c) neuter nouns with the prefix Ge– and the ending –e (das Gebirge);

(d) the two feminines die Mutter, die Tochter.

20. Class II Nouns (Strong)[1]

Plural in –e; Umlaut: masculines often, feminines always, neuters never.

SINGULAR	–	der Baum	PLURAL	(¨)e	die Bäume
	–(e)s	des Baumes		(¨)e	der Bäume
	–(e)	dem Baum(e)		(¨)en	den Bäumen
	–	den Baum		(¨)e	die Bäume

To Class II belong:

(a) most masculine, feminine, and some neuter monosyllabic nouns;

(b) masculine nouns ending in –ich, –ig, –ling;

(c) feminine and neuter nouns ending in –nis and –sal;

(d) neuter nouns of more than one syllable with the prefix Ge– (das Geschenk) and some neuter nouns of non-German origin with the word accent on the last syllable (das Paket).

21. Class III Nouns (Strong)[1]

Plural in –er; Umlaut: wherever possible.

SINGULAR	–	das Buch	PLURAL	¨er	die Bücher
	–(e)s	des Buches		¨er	der Bücher
	–(e)	dem Buch(e)		¨ern	den Büchern
	–	das Buch		¨er	die Bücher

To Class III belong:

(a) a few monosyllabic masculine nouns;

(b) most monosyllabic neuter nouns;

(c) nouns ending in –tum;

(d) no feminine nouns.

---

1. Feminine nouns have no inflectional endings in the singular.

22. Class IV Nouns (Weak)[1]

Singular and plural in –(e)n; Umlaut: never.

		SINGULAR				PLURAL	
SINGULAR	–	der Mensch		PLURAL	–en	die Menschen
	–en	des Menschen			–en	der Menschen
	–en	dem Menschen			–en	den Menschen
	–en	den Menschen			–en	die Menschen

To Class IV belong:
  (a) masculine nouns ending in –e and denoting male beings;
  (b) masculine nouns of non-German origin with the accent on the last syllable;
  (c) a few monosyllabic nouns **(der Mensch, der Fürst, der Herr** [–n in the singular, –en in the plural], and others) ;
  (d) feminine nouns of more than one syllable (except **die Mutter, die Tochter)** ;
  (e) a few monosyllabic feminines not in Class II **(die Frau, die Tür, die Uhr, die Zeit,** and others) ;
  (f) No neuter nouns.

23. Nouns with Irregular Forms

A few masculine and neuter nouns have strong forms in the singular and weak forms in the plural; they never have Umlaut:

SINGULAR	–	der Staat	PLURAL	–en	die Staaten
	–(e)s	des Staates		–en	der Staaten
	–(e)	dem Staat(e)		–en	den Staaten
	–	den Staat		–en	die Staaten

The following nouns belong to Class I but normally occur without a final –n in the nominative singular: **der Friede, der Funke, der Gedanke, der Glaube, der Name, der Wille.**

SINGULAR	PLURAL
der Name	die Namen
des Namens	der Namen
dem Namen	den Namen
den Namen	die Namen

---

1. Feminine nouns have no inflectional endings in the singular.

Herz is declined as follows:

SINGULAR	PLURAL
das Herz	die Herzen
des Herzens	der Herzen
dem Herzen	den Herzen
das Herz	die Herzen

24. Prepositions with the Genitive

anstatt, statt	*instead of*	diesseits	*this side of*
trotz	*in spite of*	jenseits	*that side of*
während	*during*	oberhalb	*above*
wegen	*because of*	unterhalb	*below*
um . . . willen	*for the sake of*	innerhalb	*within*
		außerhalb	*outside of*

25. Prepositions with the Dative Only

aus	*out of*	mit	*with*
außer	*besides, except*	nach	*after, to, according to*
bei	*near, at (someone's house)*	seit	*since, for (temporal)*
gegenüber	*opposite, toward*	von	*from, by*
		zu	*to*

26. Prepositions with the Accusative Only

durch	*through, by means of*	ohne	*without*
für	*for*	um	*around, at (time)*
gegen	*against*	wider	*against*

27. Prepositions with the Dative or Accusative

an	*on, at, to*	über	*over, above*
auf	*on, upon*	unter	*under, among*
hinter	*behind*	vor	*before, in front of*
in	*in, into*	zwischen	*between*
neben	*beside, next to*		

28. Numerals

	CARDINALS		ORDINALS
0	null		
1	eins	der, die, das	erste
2	zwei		zweite
3	drei		dritte
4	vier		vierte
5	fünf		fünfte
6	sechs		sechste
7	sieben		sieb(en)te
8	acht		achte
9	neun		neunte
10	zehn		zehnte
11	elf		elfte
12	zwölf		zwölfte
13	dreizehn		dreizehnte
14	vierzehn		vierzehnte
15	funfzehn		fünfzehnte
16	sechzehn		sechzehnte
17	siebzehn		siebzehnte
18	achtzehn		achtzehnte
19	neunzehn		neunzehnte
20	zwanzig		zwanzigste
21	einundzwanzig		einundzwanzigste
22	zweiundzwanzig		zweiundzwanzigste
30	dreißig		dreißigste
40	vierzig		vierzigste
50	fünfzig		fünfzigste
60	sechzig		sechzigste
70	siebzig		siebzigste
80	achtzig		achtzigste
90	neunzig		neunzigste
100	hundert		hundertste
101	hunderteins		hunderterste
121	hunderteinundzwanzig		hunderteinundzwanzigste
200	zweihundert		zweihundertste
1000	tausend		tausendste

eine Million	*one million*
zwei Millionen	*two million*
eine Milliarde	*one billion*
eine Billion	*1000 billions*

29. Punctuation

German puctuation, though similar to English, has some major differences:

(a) The comma is used to set off *all* dependent clauses, including modified infinitive phrases:

> Der Freund, **den er besuchte,** war sehr aufmerksam.
> Ich würde ihm schreiben, **wenn es möglich wäre.**
> Er weigerte sich, **mir die Wahrheit zu sagen.**

Note: Simple infinitive phrases are not set off by commas: Er hatte vergessen zu schreiben.

(b) Exclamation points are normally used after imperatives: **Erklären Sie es bitte!**

(c) In decimals, German uses the comma where English uses the period: **2,26 (zwei Komma zwei sechs)**   2.26 (*two point two six*)

The period indicates an ordinal: **der 22. Februar (der zweiundzwanzigste Februar)**

30. Syllabication

German words are divided at the end of a line according to units of sound:

(a) A syllable normally begins with a consonant; division occurs *before* a consonant: **tra/gen; lie/ben; a/me/ri/ka/nisch; Blu/me.**

(b) In a combination of two or more consonants, the division occurs before the last consonant: **wer/den, for/dern; Bir/ne; Dank/bar/keit.**

(c) The combinations **ch, sch, ß, ph,** and **st** are never divided: **la/chen; wün/schen; bei/ßen; Phi/lo/so/phie; lieb/ste.**

(d) **ck** is divided **k/k: stecken, stek/ken.**

(e) Compounds, including words with common prefixes and suffixes, are divided according to components: **Kopf/weh; Aus/druck; her/aus; Bäum/chen.**

VOCABULARIES

The German–English vocabulary is complete except for some obvious cognates and compounds and a few common pronouns, prepositions, and similar basic words. Genitive endings are given only for nouns forming their genitive in –(e)n or –(e)ns. Principal parts are listed for irregular verbs. Separate prefixes are hyphenated. A dash stands for the key word. Definitions are for the contexts in this book. The English–German vocabulary includes words occurring in the English-to-German exercises. A few very basic words are omitted. For principal parts of irregular verbs, consult the Appendix.

ab: — **und zu** now and then

der **Abend, –e** evening; **am** — in the evening; **zu** — **essen** to eat dinner

abend: heute — tonight; **gestern** — last night

das **Abendessen,** — dinner

die **Abendgesellschaft, –en** party

abends in the evening

aber but; however

ab-fahren, fuhr ab, ist abgefahren to leave, depart

die **Abfahrt, –en** departure

ab-fliegen, flog ab, ist abgeflogen to leave (by plane)

ab-geben (gibt ab), gab ab, abgegeben to deliver

der **Abgeordnete, –n, –n** representative, deputy (*parliamentary*)

ab-hängen to depend; to hang up, ring off

ab-härten to harden, inure

ab-holen to call for, pick up

ab-klingen to fade away

das **Ableben** demise

ab-legen to take off, lay down; to take (*exam*); to complete (*studies*)

(sich) ab-lenken to divert (oneself)

ab-machen to undo, detach; to agree

ab-nehmen (nimmt ab), nahm ab, abgenommen to take off; to lose weight

die **Abneigung, –en** aversion, dislike

ab-raten (rät ab), riet ab, abgeraten to advise against

ab-reisen to leave

ab-richten to train

ab-schlagen (schlägt ab), schlug ab, abgeschlagen to refuse

ab-schließen, schloß ab, abgeschlossen to lock up

die **Abschlußprüfung, –en** final examination

ab-schneiden, schnitt ab, abgeschnitten to fare (*well or badly on a test*)

ab-schreiben, schrieb ab, abgeschrieben to copy

die **Absicht, –en** intention

die **Absperrkette, –n** chain barrier

sich **ab-spielen** to take place

ab-statten: einen Besuch — to pay a visit

ab-stehen, stand ab, abgestanden to protrude, stick out

ab-stellen to turn off

die **Abteilung, –en** department

abtrünnig recreant, disloyal

ab-warten to wait for

abweisend unfriendly, cool

die **Acht: sich in acht nehmen** to be careful, watch out

achten to respect; — **auf** to pay attention; to heed

die **Achtung** attention, respect; — **haben vor jemand** to have respect for someone

die **Adresse, –n** address; **du kommst an die falsche** — you are barking up the wrong tree

der **Affe, –n, –n** monkey, ape

ähneln to resemble

ahnen to suspect, have an idea of

ähnlich similar, like; — **sehen** to resemble

ahnungslos unsuspecting

die **Aktenmappe, –n, die Aktentasche, –n** portfolio, briefcase

der **Akzent, –e** accent

alle all; — **zwei Jahre** every two years

die **Allee, –n** alley, walk, avenue

allein alone; however, yet

alleinig sole

allerdings indeed, to be sure

allerlei all kinds of

alles all, everything

allezeit always, at all times

allgemein general; **im allgemeinen** in general

allwissend omniscient

die **Alpen** (*pl.*) Alps

als as, when; than; — **ob** as if; — **wenn** as if

also thus; therefore; so

alt old

das **Alter** age; **in unserm** — **sein** to be our age

der **Altar, ⸚e** altar

altmodisch old-fashioned

die **Altstadt, ⸚e** old part of the city

(das) **Amerika** America

der **Amerikaner, –** American

amerikanisch American

amüsant amusing

sich **amüsieren** to have a good time

an-bauen to till, cultivate

an-bieten, bot an, angeboten to offer; **eine Stelle** —— to offer a job

der **Anblick, –e** sight

andauernd all the time, continually

ander- other, different; **anders** differently; **etwas anderes** something else; **alles andere** everything else; **der andere** the other one; **unter anderem** among other things

andererseits on the other hand
(sich) ändern to change
anders otherwise
die Änderung, –en change
an-deuten to indicate
an-drehen to turn on
sich an-eignen to appropriate, take charge of
der Anfang, ⁼e beginning; von — an from the beginning
an-fangen (fängt an), fing an, angefangen to start, begin
anfänglich initially
an-fertigen to make, manufacture
an-geben (gibt an), gab an, angegeben to declare, state, indicate
angeblich allegedly, supposedly
angeboren in-born
angegeben given
an-gehören to be a member of, belong to
die Angelegenheit, –en matter, affair, case
angenehm agreeable, pleasant; es ist ihm — it is fine with him
angesehen respected
der Angestellte, –n, –n employee
angewiesen (auf) dependent (on)
angezogen dressed
an-greifen, griff an, angegriffen to attack
die Angst, ⁼e fear, anxiety; — haben vor to be afraid of; es mit der — zu tun haben to be scared; to be afraid
an-haben, hatte an, angehabt to have on
an-halten (hält an), hielt an, angehalten to stop
sich an-hören to sound
an-kommen, kam an, ist angekommen to arrive; das kommt auf ihn an that depends on him
an-kündigen to announce
die Ankunft, ⁼e arrival
an-lachen to laugh at; to laugh in someone's face; to smile on, show favor
die Anlagen (pl.) grounds, parks
an-legen to lay out, found; to invest
an-machen: das Licht — to turn on the light
an-melden to announce, notify; to register
an-nehmen (nimmt an), nahm an, angenommen to assume; to accept
annulieren to annul

an-probieren to try on
der Anruf, –e telephone call
an-rufen, rief an, angerufen to telephone, call up
an-sagen to announce
der Ansager, – announcer
sich an-schaffen to buy, get
(sich) an-schauen to look, take a look, see
anscheinend apparent
der Anschluß, ⁼sse connection; — finden to make friends
sich an-sehen (sieht sich an), sah sich an, hat sich angesehen to see, take a look at; hoch ansehen to respect highly
die Ansicht, –en opinion, view; nach meiner — in my opinion
die Ansprache, –n speech, talk, address
der Anspruch, ⁼e claim, demand; in — nehmen to require, make demands
anständig polite, decent; sizeable
anstatt, anstelle instead of
die Ansteckung, –en infection
an-stellen to employ, hire; sich — to act, pretend
die Anstellung, –en job, position, employment
an-streichen, strich an, angestrichen to paint
an-strengen to strain, require exertion; sich — to try hard, exert oneself
der Antrag, ⁼e offer, proposal; einen — stellen to file an application
an-treffen (trifft an), traf an, angetroffen to find (someone) in; to meet, come across
an-tun, tat an, angetan to do to
die Antwort, –en answer
antworten to answer
der Anwalt, ⁼e attorney
anwesend present
die Anzahl number, quantity
die Anzeige, –n advertisement, announcement, notice
an-ziehen, zog an, angezogen to put on (clothes); sich — to get dressed
der Anzug, ⁼e suit
an-zünden to ignite, burn
der Apfel, ⁼ apple
der Apfelkuchen, – apple cake
der Apfelsaft apple juice
die Apfelsine, –n orange
der Apfelsinensaft orange juice
die Apotheke, –n pharmacy
der Apotheker, – pharmacist

der **Apparat, –e** apparatus, set
der **Appetit** appetite
die **Arbeit, –en** work; workmanship
    arbeiten to work
die **Arbeiterversammlung, –en** workers'
    meeting
der **Arbeitgeber, –** employer
    ärgern to make angry; **sich — (über)**
    to get angry (about, at)
der **Arm, –e** arm
die **Armbeuge, –n** crook of the arm
der **Ärmel, –** sleeve
die **Art, –en** kind, type; nature, manner,
    way; style; behavior
der **Artikel, –** article
der **Arzt, ⁻e; die Ärztin, –nen** physician
das **Aspirin, –** aspirin
die **Atmung** respiration
    auch also, too
    auf-brausen to fly into a rage
der **Aufenthalt, –e** stay, stop, sojourn,
    residence
    auf-fallen (fällt auf), fiel auf, ist
    aufgefallen to attract attention; to
    strike; **es ist mir aufgefallen** I was
    struck (by)
    auf-führen to put on, perform
die **Aufgabe, –n** assignment, homework;
    task
    auf-geben (gibt auf), gab auf, auf-
    gegeben to give up
    auf-gehen, ging auf, ist aufgegangen
    to go up, rise
(sich) auf-halten (hält sich auf), hielt sich
    auf, hat sich aufgehalten to stay,
    stop
    auf-hören to stop, cease
    auf-leuchten to light up
    auf-machen to open
die **Aufmachung, –en** get-up; decor; dis-
    play
    aufmerksam kind, attentive, courte-
    ous, polite, mindful; **— machen** to
    call attention to
die **Aufmerksamkeit, –en** attention, cour-
    tesy
die **Aufnahme, –n** photograph, picture
    auf-nehmen (nimmt auf), nahm auf,
    aufgenommen to take in, shelter;
    falsch — to take the wrong way
    auf-passen to pay attention
    auf-räumen to clean up, tidy up
sich aufrecht-setzen to sit upright, sit up
    straight
    auf-regen to excite; **sich —** to get
    excited
der **Aufsatz, ⁻e** composition

das **Aufschnaufen** "breather"
    auf-schreiben, schrieb auf, aufge-
    schrieben to note, jot down, write
    down
der **Aufschwung** rise; recovery; prosperity
    auf-sehen (sieht auf), sah auf, aufge-
    sehen to look up
    auf-stehen, stand auf, ist aufgestanden
    to get up
das **Auge, –n** eye; **Augen machen** to be
    surprised
der **Augenblick, –e** moment
sich aus-bedingen to reserve to oneself by
    stipulation
    aus-brechen (bricht aus), brach aus,
    ist ausgebrochen to break out (as
    fire)
    aus-drehen to turn off, turn out
der **Ausdruck, ⁻e** expression
(sich) aus-drücken to express (oneself)
    auseinander-falten to unfold
die **Auseinandersetzung, –en** discussion,
    explanation
der **Ausflug, ⁻e** excursion, trip; **einen —**
    machen to take a trip
    aus-führen to take out; to invite out;
    to carry out, execute
    ausführlich detailed
    aus-füllen to fill up, fill out
die **Ausgabe, –** expenditure, expense
    aus-geben (gibt aus), gab aus, aus-
    gegeben to spend
    aus-gehen, ging aus, ist ausgegangen
    to go out; **— mit** to date
    ausgezeichnet excellent
sich aus-kennen, kannte sich aus, hat sich
    ausgekannt to know one's way
    about
    aus-kommen, kam aus, ist ausgekom-
    men to get by (on); to get along
    (with)
die **Auskunft, ⁻e** information
das **Ausland** abroad, foreign countries
der **Ausländer, –** foreigner
    ausländisch foreign
    aus-lernen to finish learning
    aus-machen to matter; **das macht**
    nichts aus that doesn't matter
    aus-rechnen to calculate
die **Ausrede, –n** excuse
    aus-richten to give a message
sich aus-ruhen to rest
die **Aussage, –n** testimony, declaration
    ausschließlich exclusively
    aus-sehen (sieht aus), sah aus, aus-
    gesehen to look, appear
das **Aussehen** appearance, looks

die **Außenpolitik** foreign policy
außer besides, outside of
außerdem besides
äußergewöhnlich extraordinary
außerhalb outside of
äußern to express
äußerst extremely, very
aus-setzen to pause, stop; — **an** to find fault with
die **Aussicht, –en** view; prospect
die **Aussprache** pronunciation
aus-sprechen (spricht aus), sprach aus, ausgesprochen to express; to finish talking
aus-stehen, stand aus, ausgestanden to put up with
aus-steigen, stieg aus, ist ausgestiegen to get out, get off
aus-stellen to exhibit
die **Ausstellung, –en** exhibit, exposition
aus-stoßen (stößt aus), stieß aus, ausgestoßen to emit
aus-suchen to pick out, choose, select
die **Auster, –n** oyster
aus-üben: einen Beruf — to practice a profession
ausverkauft sold out
die **Auswahl** choice
aus-wählen to pick, choose
aus-weichen, wich aus, ausgewichen to evade, get out of
auswendig by heart
sich **aus-ziehen, zog sich aus, hat sich ausgezogen** to undress
das **Auto, –s** car
der **Autobus, –se** bus
die **Autokarte, –n** road map
das **Auto-Kino, –s** drive-in movie
der **Autor, –en** author

die **Bäckerei, –en** bakery
der **Badeanzug, ⁻e** bathing suit
sich **baden** to take a bath; to go bathing
die **Bahn, –en** railroad; track; path; **zur — gehen** to go to the railroad station
der **Bahnhof, ⁻e** railroad station
die **Bahnvorschrift, –en** railroad regulation
bald soon; so — **wie möglich** as soon as possible
baldig soon, prompt, early
der **Balkon, –e** balcony
die **Balkonkarte, –n** balcony ticket
der **Balkonplatz, ⁻e** balcony (seat)
die **Bank, –en** bank
die **Bank, ⁻e** bench

der **Bankier, –s** banker
das **Banngebiet, –e** proscribed area, area (of jurisdiction)
bauen to build
der **Bauernhof, ⁻e** farm
der **Baum, ⁻e** tree
der **Baumeister, –** builder
die **Baumwolle** cotton
der **Bayer, –n, –n** Bavarian
Bayern Bavaria
bayrisch Bavarian
beabsichtigen to intend, have in mind
beachten to pay attention to, watch, observe, notice
der **Beamte, –n, n** official
beantragen to propose
beantworten to answer
bearbeiten to work; to elaborate
beauftragen to commission, entrust with, order
bedauerlich regrettable
bedauern to regret
das **Bedauern** regret
sich **bedanken (für)** to be grateful (for), thank
bedenken, bedachte, bedacht to consider
bedeuten to signify; to mean
bedeutend significant
bedienen to serve; **sich —** to use
die **Bedienung** service
bedrängen to beset, press hard
bedürfen (bedarf), bedurfte, bedurft to need
das **Bedürfnis, –se** need
sich **beeilen** to hurry
beeindrucken to impress
beeinflussen to influence
sich **befinden, befand sich, hat sich befunden** to be located
das **Befinden** (state of) health
befolgen to follow
befragen to interrogate, examine
sich **befreunden** to make friends
befriedigt satisfied
begabt gifted, talented
begegnen (ist) to meet, encounter
begeistern to enthuse; **begeistert (von)** enthusiastic (about)
die **Begeisterung** enthusiasm
beginnen, begann, begonnen to begin
begleiten to accompany
begraben (begräbt), begrub, begraben to bury
das **Begräbnis, –se** burial, funeral
begreifen, begriff, begriffen to comprehend

begreiflich comprehensible, understandable

der **Begriff, –e** concept

begrüßen to greet

das **Behagen** comfort, ease

behalten (behält), behielt, behalten to keep; to remember

behandeln to treat, deal with

die **Behandlung, –en** treatment; **in ärztlicher —** under medical care

behaupten to claim, assert, maintain

beherrschen to command

behilflich helpful

die **Behörden** (*pl.*) authorities

beide both

beiderseits on both sides; mutually

die **Beifallsalve, –n** round of applause

das **Bein, –e** leg

beinahe almost

das **Beinkleid** trousers

beiseite aside

das **Beispiel, –e** example; **zum —** for example

bekannt known, famous; **— machen** to acquaint, introduce

der **Bekannte, –n, –n** acquaintance

bekannt-machen to announce, make known; to introduce

die **Bekanntschaft, –en** acquaintance

sich **bekennen (zu)** to embrace, believe in

sich **beklagen (über)** to complain (about)

die **Bekleidung** clothing

bekommen, bekam, bekommen to receive, get

der **Belang, –e** amount, importance; **von wenig —** of little importance

beleidigen to insult

der **Belgier, –** Belgian

beliebt popular; **sich — machen** to become popular

bemerken to notice

die **Bemerkung, –en** observation, remark

sich **bemühen (um)** to try hard (for), strive

benachrichtigen to inform

sich **benehmen (benimmt sich), benahm sich, hat sich benommen** to behave

das **Benehmen** conduct

beneiden to envy

benötigen to need

benutzen to employ, use

beobachten to observe

die **Beobachtung, –en** observation

bequem convenient, comfortable

sich **berauschen** to become intoxicated

berechnen to charge

der **Bereich, –e** sphere

bereit ready, prepared

bereuen to regret

der **Berg, –e** mountain

der **Bericht, –e** report

berichten to report

der **Beruf, –e** occupation, trade, profession; **von — sein** to be by profession

beruhen (auf) to be based (on)

sich **beruhigen** to calm down

berühmt famous

besagen to signify

sich **beschäftigen** to occupy oneself

der **Bescheid** information; **— wissen von** to have knowledge of

bescheiden modest

die **Bescheidenheit** modesty

beschenken to present with, make a present of

beschieden allotted, ordered, given

sich **beschränken** to restrict oneself

beschreiben, beschrieb, beschrieben to describe

beschuldigen to accuse

beschwatzen to coax, talk into

sich **beschweren** to complain

besichtigen to take a look at; to visit

sich **besinnen, besann sich, hat sich besonnen** to reflect; **sich anders —** to change one's mind

besitzen, besaß, besessen to own, possess

der **Besitzer, –** owner

besonders especially

besorgen to get, take care of

besorgt worried, concerned

die **Besorgung, –en** errand; **eine — machen** to go shopping

besprechen (bespricht), besprach, besprochen to discuss, review

besser better; **am besten** best; **etwas Besseres** something better

die **Besserung, –en** improvement

beständig constant, steady, continual

bestätigen to confirm

bestehen, bestand, bestanden to exist; **es besteht** there exists; **— auf** to insist upon; **— aus** to consist of; **das Examen —** to pass the exam

bestellen to order

bestimmt definite(ly), certain(ly)

bestrafen to punish

bestreiten, bestritt, bestritten to dispute, question

der **Besuch, –e** visit; **— abstatten** to pay a visit

besuchen to visit; to attend

betasten to touch, feel
beteiligt: — sein to take part in
betonen to emphasize, stress
der Betracht: in — ziehen to take into
consideration
betrachten to look at, observe; to
consider
betreten (betritt), betrat, betreten to
enter
das Bett, –en bed; zu — gehen to go to
bed
betupfen to daub
beugen to bend
beurteilen to judge
bevor before
bevorzugen to favor, prefer
sich bewegen to move
die Bewegung, –en movement, motion;
in — setzen to set in motion
beweisen, bewies, bewiesen to prove
sich bewerben (um) to apply (for)
bewerkstelligen to accomplish
bewohnen to occupy, live at
bewundern to admire
die Bewunderung admiration
bewußt conscious
bezahlen to pay (for)
bezeichnen to describe, designate,
label
bezeigen to show
sich beziehen (auf), bezog sich, hat sich
bezogen to refer to
der Bezug: mit — auf with regard to
bezüglich pertinent
bezweifeln to doubt
die Bibliothek, –en library
die Biederkeit loyalty
biegen, bog, (ist) gebogen to bend;
to turn
der Bienensaug white dead-nettle
das Bier, –e beer
bieten, bot, geboten to offer
das Bild, –er picture, snapshot; setze
mich ins Bild fill me in
bilden to form, shape
das Billet, –te or –s ticket
billig cheap, inexpensive
billigen to approve (of)
binden, band, gebunden to tie, bind
die Birne, –n pear
bis until, to, as far as; — später see
you later
bisher until now, thus far
bißchen; ein — a little; a bit
bitte please; you are welcome; wie —?
I beg your pardon?
die Bitte, –n request

bitten, bat, gebeten to request; —
um to ask for
blähen to swell out
blättern to leaf through
blau blue
blauweiß blue and white
bleiben, blieb, ist geblieben to stay,
remain
der Bleistift, –e pencil
das Blendwerk deception, delusion
der Blick, –e look, glance; auf den ersten
— at first sight
blicken to look, glance
blinken to blink, flash
das Blinklicht, –er flashing light
blitzen: es blitzt it is lightening
bloß merely
blühen to bloom, blossom
die Blume, –n flower
das Blumenmädchen, – flower girl
das Blumensträußchen, – little bouquet
die Bluse, –n blouse
bluten to bleed
die Blutvergiftung blood poisoning
der Boden, ¨ floor; soil, ground
der Bodensee Lake Constance
die Bohne, –n bean
borgen to borrow, lend
die Börse, –n stock market
böse angry; evil
boshaft wicked, malicious
der Bote, –n, –n messenger
der Branntwein, –e spirits, brandy
braten (brät), briet, gebraten to roast
die Bratkartoffel, –n fried potato
brauchen to need; man braucht nicht
one doesn't have to
braun brown
die Braut, ¨e bride
der Bräutigam, –e bridegroom
das Brautkleid, –er bridal gown
der Brautmarsch bridal march
das Brautpaar, –e bridal couple
der Brautschleier, – bridal veil
brav well-behaved, upright, honest
breit broad, wide; weit und — far
and wide
brennen, brannte, gebrannt to burn
der Brief, –e letter
die Briefmarke, –n stamp
die Brieftaube, –n carrier pigeon
die Brille, –n eyeglasses
bringen, brachte, gebracht to bring
die Broschüre, –n brochure
das Brot, –e bread
das Brötchen, – roll
der Broterwerb breadwinning

die **Brücke, –n** bridge
der **Bruder, ∸** brother
   brüderlich brotherly
   brüllen to roar
das **Buch, ∸er** book
die **Buchhalterin, –nen** bookkeeper
der **Buchhändler, –** book dealer
die **Buchhandlung, –en** bookstore
der **Bug, ∸e** bow (*of a ship*)
der **Bundestag** (Federal) parliament
   bunt many-colored; bright; lively,
   wild; **es geht ihm zu — zu** they are
   going too far (for him)
der **Bürgermeister, –** mayor
das **Büro, –s** office
der **Bursche, –n, –n** fellow, chap, guy
der **Bus, –se** bus
die **Butter** butter
das **Butterbrot, –e** sandwich

das **Café, –s** café
der **Chef, –s** boss
die **Chemie** chemistry
der **Chemiker, –** chemist
der **Chirurg, –en, –en** surgeon

   da there; because, since; **— drüben**
   over there
   dabei at the same time
das **Dach, ∸er** roof
der **Dachstuhl** roof framework, rafters
   dafür for it, therefore
   dagegen against it; on the other
   hand; **etwas — haben** to mind, be
   opposed to
   daher from there; therefore
   dahin there; **bis dahin** till then
   dahin-gehen, ging dahin, ist dahin-
   gegangen to pass
   damals then, at that time
die **Dame, –n** lady
der **Damenartikel, –** lady's item (*article*
   of clothing, toiletwares, etc.)
   damit so that, in order that; with it,
   by that
   dämmern to grow light; to grow dark
die **Dämmerung** twilight
   danach later, then, afterward
der **Däne, –n, –n** Dane
der **Dank** thanks, gratitude
   dankbar grateful
die **Dankbarkeit** thankfulness
   danken to thank
   dann then, next
der **Darsteller, –** actor
die **Darstellerin, –nen** actress
   daran in it, of it, on it

   dar-tun, tat dar, dargetan to demon-
   strate
   darüber about it
   daß that (*conj.*)
die **Dauer: auf die —** in the long run
   dauern to last, take (time)
   davor about it, of it
   dawider against it
   dazu for it, for that purpose; to it;
   in addition
die **Decke, –n** blanket, cover
   decken to cover; **den Tisch —** to set
   the table
das **Deckenlicht, –er** ceiling light
   defilieren to march
der **Dekan, –e** dean
   DM = Deutsche Mark German
   mark(s)
   demzufolge according to which
   denken, dachte, gedacht to think
   denn for, because; *particle often used*
   to reinforce a question
   deprimiert depressed
   derjenige, diejenige, dasjenige the
   one, that one
   derselbe, dieselbe, dasselbe the same
   derweil while
   deshalb therefore
   deswegen therefore, on that account
   deutlich clear, distinct
(das) **Deutsch** German; **auf deutsch** in
   German
der **Deutsche, –n, –n** German
(das) **Deutschland** Germany
der **Deutschlehrer, –** German teacher
die **Deutschstunde, –n** German class
die **Diagnose, –n** diagnosis; **eine — stel-**
   len to make a diagnosis
der **Diamant, –en, –en** diamond
die **Diät –en** diet; **— leben, halten** to
   keep a diet
   dicht thick
der **Dichter, –** poet
   dick fat, corpulent
   dienen to serve
der **Diener, –** servant
der **Dienstag** Tuesday
der **Dienstbote, –n, –n** domestic servant
das **Dienstmädchen, –** maid
   dieser, diese, dieses this, that
   diesmal this time
   diesseits on this side of
das **Ding, –e** thing, object
   direkt direct; downright
   diskutieren to discuss
der **Distriktleiter, –** district leader
   doch but, yet, however, nevertheless;

after all, surely; (*contradicting a negative statement*) oh yes!

der **Dom, –e** cathedral

die **Donau** Danube

donnern to thunder

doppelt doubly

das **Dorf, ⁼er** village

dort there

der **Dramatiker, –** dramatist

(sich) **drängen** to crowd

draußen outside

drehen to turn

dreist saucy

die **Drogerie, –n** drugstore

drüben over there; **da —** over there

der **Druck** pressure, squeeze

drucken to print

drücken to press; **die Hand —** to shake the hand (*of someone*)

der **Duckmäuser, –** hypocrite

dulden to put up with

der **Dummkopf, ⁼e** idiot, birdbrain

dunkel dark

durch through

durchaus thoroughly; throughout

durchblicken to see through, penetrate

durchbohrend penetrating, piercing

durch-brechen (bricht durch), brach durch, durchgebrochen to break through

das **Durcheinander** confusion, mix-up

durch-lesen (liest durch), las durch, durchgelesen to read through

durch-machen to go through

durchschauen to see through

der **Durchschnitt** average

sich **durch-setzen** to make one's way

dürfen (darf), durfte, gedurft to be permitted to

das **Dutzend, –e** dozen

duzen to use **du** in addressing a person

eben just (now); simply; flat, plain

ebenso just as, equally; **— wie** just as

die **Ecke, –n** corner

ehe before, prior

die **Ehe, –n** marriage

die **Eheleute** (*pl.*) married couple

das **Ehepaar, –e** married couple, married people

eher rather; sooner

die **Ehre, –n** honor

ehrgeizig ambitious

ehrlich honest; **offen und —** to be honest

ehrwürdig dignified, venerable

das **Ei, –er** egg

der **Eid, –e** oath

der **Eifer** zeal

eigen own; **zu — machen** to make one's own, acquire

eigenartig peculiar

eigentlich really, in fact

eilen to hurry

einander each other, mutually, together

ein-biegen, bog ein, ist eingebogen to turn (into)

sich **ein-bilden** to imagine, like to think; **das bildest du dir nur so ein** you just imagine that

der **Eindruck, ⁼e** impression

einen to unite

einer somebody, one

einfach simple, plain, simply

ein-fahren (fährt ein), fuhr ein, ist eingefahren to drive in, enter

ein-fallen (fällt ein), fiel ein, ist eingefallen to occur, come to mind; **es fällt mir ein** it occurs to me

ein-führen to introduce; to lead into

ein-gehen, ging ein, ist eingegangen to go into, enter into

ein-hängen to hang up

einige a few, some, several

einiges a few things

der **Einkauf, ⁼e** purchase; **Einkäufe machen** to go shopping

ein-kaufen to buy; **— gehen** to go shopping

ein-kehren to stop at; to enter

die **Einkünfte** (*pl.*) income

ein-laden (lädt ein), lud ein, eingeladen to invite

die **Einladung, –en** invitation

die **Einleitung, –en** introduction

ein-lösen to cash; **einen Reisescheck —** to cash a travelers check

einmal once; **nicht —** not even

sich **ein-mischen** to meddle, become involved, be mixed up with

ein-packen to pack, wrap up

ein-proben to rehearse

ein-reichen to hand in, turn in

ein-richten to equip, arrange

eins one; one thing

ein-schalten to turn on, tune in

ein-schlagen (schlägt ein), schlug ein, eingeschlagen to break in, smash

ein-sehen (sieht ein), sah ein, eingesehen to realize, recognize

ein-setzen to declare, designate
die **Einspritzung, –en** injection
ein-stecken to pocket
ein-steigen, stieg ein, ist eingestiegen to get in, get aboard
einstens once
ein-teilen to divide up; to arrange
die **Einteilung, –en** division, classification
ein-treten (tritt ein), trat ein, ist eingetreten to step in, enter
die **Eintrittskarte, –n** ticket of admission
einverstanden: — sein to agree, approve
ein-willigen to consent
die **Einzelheit, –en** detail
einzeln single, separate
einzig only
das **Eis** ice; ice cream
die **Eisdiele, –n** ice cream parlor
die **Eisenbahn, –en** railroad
die **Eisentreppe, –n** iron staircase
das **Eisenwarengeschäft, –e** hardware store
eisgekühlt ice-cooled
der **Ekel** disgust
elegant elegant
die **Eltern** parents
der **Empfang** reception
empfangen (empfängt), empfing, empfangen to receive
empfehlen (empfiehlt), empfahl, empfohlen to recommend
empfinden, empfand, empfunden to feel
empor-sehen (sieht empor), sah empor, emporgesehen to look up
empörend shocking
das **Ende, –n** end
endlich finally
energisch energetic
der **Engländer, –** Englishman
der **Enkel, –** grandson
die **Enkelin, –nen** granddaughter
enorm enormous; very
entbrennen, entbrannte, entbrannt to take fire
die **Entdeckung, –en** discovery
entgegen toward
entgegen-blitzen to flash, sparkle toward
entgehen, entging, ist entgangen to escape, elude
entkommen, entkam, ist entkommen to escape
entlang along
entlassen (entläßt), entließ, entlassen to dismiss, fire
entmutigt discouraged

die **Entrüstung** indignation
entscheiden, entschied, entschieden to decide; **sich —** to decide, resolve
sich **entschließen, entschloß sich, hat sich entschlossen** to decide
entschuldigen to excuse; **sich —** to apologize
entsetzlich frightful, terrible
entsprechend corresponding; **dem Beispiel —** following the example
entspringen, entsprang, ist entsprungen to arise, spring from
entstehen, entstand, ist entstanden to begin, arise
entströmen (ist) to flow forth
enttäuschen to disappoint
entweder . . . oder either . . . or
sich **entziehen, entzog sich, hat sich entzogen** to elude
entzückend adorable, delightful
entzückt charmed, delighted
die **Entzündung, –en** inflammation, infection
der **Erbe, –n, –n** heir
erben to inherit
erbittern to embitter
die **Erbsensuppe, –n** pea soup
die **Erdbeere, –n** strawberry
die **Erdbestattung, –en** burial
der **Erdenbürger, –** citizen of the world, human being
der **Erdteil, –e** continent
das **Ereignis, –se** event
erfahren (erfährt), erfuhr, erfahren to learn, find out
erfahren experienced
die **Erfahrung, –en** experience
erfassen to grasp
erfinden, erfand, erfunden to invent
erfinderisch ingenious, inventive
der **Erfolg, –e** success
erfolgreich successful
erfreulich delightful, gratifying
erfüllen to fulfill, fill
die **Erfüllung: in — gehen** to come true, be fulfilled
ergänzen to complete, supplement
die **Ergänzung, –en** completion
ergebenst respectfully
das **Ergebnis, –se** result, outcome
ergehen: es erging ihm ähnlich things went similarly with him
ergiebig productive
ergreifen, ergriff, ergriffen to take up (a trade); to seize
erhalten (erhält), erhielt, erhalten to receive, get, preserve

sich **erholen** to relax; to recover (one's strength)

das **Erholen** recovery

die **Erholung** relaxation, vacation; **zur —** for a rest, for recreation; **in — gehen** to go on vacation

erinnern to remind

sich **erinnern (an)** to remember

die **Erinnerung, –en** memory, recollection

sich **erkälten** to catch (a) cold

erkennen, erkannte, erkannt to recognize

erklären to explain; to declare

die **Erklärung, –en** explanation

erkranken (ist) to fall sick

sich **erkundigen** to inquire, ask

erlauben to permit; **sich —** to afford

das **Erlebnis, –se** experience

erleichtern to facilitate; to make easy; **erleichtert** relieved

erliegen, erlag, erlegen to succumb

ermüden to get tired, make tired, tire out

ernähren to support; **sich —** to earn a living

erneuern to renew

ernst serious

ernsthaft serious

erobern to conquer

erreichen to reach; to arrive at (*a purpose, etc.*), gain

erregen to arouse

die **Erregung** excitement

erscheinen, erschien, ist erschienen to appear

erschöpfend exhaustive

erschrecken (erschrickt), erschrak, ist erschrocken to be frightened

ersetzen to replace

erst first; only; not until; **jetzt —** only now; **am ersten** on the first

das **Erstaunen** astonishment

erstaunt astonished

ersticken to suffocate

erstklassig first-rate

sich **erstrecken** to extend

erteilen to give, grant; **Rat —** to give advice

ertragen (erträgt), ertrug, ertragen to bear; to suffer

erwachsen grown-up, adult

der **Erwachsene, –n, –n** adult

erwähnen to mention

erwarten to expect; to await

erwecken to awaken

erwünschen to desire

erzählen to tell, relate

erziehen, erzog, erzogen to raise, rear

erzürnen to make angry, irritate

essen (ißt), aß, gegessen to eat

das **Essen** meal, eating

die **Etagenwohnung, –en** apartment

etwas something; somewhat

(das) **Europa** Europe

europäisch European

eventuell perhaps; eventually

ewig eternal

die **Ewigkeit** eternity

das **Examen, –** examination

experimentell experimental

fabelhaft fabulous, marvelous

die **Fabrik, –en** factory

der **Fabrikant, –en, –en** manufacturer

der **Fabrikarbeiter, –** factory worker

fabrizieren to manufacture

das **Fach, ⸚er** subject (*in school*)

die **Fachkenntnis, –se** specialist's knowledge

fad stupid, absurd, inane

fähig capable

fahren (fährt), fuhr, ist gefahren to drive, ride

der **Fahrer, –** driver

die **Fahrkarte, –n** ticket (*railroad, bus*); **eine — lösen** to buy a ticket

das **Fahrgeld, –er** fare

das **Fahrrad, ⸚er** bicycle

die **Fahrt, –en** trip

die **Fahrtgeschwindigkeit, –en** speed limit

der **Fall, ⸚e** case; **auf jeden —** in any case; **im Falle** in the event

fallen (fällt), fiel, ist gefallen to fall

falls if, in case

falsch wrong, false; **— verstehen** to misunderstand

die **Familie, –n** family

der **Familienfreund, –e** friend of the family

die **Farbe, –n** color

farbig colored

die **Farm, –en** farm

der **Fasching** carnival, "mardi gras"

die **Faschingszeit** Shrovetide

fassen to seize, grip, catch

fast almost

faul lazy

faulenzen to loaf

der **Federkrieg, –e** paper war

fehlen to be missing; **mir fehlt nichts** I'm all right, nothing is wrong

der **Fehler, –** mistake, error; fault

fehlerfrei without mistakes

feierlich solemn

der **Feierabend, –e** evening leisure, free time after work
feig cowardly
die **Feile, –n** file
fein fine
der **Feind, –e** enemy
das **Feld, –er** field
der **Feldherr, –n, –en** general
der **Fels, –en, –en** rock, cliff
das **Fenster, –** window
die **Ferien** (*pl.*) vacation
der **Ferientag, –e** vacation day
das **Ferienziel, –e** vacation goal
fern(e) far
der **Fernsehapparat, –e** television set
das **Fernsehen** television; **im —** on television
die **Fernsehkamera, –s** TV camera
fertig finished; ready; **— werden** to finish
fesch fashionable, smart
fest firm
fest-halten (hält fest), hielt fest, festgehalten to hold fast
fest-nageln to nail down
fest-stellen to determine
fett fat
feucht moist, humid
die **Feuerbestattung** cremation
die **Feuerwehr, –en** fire department
das **Feuerzeug, –e** cigarette lighter
das **Fieber** fever
der **Film, –e** film, movie
der **Filmuntertitel, –** film subtitle
das **Finanzamt, ¨er** tax office
finden, fand, gefunden to find
der **Finger, –** finger
finster gloomy, morose
die **Firma, Firmen** firm
die **Flamme, –n** flame
flankieren to flank
die **Flasche, –n** bottle
die **Fledermaus, ¨e** bat
das **Fleisch** meat
fleißig diligent, hard-working
flicken to mend, repair
fliegen, flog, ist geflogen to fly
fließen, floß, ist geflossen to flow; **fließend** running, flowing
flimmern to flicker
das **Fluchen** cursing
der **Flug, ¨e** flight
der **Flughafen, ¨** airport
das **Flugzeug, –e** airplane
der **Fluß, ¨sse** river
der **Föhn, –e** hair dryer
folgen (ist) to follow; to obey

fordern to demand
die **Förderung** advancement
formell formal
die **Formfibel, –n** primer of forms
förmlich downright
das **Formular, –e** form, blank
fort away
fortan henceforth
fort-bleiben, blieb fort, ist fortgeblieben to stay away
fort-fahren (fährt fort), fuhr fort, ist fortgefahren to go away; to continue
fort-gehen, ging fort, ist fortgegangen to go away, leave
fort-laufen (läuft fort), lief fort, ist fortgelaufen to run away
fort-reißen, riß fort, fortgerissen to sweep away
die **Fortsetzung, –en** continuation
fortwährend constant, continuous
der **Fotograf, –en, –en** photographer
fotografieren to photograph
der **Frack, ¨e** "tails"
die **Frage, –n** question; **Fragen stellen** to ask questions
fragen to ask; **sich —** to wonder
fraglich in question
(das) **Frankreich** France
der **Franzose, –n, –n** Frenchman
die **Frau, –en** woman; Mrs.
die **Frauenbewegung, –en** women's movement, women's "lib"
die **Frauenrechtlerin, –nen** suffragette, "libber"
das **Frauenzimmer, –** female, woman
das **Fräulein, –** girl, young woman; Miss
frech fresh
frei free; **ins Freie** outdoors, into the open air
die **Freiheit, –en** freedom
freilich to be sure
die **Freizeit** spare time
fremd strange
die **Freude, –n** joy
freudig joyful
sich freuen (auf) to look forward (to); **— (über)** to be glad (about); **es freut mich** I'm glad
der **Freund, –e** friend
die **Freundin, –nen** girl friend
freundlich friendly
die **Freundlichkeit** friendliness
die **Freundschaft** friendship
der **Friede, (*gen.*) –ns** peace
frieren: es friert it is freezing
frisch fresh

der **Friseur, –e** barber, hairdresser
froh happy, glad
fruchtbar fruitful, fertile
das **Fruchteis** sherbet
früh early
die **Frühe: in aller —** very early in the
morning
das **Frühjahr, –e** spring
der **Frühling, –e** spring
das **Frühstück** breakfast
frühstücken to eat breakfast
die **Frühstückspause, –n** early break
frühzeitig early
sich **fuchsen** to get angry
fühlen to feel; **sich wohl —** to feel
fine
führen to lead; to take; **Kasse —** to
run the register
der **Führer, –** leader
der **Führerschein, –e** driver's license
der **Fund, –e** discovery
fünfstellig of five figures
funkeln to sparkle
furchtbar terrible; fearful
fürchten to fear; **sich — (vor)** to be
afraid (of)
der **Fürst, –en, –en** sovereign
der **Fuß, ̈e** foot; **zu — gehen** to walk,
go on foot
das **Fußballspiel, –e** soccer game
der **Fußballspieler, –** soccer player
der **Fußboden, ̈** floor
der **Fußgänger, –** pedestrian

die **Gabe, –n** gift, talent
der **Galgen, –** gallows
der **Gang, ̈e** corridor; gait; gear; **in —
bringen** to set in motion
der **Gänsebraten, –** roast goose
ganz whole, entire; all of; very; quite;
das Ganze the whole thing; **im
großen (und) ganzen** on the whole
gar nicht not at all; **gar nichts** nothing at all
die **Garderobentür, –en** dressing room
door
die **Gardine, –n** curtain
die **Gartenkultur** horticulture
der **Gast, ̈e** guest
die **Gastfreundschaft** hospitality
der **Gastgeber, –** host
das **Gasthaus, ̈er** inn
der **Gastwirt, –e** innkeeper; landlord
die **Gattin, –nen** wife
gebären (gebiert), gebar, geboren to
bear, give birth to
das **Gebäude, –** building

geben (gibt), gab, gegeben to give;
es gibt there is, there are; **es gibt
gut zu essen** they serve good food
das **Gebiet, –e** area, zone
gebildet educated, cultured
geboren (sein) (to be) born
gebraten baked, roasted
der **Gebrauch, ̈e** use; custom; **— machen**
to avail oneself of; to make use of
gebrauchen to use
gebührend appropriate, fitting
gebunden tied (to); committed
der **Geburtstag, –e** birthday, anniversary
das **Gedächtnis, –se** memory
der **Gedanke, –ns, –n** thought, idea
gedenken, gedachte, gedacht to remember
das **Gedicht, –e** poem
das **Gedränge** throng
die **Geduld** patience; **mir platzt (reißt)
oft die —** I am often at the end of
my patience
geduldig patient
geeignet suitable
die **Gefahr, –en** danger
der **Gefallen, –** favor; **einen — tun** to do
a favor
gefallen (gefällt), gefiel, gefallen to
please; to like; **es gefällt mir** I like
(it); **sich etwas — lassen** to put up
with something
gefällig kind
die **Gefälligkeit, –en** kindness
das **Gefängnis, –se** prison, jail
der **Gefängnisdirektor, –en** prison direc-
tor, warden
der **Gefängniswärter, –** jailer
gefaßt: auf alles — sein to be ready
for anything
gegen against, toward; **— abend** toward evening; **er hat nichts — ihn**
he has no ill feeling toward him
die **Gegend, –en** area; section, neighborhood
gegenseitig mutual
der **Gegenstand, ̈e** object
das **Gegenteil, –e** opposite; **im —** on the
contrary
gegenüber opposite; toward
das **Gegenüber** vis-à-vis
**gegenüber-treten (tritt gegenüber),
trat gegenüber, ist gegenüberge-
treten** to encounter
der **Gegenvorschlag, ̈e** counter proposal
der **Gegner, –** opponent
gehalten kept; obliged
geheim secret

gehen, ging, ist gegangen to go; **es geht mir gut** I am fine; **vor sich —** to proceed

das **Gehirn, –e** brain

gehorchen to obey

gehören to belong

der **Gehorsam** obedience

gehorsam obedient

der **Gehsteig, –e** sidewalk

der **Geist, –er** spirit, mind, intellect

geizig stingy

gekleidet dressed

gekocht cooked, boiled; **gekochte Eier** boiled eggs

gekrümmt cupped

das **Gelächter** laughter

das **Geländer, –** railing

geläufig familiar

das **Geld, –er** money

gelegen situated

die **Gelegenheit, –en** opportunity

gelegentlich on occasion

der **Gelehrte, –n,– n** scholar

die **Geliebte, –n** beloved, sweetheart

gelingen, gelang, ist gelungen to succeed; **es ist mir gelungen** I succeeded

gelten (gilt), galt, gegolten to be worth, be valued, be important; **— lassen** to allow

das **Gemälde, –** painting

gemeinsam common; **viel — haben** to have much in common

das **Gemüse** vegetable(s)

gemütlich congenial; cozy; leisurely

genau exact

geneigt well disposed, inclined

genießen, genoß, genossen to enjoy

genug enough

genügen to suffice, be sufficient

genügend sufficient

das **Gepäck** luggage

gerade just, now, exactly

geradeaus straight ahead

geraten advisable

geräumig roomy

gerecht just

das **Gericht, –e** court (of justice); **vor —** in court

gern(e) gladly; **ich habe es —** I like it; **ich esse —** I like to eat

das **Geschäft, –e** business, store

der **Geschäftsbrief, –e** business letter

geschäftlich relating to business, commercial

der **Geschäftsfreund, –e** business associate

der **Geschäftsmann, ⸚er** businessman

der **Geschäftsschluß, ⸚sse** closing time

geschehen (geschieht), geschah, ist geschehen to happen

das **Geschenk, –e** present

die **Geschichte, –n** story; history

der **Geschichtsprofessor, –en** history professor

der **Geschmack, ⸚er** taste; **es ist nicht mein Geschmack** it is not to my liking

die **Geschwister** (*pl.*) brothers and sisters

der **Gesellschafter: ein guter — sein** to be good company

das **Gesicht, –er** face

der **Gesichtstyp, –en** facial type

gespannt anxious; intently

das **Gespräch, –e** conversation; **ein — führen** to carry on a conversation

gestalten to form, shape, arrange

gestehen, gestand, gestanden to confess

gestern yesterday

gestikulieren to gesticulate

gesund healthy, healthful

die **Gesundheit** health

das **Getränk, –e** beverage

sich getrauen to dare

gewinnen, gewann, gewonnen to win; **einen lieb —** to become fond of someone

gewiß certain

gewissenhaft conscientious

sich gewöhnen (an) to become accustomed (to)

die **Gewohnheit, –en** habit, custom

gewöhnlich usual

der **Gießbach, ⸚e** mountain torrent

girren to coo

glänzen to sparkle, shine, beam

glänzend splendid

das **Glas, ⸚er** glass

der **Glaube, –ns, –n** belief, faith

glauben to believe, think

glaubhaft credible

gleich immediately; same, even; indifferent

der **Gleichmut** equanimity

das **Glück** (good) luck, happiness; **— haben** to be lucky, be happy

glücklich happy

glucksen to cluck, gurgle

die **Goldplombe, –n** gold filling

der **Gott, ⸚er** God; **Gottseidank** thank goodness

der **Grad, –e** degree

die **Grammatik, –en** grammar

gratulieren to congratulate

graupeln to sleet
graziös graceful
die **Grenze, –n** border, boundary
der **Grieche, –n, –n** Greek
(das) **Griechenland** Greece
der **Griff, –e** handle
groß large, big; **im großen (und) ganzen** by and large
großartig grand, marvelous
die **Größe, –n** size
die **Großeltern** grandparents
der **Großindustrielle, –n, –n** industrial magnate
die **Großmutter, ∴** grandmother
der **Großvater, ∴** grandfather
die **Großzügigkeit** generosity
grün green
die **Grünanlage, –n** park
der **Grund, ∴** ground, reason
gründen to found, establish
gründlich thorough
die **Gruppe, –n** group
gültig valid
die **Gurke, –n** cucumber
gurren to coo
gut good; **es ist ihr nicht —** she isn't feeling well; **Gutes tun** to do good (deeds); **alles Gute** the best of everything; **würden Sie bitte so gut sein** would you please be good enough
gutartig good-natured
gutmütig good-natured
das **Gymnasium** *German secondary school roughly equivalent to American high school plus two years of college*

das **Haar, –e** hair
haargenau precise
der **Haarschnitt, –e** haircut
haben (hat), hatte, gehabt to have; to own
der **Habenichts, –e** have-not, penniless person
hacken to chop
der **Hader, –n** rag
der **Hafen, ∴** harbor
die **Hafeneinfahrt, –en** harbor entrance
hageln: es hagelt it is hailing
halb half
die **Hälfte, –n** half
der **Halsausschnitt, –e** neck (of a dress)
halten (hält), hielt, gehalten to keep, hold; to stop; **eine Rede —** to make a speech; **— für** to consider; **— von** to think of

die **Haltung** deportment, attitude, self-control
hämisch malicious, spiteful
handeln von to treat of; **sich handeln um** to deal with, be a question of
die **Handelsflotte, –n** merchant fleet
die **Handlung, –en** action, plot
die **Handlungsweise, –n** action, way of acting
die **Handschift, –en** handwriting
der **Handschuh, –e** glove
die **Handtasche, –n** handbag
der **Handwerker, –** mechanic, artisan
hängen, hing, gehangen to hang, be suspended
die **Hansestadt, ∴e** Hanseatic city
die **Harfe, –n** harp
der **Harfenist, –en, –en** harpist
harmlos harmless, innocuous
hart hard
der **Haß** hate
hassen to hate
häßlich ugly
hastig hastily; irritable
häufen to pile
häufig frequently
die **Hauptrolle, –n** leading part, starring role
die **Hauptstärke, –n** main strength
der **Hauptteil, –e** main part, body
der **Hauptunterschied, –e** main difference
das **Haus, ∴er** house; **nach Hause** home; **zu Hause** at home; **von zu Hause** from home
die **Hausarbeit** homework
das **Haustier, –e** domestic animal
die **Haut, ∴e** skin
heben, hob, gehoben to raise
das **Heft, –e** notebook
heftig violent
heilen to heal, cure
der **Heilige, –n, –n** saint
heim-bringen, brachte heim, heim-gebracht to bring home
heim-fahren (fährt heim), fuhr heim, ist heimgefahren to drive home, ride home
die **Heimkehr** return home
heim-kehren (ist) to return home
das **Heimweh** homesickness
heiraten to marry
heiß hot ·
heißen, hieß, geheißen to be called, be the name of; **es heißt** it's a matter of
heiter merry, bright
heizen to heat

der **Held, –en, –en** hero
helfen (hilft), half, geholfen to help
hellblau light blue
das **Hemd, –en** shirt
der **Henker, –** executioner
her from; **wo hast du das her?** where did you get that?
heraus-fahren (fährt heraus), fuhr heraus, ist herausgefahren to fly out
heraus-holen to take out
sich **heraus-stellen** to turn out
herb dry; austere
herbei-rufen, rief herbei, herbeigerufen to call in; to call for consultation
der **Herbst, –e** autumn
herein in, into
der **Herr, –n, –en** gentleman; Mr.; master
herrlich wonderful
die **Herstellung, –en** production
herum-fahren (fährt herum), fuhr herum, (ist) herumgefahren to drive around
herum-stehen, stand herum, herumgestanden to stand around
sich **herum-treiben, trieb sich herum, hat sich herumgetrieben** to keep oneself; to roam about
hervor-gehen, ging hervor, ist hervorgegangen to be apparent
hervorstehend protruding
sich **hervor-tun, tat sich hervor, hat sich hervorgetan** to distinguish oneself
das **Herz, –ens, –en** heart
herzlich cordially, heartily
die **Herzlichkeit** sincere affection
heucheln to simulate, feign
die **Heuchlerin, –nen** hypocrite
heute today; **— abend** tonight; **— morgen** this morning; **— nachmittag** this afternoon
hier: von — aus from here
hiesig of this place
die **Hilfe** help
hilfsbereit helpful, cooperative
die **Himbeere, –n** raspberry
hin there, to that place
hinauf up, upstairs
hinaus out, away
hin-denken, dachte hin, hingedacht to think of
hin-gehen, ging hin, ist hingegangen to go (there), go in
hingegen on the other hand, by contrast
hingezogen drawn to, attracted to

sich **hin-legen** to lie down
hin-reichen to suffice
sich **hin-setzen** to sit down
die **Hinsicht: in welcher Hinsicht** in what respect
hin-stellen to put, put down, stow
hinterher-laufen (läuft hinterher), lief hinterher, ist hinterhergelaufen to run along behind
hin-weisen, wies hin, hingewiesen to point at or to
hin-ziehen, zog hin, hingezogen to draw to
hinzu-ziehen, zog hinzu, hinzugezogen to call in (for consultation)
die **Hitze** heat
hoch high
hochaufgerichtet bolt upright
höchst most, very, highly, extremely
höchstens at most
die **Hochzeit, –en** wedding
die **Hochzeitsreise, –n** honeymoon
der **Hochzeitstag** wedding day
der **Hof, ¨e** farm, farmyard; court
hoffen to hope
hoffentlich I hope; hopefully
die **Hoffnung, –en** hope
höflich polite, courteous; **höflichst** most courteously
die **Höhe, –n** height
die **Hoheit, –en** sovereignty, supreme power
holen to get, fetch, call for
der **Holländer, –** Dutchman
höllisch hellish
das **Holz, ¨er** wood
die **Holzsohle, –n** wooden sole
horchen to listen, obey
hören to hear
hübsch pretty
die **Hühnerzucht** chicken farming; poultry rearing
der **Humor** humor, sense of humor
der **Hund, –e** dog
hundertprozentig hundred per cent
der **Hut, ¨e** hat
das **Hutgeschäft, –e** milliner's shop

die **Idee, –n** idea
Ihrerseits on your part
die **Illustrierte, –n** picture magazine
immatrikulieren to matriculate
immer always; **noch —** still
imponieren to make an impression on
indem while, by (doing)
der **Inder, –** Indian

inne-halten (hält inne), hielt inne, innegehalten to pause
die Innenpolitik domestic policy
innerhalb inside of
innig fervent
insbesondere in particular
die Inschrift, –en inscription
die Insel, –n island
das Inselvolk, ⁼er insular people
insgeheim secretly
insgesamt on the whole
interessant interesting
das Interesse, –n interest; — haben (an, für) to be interested in
interessieren to interest; sich — (für) to be interested (in)
das Inventar, –e inventory
inzwischen meanwhile, in the meantime
irgend any, some; irgendein any, some; irgendetwas something; — jemand someone, anyone; irgendwelcher someone, anyone; irgendwo anywhere (at all)
sich irren to be mistaken, to err
der Irrtum, ⁼er error
(das) Italien Italy
der Italiener, – Italian
italienisch Italian

die Jacke, –n jacket
jagen to hunt, chase
der Jäger, – hunter
der Jägerbursche, –n, –n hunter's apprentice
die Jägertracht, –en huntsman's costume
das Jahr, –e year
die Jahreszeit, –en season
-jährig -year-old
der Japaner, – Japanese
jauchzen to shout with joy
je ever; each, per; — . . . desto the . . . the
jemals ever
jeder every, everyone
jedoch however
jemand somebody, anybody
jener that, that one; the former
jenseits on that side of
jetzig now
jetzt now
das Joch, ⁼er yoke
die Jüdin, –nen Jewess
jüdisch Jewish
die Jugend youth, adolescence
die Jugendjahre childhood years
jung young

der Junge, –n, –n boy
der Junggeselle, –n, –n bachelor
das Juwel, –en jewel

das Kabel, – cable
der Kaffee coffee
das Kalb, ⁼er calf
der Kalbsbraten, – veal roast
kalt cold
die Kälte cold
die Kamera, –s camera
der Kamerad, –en, –en comrade, friend
der Kamm, ⁼e comb
sich kämmen to comb (one's hair)
der Kampf, ⁼e fight, battle, contest
der Kämpfer, – fighter
die Kämpferin, –nen fighter
das Kapitel, – chapter
die Karte, –n card, map
der Käse cheese
die Kasse, –n cash register
der Kassierer, – cashier, teller, collector
die Katze, –n cat
(sich) kaufen to buy (for oneself)
das Kaufhaus, ⁼er department store
der Kaufmann, die Kaufleute merchant, businessman
der Kaufmannslehrling, –e merchant's apprentice
kaum hardly, scarcely
kein not a, not any, no
keiner nobody, not even one
keinerlei of no sort
der Kellner, – waiter
kennen, kannte, gekannt to know
kennen-lernen to become acquainted with, to get to know, meet
die Kenntnis, –se knowledge; es ist mit meinen Kenntnissen aus that's the limit of my knowledge; — nehmen von to take cognizance of
der Kerl, –e fellow, man
die Kette, –n chain
keuchen to pant, gasp
das Kilo, –s kilo (2.2 pounds)
der Kilometer, – kilometer (0.62 mile)
der Kilometerzähler, – odometer
das Kind, –er child
die Kindervorstellung, –en children's show
der Kinderwagen, – baby carriage
das Kino, –s movies; ins — to the movies
die Kippe, –n butt
die Kirche, –n church
die Kirsche, –n cherry
klagen to complain
klappen: es klappt it works (out), succeeds

klar clear; **sich im klaren sein** to have (something) straight in one's mind, to be clear about (something)
die **Klarheit** clarity
klar-machen to make clear
die **Klasse, –n** class
das **Klavier, –e** piano
kleben to paste, stick
das **Kleid, –er** dress; (*pl.*) clothes
sich kleiden to get dressed
der **Kleiderbügel, –** clothes hanger
das **Kleidergeschäft, –e** clothing store
die **Kleidung, –en** clothing
klein small, little
kleinasiatisch of Asia Minor
das **Kleingeld, –er** change (money), coin
die **Klientin, –nen** client
das **Klima, –s** climate
klingeln to ring; to sound
klingen to sound
die **Klinke, –n** door knob
klopfen to knock
klug smart, intelligent
die **Klugheit** intelligence
der **Knabe, –n, –n** boy
der **Knecht, –e** farmhand
die **Knechtschaft** servitude
der **Kneifer, –** pince-nez
die **Kneipe, –n** bar, saloon
der **Knicker, –** skinflint
das **Knie, e** knee
der **Knopf, –e** button
kochen to cook; to boil
die **Köchin, –nen** cook
der **Koffer, –** suitcase
der **Kollege, –n, –n** colleague
das **Kolonialwarengeschäft, –e** grocery store
komisch comical; strange
kommandieren to command
die **Kommandobrücke, –n** conning bridge
kommen, kam, ist gekommen to come; **das kommt darauf an** that depends; **wie kommt es?** how does it happen?; **man kommt auf mich zu** (some)one's coming toward me
die **Kommode, –n** chest of drawers
kompliziert complicated
das **Komplott, –e** plot
der **Komponist, –en, –en** composer
die **Konditorei, –en** pastry shop
der **König, –e** king
die **Konkurrenz** competition, competitor
können (kann), konnte, gekonnt to be able to, can
konterfeien to paint a portrait
die **Kontrolle, –n** check, control

kontrollieren to check
der **Kopf, –e** head; **sich den — zerbrechen** to rack one's brains
der **Korbwagen, –** basket carriage
die **Korrespondenz** correspondence; **— erledigen** to take care of one's correspondence
kostbar expensive
kosten to cost
die **Kraft, –e** strength
kräftig powerful
krank sick, ill
der **Kranke, –n** patient
kränken to hurt, insult
das **Krankenhaus, –er** hospital
das **Krankenlager, –** sick bed
die **Krankenschwester, –n** nurse
die **Krankheit, –en** sickness
die **Krawatte, –n** tie
der **Kredit** credit; **auf — kaufen** to buy on the installment plan
der **Krieg, –e** war; **— führen** to wage war
kriegen to get
der **Kriminalfilm, –e** thriller, detective story (film)
der **Kriminalroman, –e** mystery novel
kritisieren to criticize
sich krümmen to curve, wriggle
die **Küche, –n** kitchen; cooking, cuisine
der **Kuchen, –** cake
die **Kuckucksuhr, –en** cuckoo clock
der **Kugelschreiber, –** ball-point pen
die **Kuh, –e** cow
kühl cool
kühn bold
die **Kultur, –en** culture, civilization
der **Kumpel, –** fellow worker
der **Kunde, –n, –n** customer
die **Kunst, –e** art
der **Künstler, –** artist
künstlich artificial
der **Kurort, –e** health resort, spa
kurvenreich winding
kurz short(ly); **— vorher** shortly before; **vor kurzem** recently; **den Kürzeren ziehen** to get the short end of the stick, be the loser
die **Kurzgeschichte, –n** short story
die **Kusine, –n** cousin (female)
küssen to kiss
der **Kutscher, –** coachman

das **Laboratorium, Laboratorien** laboratory
lächeln to smile
lachen to laugh

lächerlich ridiculous
der **Lachmuskel, –n** laugh muscle
der **Laden, ⸚** shop, store
die **Lage, –n** situation
die **Lampe, –n** lamp
das **Land, ⸚er** land, country; **aufs —** to the country; **auf dem —** in the country
landen to land
ländlich rural
die **Landschaft, –en** landscape; province, district
lang long; **lange** for a long time
die **Länge, –n** length
langgestreckt elongated
langsam slow
langweilen to bore; **sich —** to be bored
langweilig boring
lassen (läßt), ließ, gelassen to let, leave; to allow, permit; to have, cause
lau lukewarm
die **Laufbahn, –en** career
laufen (läuft), lief, ist gelaufen to run, go (on foot)
lauschen to listen to
laut loud, aloud
lauten to run, read, say
der **Lautsprecher, –** loudspeaker
leben to live, exist; **leb wohl, leben Sie wohl** farewell
das **Leben, –** life
der **Lebensbericht, –e** life report
die **Lebensgeschichte, –n** life story
die **Lebensweise** way of living, "life style"
die **Leberwurst, ⸚e** liverwurst
lebhaft lively
lecker dainty, nice, very nice
die **Lederhose, –** leather pants
legen to lay; to set (hair)
lehnen to lean
die **Lehre, –n** doctrine, theory, science
lehren to teach
der **Lehrer, –** teacher
die **Lehrerin, –nen** teacher
der **Leib, –er** body
die **Leiche, –n** corpse
die **Leichenkammer, –n** dissecting room, embalming room, mortuary
leicht easy; light
leichthin lightly, superficially
leichtsinnig careless; giddy; frivolous
leid: es tut mir — I'm sorry
leiden to suffer, bear; **ich kann ihn gut leiden** I like him

leidenschaftlich passionate
leider unfortunately
leihen, lieh, geliehen to lend
leise soft, quiet
leisten to achieve, accomplish; **sich —** to afford; **Gesellschaft —** to keep company
die **Leistung, –en** achievement; performance
der **Leiter, –** leader
lernen to learn; to study
lesbar legible
lesen (liest), las, gelesen to read
letzt last
leuchten to shine
das **Leuchtfeuer, –** beacon
die **Leute** (*pl.*) people
das **Lexikon, –a** dictionary
das **Licht, –er** light
licht bright
lichtgelb light yellow
lieb dear; **lieber haben (mögen)** to prefer
die **Liebe, –n** love
der **Liebling, –e** darling
das **Lieblingsprogramm, –e** favorite program
der **Lieblingssport, –s** favorite sport
das **Lied, –er** song
der **Liederjahn** rake, loose liver
liefern to supply, furnish, deliver
liegen, lag, gelegen to lie, be situated; **woran liegt das?** what is the cause of that?; **es liegt an** it is caused by; **es liegt ihm nichts an meiner Meinung** he isn't interested in my opinion; **daran liegt ihm nichts** it is of no consequence to him
die **Limonade, –n** lemonade; soft drink
die **Linie, –n** line; figure; **schlanke —** good figure
links left; to the left
die **Linsensuppe, –n** lentil soup
der **Lippenstift, –e** lipstick
loben to praise
die **Lockenperücke, –n** curly wig
der **Löffel, –** spoon
der **Lohn, ⸚e** salary, wages
die **Lohnerhöhung, –en** raise (in salary)
das **Lokal, –e** café, bar
los: was ist denn —? what is the matter?
los-schlagen auf (schlägt los), schlug los, losgeschlagen to attack
lösen to loosen, relax; to solve; **eine Fahrkarte —** to buy a ticket

sich **los-machen** to get away, extricate oneself

die **Lösung, –en** solution

die **Lücke, –n** gap, space, hole

das **Lüftchen, –** breeze

lügen, log, gelogen to lie, tell a falsehood

der **Lügner, –** liar

die **Lust, ̈e** joy, pleasure; **— dazu haben** to be in the mood to (for)

lustig gay, merry; **sich — machen über** to make fun of

das **Lustspiel, –e** comedy

lutschen to suck

das **Luxushotel, –s** luxury hotel

machen to do, make; **eine Reise —** to take a trip; **es macht mir nichts (aus)** it doesn't matter to me; **sich wenig — aus** to care little for

der **Machthaber, –** ruler

mächtig powerful

das **Mädchen, –** girl

die **Mädchenreife** puberty, maturity (*of a girl*)

die **Magd, ̈e** maid

die **Mahlzeit, –en** meal

das **Mal, –e** time (*in sequence*); **einmal** once; **zum ersten —** for the first time; **sag mal** now tell me; **nicht mal** not even

der **Maler, –** painter

malerisch picturesque

man one, people, they, you

manch: mancher many a; **manche** some people; **mancherlei** all sorts of; **manches** many a thing; something

manchmal sometimes

der **Mann, ̈er** man

die **Männerfeindin, –nen** man hater

männlich masculine

die **Mannschaft, –en** team

der **Mantel, ̈** overcoat

das **Märchen, –** fairy tale

der **Marktplatz, ̈e** market place

die **Maßregel, –n** measure, regulation, rule

der **Mastix, –e** (gum) mastic

der **Mathematiklehrer, –** teacher of mathematics

das **Medikament, –e** medication, medicine

der **Mediziner, –** physician

das **Meer, –e** sea

mehr more; **um so —** all the more

mehrere several

meiden, mied, gemieden to avoid

der **Meineid** perjury

meinen to mean; to mean to say

meinetwegen for all I care

die **Meinung, –en** opinion; **seine —ändern** to change one's opinion; **es liegt ihm nichts an meiner —** he isn't interested in my opinion; **anderer — sein** to be of a different opinion

meist most(ly); **meistens** mostly; **am meisten** the most

der **Meister, –** master

sich **melden** to report; to make one's presence known

die **Melone, –n** melon

die **Menge, –n** crowd; a lot

der **Mensch, –en, –en** man, human being

menschenfreundlich philanthropic; affable

menschlich human

merken to notice

merkwürdig strange, odd

das **Messer, –** knife

der **Metallturm, ̈e** metal tower

die **Methode, –n** method

methodisch methodical

die **Metzgerei, –en** butcher shop

die **Miete, –n** rent

mieten to rent

der **Mietwagen, –** hired car

die **Milch** milk

milde mild

die **Militärperson, –en** military person

der **Millionär, –e** millionaire

der **Milzbrand** anthrax (*infectious disease*)

die **Minderwertigkeit** inferiority

mindestens at least

die **Minute, –** minute

sich **mischen** to join in, get involved in

mißfallen (mißfällt), mißfiel, mißfallen to displease

mit-arbeiten to work together, cooperate

der **Mitarbeiter, –** co-worker

mit-bringen, brachte mit, mitgebracht to bring along, take along

mit-fahren (fährt mit), fuhr mit, ist mitgefahren to ride along; to come along for the ride

mit-geben (gibt mit), gab mit, mitgeben to give to take along

das **Mitglied, –er** member

der **Mitkämpfer, –** comrade-in-arms

mit-kommen, kam mit, ist mitgekom-

men to come along
das **Mitleid** sympathy, pity
mit-machen to play along
mit-marschieren to march along
**mit-nehmen (nimmt mit), nahm mit,
mitgenommen** to take along
der **Mitreisende, –n, –n** fellow passenger
die **Mitschwester, –n** fellow sister
der **Mittag, –e** noon; **zu — essen** to eat
lunch; **heute mittag** this noon
das **Mittagessen, –** lunch, dinner; **zum —**
for lunch, dinner
die **Mittagspause, –n** luncheon break
mit-teilen to inform
die **Mitteilung** information
das **Mittelalter** Middle Ages
das **Mitteleuropa** Central Europe
der **Mittelstand** middle class
mitten in the middle
(die) **Mitternacht** midnight
mittler- medium-, middle-sized
mitunter now and then
die **Möbel** (*pl.*) furniture
möblieren to furnish
das **Modell, –e** model; pattern
die **Modenschau** fashion show
modernisieren to modernize, stream-
line
mögen (mag), mochte, gemocht to
like, care for; to be possible
möglich possible
die **Möglichkeit, –en** possibility
die **Mole, –n** jetty, pier
momentan at this moment; **for the
present; just now**
die **Monarchie, –n** monarchy
der **Monat, –e** month
der **Mond, –e** moon
der **Montag** Monday
der **Mörder, –** murderer
mordsheiß extremely hot
die **Mord(s)tat, –en** murderous deed
der **Morgen, –** morning; **morgen früh**
tomorrow morning; **morgen nachmittag** tomorrow afternoon
der **Moselwein, –e** Moselle wine
müde tired
die **Mühe, –n** trouble; **es ist der — wert**
it is worth one's while; **sich —
geben** to take great pains; **—
machen** to give trouble
(das) **München** Munich
der **Mund, –er** mouth
das **Museum, Museen** museum
die **Musikabteilung, –en** music department

der **Musselin** muslin
müssen (muß), mußte, gemußt to
have to, must
der **Mut** courage
die **Mutter, –** mother
die **Mütze, –n** cap

nach after, to, toward, according to
der **Nachbar, (–n), –n; die Nachbarin,
–nen** neighbor
das **Nachbarskind, –er** neighbor's child
der **Nachdruck, –e** emphasis
nach-fragen to inquire
die **Nachhilfestunden** (*pl.*) private tutor-
ing, coaching, help
der **Nachmittag, –e** afternoon; **am —** in
the afternoon; **nachmittags** in the
afternoon
die **Nachricht, –en** news
**nach-schlagen (schlägt nach), schlug
nach, nachgeschlagen** to look up
(in a book)
**nach-sehen (sieht nach) sah nach,
nachgesehen** to check, look into;
to look after, watch
nächst- next; **nächsten Sommer** next
summer; **nächstens** shortly
die **Nacht, –e** night
der **Nachteil, –e** disadvantage
der **Nachtisch, –e** dessert
das **Nachtlokal, –e** night club
nach-weisen, wies nach, nachgewiesen
to prove
der **Nacken** (nape of) neck
nah(e) near
die **Nähe** neighborhood; nearness; **in der
—** in the neighborhood, nearby
näheres in detail, details
die **Näherin, –nen** seamstress
sich nähern to approach
der **Name, –ns, –n** name; **namens** by the
name of
nämlich namely; you see
närrisch crazy, droll, strange
die **Nase, –n** nose
naß wet
die **Nationalität, –en** nationality
der **Nationalökonom, –en, –en** political
economist
natürlich natural; of course
der **Nebel** fog
nebenan next door
nebenbei besides
die **Nebenrolle, –n** supporting role
der **Nebensatz, –e** subordinate clause, dependent clause

neblig foggy
der **Neffe, –n, –n** nephew
der **Neger, –** Negro
nehmen (nimmt), nahm, genommen to take
der **Neider, –** envious person
nennen, nannte, genannt to name, call, label
die **Neonschrift** neon letters, writing
nervös nervous
nett nice, kind
neu new
der **Neubau, –ten** new building
(das) **Neufundland** Newfoundland
neugierig curious, inquisitive
nicht not; **— mal** not even
die **Nichte, –n** niece
nichtig empty, void; transitory
nichts nothing
nicken to nod
nie never
nieder-drücken to depress
nieder-halten (hält nieder), hielt nieder, niedergehalten to hold down
nieder-schreiben, schrieb nieder, niedergeschrieben to write down
niemand no one
das **Niemandsland** no-man's land
nirgendswo nowhere
noch still, yet (*also used as particle*); **— ein** another; **— nicht** not yet; **— nichts** nothing yet; **immer —** still
nochmals again, once more
der **Norden** North
der **Nordeuropäer, –** Northern European
der **Notar, –e** notary
die **Note, –n** grade, mark
notieren to jot down, note down
nötig necessary
die **Nummer, –n** number
nun well; now
nur only
nützlich useful
nutzlos useless

ob whether, if; **als —** as if
obdachlos homeless
oben upstairs
obendrein into the bargain
die **Oberarztstelle, –n** position of senior physician
oberhalb above
der **Oberstatistiker, –** senior statistician
obgleich, obschon although

das **Obst** fruit
das **Obstgeschäft, –e** fruit store
der **Obstsalat, –e** fruit salad
obwohl although
oder or
offen open
offenbar obvious, apparent
öffentlich public
offiziell official
öffnen to open
oft often
öfter often
ohne without
das **Ohr, –en** ear
ökonomisch economic
okulieren to graft
olivgrün olive green
der **Onkel, –** uncle
die **Oper, –n** opera
die **Operation, –en** operation, surgery
die **Opernsängerin, –nen** opera singer
das **Orchester, –** orchestra
die **Ordnung, –en** order; **in — sein** to be in order; **in — bringen** to repair
die **Orgel, –n** organ
der **Ort, –e** place, locality; **von — zu —** from place to place
(das) **Österreich** Austria
(das) **Osteuropa** Eastern Europe

paar: ein — a few
das **Paar, –e** pair, couple
das **Päckchen, –** pack
packen to pack
paffen to puff
das **Paket, –e** package
das **Papier, –e** paper
das **Paradies, –e** paradise
die **Partei, –en** party
der **Parteileiter, –** party leader
das **Parteiprogramm, –e** party platform
die **Partie, –n** match
der **Paß, ‑sse** passport
der **Passagier, –e** passenger
passen to suit; **es paßt mir** it suits me; **passend** suitable
passieren (ist) to happen; to pass
die **Paßkontrolle** passport control
der **Pastor, –en** pastor
das **Patenkind, –er** godchild
der **Patient, –en, –en** patient
die **Pause, –n** intermission, break, half-time
der **Pelzmantel, ‑** fur coat
die **Perle, –n** pearl
die **Person, –en** person

das **Personal** employees, staff
der **Personenwechsel, –** change of persons
die **Persönlichkeit, –en** personality, famous person
der **Pferdewagen, –** horse-drawn wagon
der **Pfirsich, –e** peach
die **Pfirsichtorte, –n** peach torte
pflanzen to plant
pflegen to take care of, nurse
die **Pflicht, –en** duty
das **Pfund, –e** pound
die **Phantasie** imagination
der **Philosophieprofessor, –en** philosophy professor
der **Photograph, –en, –en** photographer
die **Photographie, –n** photograph
der **Physiker, –** physicist
der **Plan, ⁼e** plan
planen to plan
der **Platz, ⁼e** seat
plaudern to chat
plötzlich suddenly
das **Plusquamperfekt** pluperfect, past perfect
die **Politik** politics, policy
politisch political
die **Polizei** police
der **Polizeibeamte, –n, –n** police officer
das **Polizeirevier, –e** police precinct
der **Polizist, –en, –en** policeman
der **Portier, –s** doorkeeper
die **Portion, –en** portion, share
das **Porzellanschild, –er** porcelain name plate, door plate
das **Postamt, ⁼er** post office
das **Postschiff, –e** mail ship
der **Posten, –** job, position
prächtig splendid
praktisch practical
der **Preis, –e** price; prize
preisen, pries, gepriesen to praise
preiswert inexpensive
der **Priester, –** priest
prima first class, first rate
der **Prinz, –en, –en** prince
probieren to try; try on
das **Problem, –e** problem
prozentig per cent
der **Prozentsatz** percentage, proportion
prozentualisieren to express as a percentage
die **Prüfung, –en** examination; **eine — bestehen** to pass an exam
die **Puderdose, –n** compact
die **Puderquaste, –n** powder puff
der **Pullover, –** sweater

der **Pulverdampf, ⁼e** powder smoke, powder fumes
der **Punkt, –e** point, dot
pünktlich punctual
die **Pupille, –n** pupil (of the eye)
die **Puppe, –n** doll
putzen to shine, clean; **sich die Zähne — ** to brush one's teeth

quälen to torment
der **Qualm** thick smoke
die **Quaste, –n** puff
der **Quell, –e** spring; source
quietschvergnügt happy as a lark

sich rächen to avenge oneself
das **Radio, –s** radio
die **Radtour, –en** bicycle excursion
rasch quick, fast
sich rasieren to shave
der **Rat, Ratschläge** (piece of) advice, counsel
die **Rate, –n** installment
raten (rät), riet, geraten to advise; to guess
das **Rathaus, ⁼er** city hall
rätselhaft puzzling, mysterious
rattern to rattle
der **Raubmörder, –** robber and murderer
rauchen to smoke
rauh rough, hoarse, harsh
raus (*colloquial for* **heraus**) out
der **Rausch, –e** intoxication, drunken fit; ecstasy
reagieren to react
rechnen to charge; to compute, count, reckon
die **Rechnung, –en** bill
das **Recht, –e** right
recht right, proper, correct; **es ist ihm — ** it is all right with him; **— haben** to be right
der **Rechtsanwalt, ⁼e; die Rechtsanwältin, –nen** attorney, lawyer
rechtzeitig in time; early
der **Redakteur, –e** editor
die **Rede, –n** speech, discourse; **eine — halten** to make a speech
reden to talk
der **Redner, –** speaker
die **Rednerin, –nen** speaker
rege lively
regelmäßig regular
der **Regen** rain
die **Regierung, –en** government
registrieren to register

regnen to rain
regnerisch rainy
reich rich, wealthy
reichen to reach, extend; to pass; to hand
der **Reichtum, ⸚er** wealth, riches
reif ripe, mature
die **Reihe, –n** row, rank
reihum in succession
rein pure; clean
die **Reise, –n** trip
der **Reiseleiter, –** tour conductor
reisen to travel
der **Reisende, –n, –n** traveling salesman
der **Reisescheck, –e** *or* **–s** travelers check; **einen — einlösen** to cash a travelers check
das **Reiseziel, –e** destination (*of a trip*)
reißen, riß, gerissen to tear; to snatch
der **Reiz, –** charm
reizend charming
die **Reklame, –n** advertisement
die **Reling, –en** railing (*on a ship*)
rennen, rannte, ist gerannt to run
die **Reportage** reporting, commentary
respektieren to respect
das **Resultat, –e** result
retten to save
der **Rhein** Rhine
sich **richten** to conform to; to be governed by; **— auf** to be aimed at
der **Richter, –** judge
richtig right, correct
der **Rinderbraten, –** roastbeef
der **Ring, –e** ring
der **Rock, ⸚e** skirt; coat
der **Roggen** rye
roh raw; rough; unrefined; fresh; uncooked; **rohes Obst** fresh fruit
die **Rolle, –n** role; **eine — spielen** to play a part
der **Roman, –e** novel
rosig rosy
rot red
rothaarig red-haired
die **Rückfahrt, –en** return journey
rückgratlos spineless
die **Rückkehr** return
der **Rucksack, ⸚e** knapsack
rücksichtslos inconsiderate
der **Rückzug, ⸚e** retreat
der **Ruf, –e** reputation
rufen, rief, gerufen to call
die **Ruhe** rest; **in — lassen** to leave in peace
der **Ruhetag, –e** day of rest

ruhig calm, quiet, restful
der **Ruhm** fame
rühren to move; to touch; **zu Tränen —** to move to tears
das **Ruhrgebiet** Ruhr area
runden to make round, round off
runter-fallen (fällt runter), fiel runter, ist runtergefallen to fall off
der **Russe, –n, –n** Russian
rutschen to slide, slip

der **Saal, die Säle** hall, large room
die **Sache, –n** matter, thing, affair
sagen to say, tell; **was ist da viel zu —** what can be said? **was willst du damit sagen?** what are you trying to say (by that)?
die **Sahne** cream, whipped cream
sammeln to collect
samt together with
die **Sandale, –n** sandal
sanft soft
der **Sarg, ⸚e** coffin
der **Satz, ⸚e** sentence
die **Satzstellung** syntax
sauber clean
sauber-halten (hält sauber), hielt sauber, saubergehalten to keep clean
säubern to clean
das **Säugetier, –e** mammal
die **Schachtel, –n** box
schade unfortunate; **— sein** to be a pity; **zu — für** too good for
schaden to hurt, damage
schaffen to work; to manage
der **Schalk, –e** rogue
die **Schallplatte, –n** record
der **Schalter, –** ticket window; postoffice window
sich **schämen** to be ashamed
die **Schande** shame, disgrace
scharf sharp, biting; **scharfe Wurst** (seasoned) sausage
der **Schatten, –** shadow
schätzen to value, appreciate
schauen to look, see
der **Schauspieler, –** actor
die **Schauspielerin, –nen** actress
der **Scheck, –e** *or* **–s** check
scheiden, schied, ist geschieden to separate, divide
der **Schein, –e** shine, light, luster
scheinbar apparent
scheinen, schien, geschienen to seem, appear; to shine
schenken to present; to give a present

der **Scherz, –e** joke
der **Schi, –er** ski; — **laufen** to go skiing
die **Schicht, –en** day's work
schicken to send
schießen, schoß, geschossen to shoot
das **Schiff, –e** ship
die **Schiffahrt** navigation
schimpfen (auf) to scold (at)
der **Schinken,** ham
der **Schirm, –e** umbrella
schlachtenfroh battle-happy
schlafen (schläft), schlief, geschlafen to sleep; — **gehen** to go to bed
das **Schlafzimmer, –** bedroom
der **Schlag, ̈e** blow
die **Schlagsahne** whipped cream
die **Schlange, n** snake; line; — **stehen** to stand in line
schlank slender
schlecht bad, poor
schließen, schloß, geschlossen to close, shut
schließlich after all, in the final analysis, finally
schlimm bad, evil
der **Schlittschuh, –e** skate; — **laufen** to go skating
schlüpfen (ist) to slip
der **Schluß, ̈sse** ending, conclusion, climax
die **Schlußübung, –en** final exercise
schmackhaft tasty
schmecken to taste, taste good; **es schmeckt mir** I like the taste (of it)
schmelzen (schmilzt), schmolz, (ist) geschmolzen to melt
schmutzig dirty
der **Schnaps, ̈e** brandy; liquor
der **Schnee** snow
schneiden, schnitt, geschnitten to cut; **sich die Haare — lassen** to have one's hair cut
der **Schneider, –** tailor
schneien to snow
schnell quick
schon already; *as intensifying particle* indeed, no doubt; all right
schön beautiful; fine; nice, good; very well
die **Schönheit, –en** beauty
der **Schönheitssalon, –s** beauty parlor
die **Schöpfung** creation; universe
schreiben, schrieb, geschrieben to write
das **Schreiben, –** letter
die **Schreibmaschine, –n** typewriter

der **Schreibtisch, –e** desk
schreiten, schritt, ist geschritten to step, stride
der **Schriftsteller, –** writer, author
der **Schritt, –e** step
der **Schuh, –e** shoe
die **Schuld, –en** guilt; debt
schulden to owe
schuldig guilty; indebted; — **sein** to owe
die **Schule, –n** school
der **Schüler, –** pupil
der **Schulkamerad, –en, –en** classmate
die **Schulstunde, –n** class
die **Schulter, –n** shoulder
der **Schupo, –s** policeman, cop
der **Schuster, –** shoemaker
schütteln to shake
schützen to protest, guard
schwächen to weaken
der **Schwager, ̈** brother-in-law
schwanken to waver
schwänzen to cut classes, play hooky
schwarz black; — **sehen** to view pessimistically
schwarzhaarig brunette, black-haired
der **Schwede, –n, –n** Swede
schweigen, schwieg, geschwiegen to be silent
die **Schweinerei** revolting thing
die **Schweiz** Switzerland
schwer hard, difficult; heavy
die **Schwester, –n** sister
der **Schwiegervater, ̈** father-in-law
schwierig difficult
die **Schwierigkeit, –en** difficulty
schwimmen, schwamm, (ist) geschwommen to swim
das **Schwimmbad, ̈er** swimming pool
schwinden, schwand, ist geschwunden to disappear
der **See, –n** lake
die **See, –n** sea
seelenruhig coolly, with peace of mind
der **Seemann, Seeleute** seaman
segnen to bless
sehen (sieht), sah, gesehen to see
sehr very
sein (ist), war, ist gewesen to be
seit since; for
seitdem (*conj.*) since (*temporal*)
die **Seite, –n** page; side
seither since (*temporal*)
die **Sekretärin, –nen** secretary
selbst self, myself, himself, etc.; even; — **wenn** even if

selten seldom, rare

der **Seminarist, –en, –en** seminarian

senden, sandte, gesandt to send

die **Sendung, –en** broadcast, telecast

senken to lower

senkrecht vertical

servieren to serve

der **Sessel, –** armchair, easy chair

setzen to set, place; **sich —** to sit down

der **Sex-Knüller, –** sex hit

sicher certain, sure

die **Sicherheit** safety

sichern to guarantee

das **Sieb, –e** sieve

der **Sieg, –e** victory

siegreich victorious, triumphant

singen, sang, gesungen to sing

das **Singspiel, –e** musical comedy

der **Sinn, –e** sense, meaning

das **Sinnbild, –er** symbol

sinnlos meaningless

die **Sitte, –n** custom

der **Sitz, –e** seat; location

sitzen, saß, gesessen to sit

der **Sitzplatz, ⁻e** seat

so so; thus

sobald . . . wie as soon as

die **Socke, –n** sock

der **Sockel, –** base, pedestal; ledge

soeben just now

sofort immediately, at once

sogar even

sogleich right away

der **Sohn, ⁻e** son

solch such

der **Soldat, –en, –en** soldier

sollen (soll), sollte, gesollt to posed to, be to; shall

der **Sommer, –** summer

die **Sommerferien** (*pl.*) summer va

der **Sommermantel, ⁻** lightweight c

sonderbar strange, peculiar, ｐ ular

die **Sondererlaubnis** special permissi

sondern but, but rather, but on contrary

der **Sonnenschein** sunshine

der **Sonntag, –e** Sunday

das **Sonntagbeste: in ihrem Sonntagbesten** in their Sunday clothes

sonst otherwise; other than; outside of; besides

sonstwo elsewhere

die **Sorge, –n** worry, care; **sich Sorgen machen (um)** to worry (about)

sorgen für to see to, provide for

sich sorgen (um) to be worried (about)

soviel so much; as far as, as much as

(das) **Spanien** Spain

der **Spanier, –** Spaniard

spannend suspenseful, thrilling

sparen to save

der **Spargel, –** asparagus

die **Sparkasse, –n** savings bank

sparsam economical

der **Spaß, ⁻e** joke; fun; **im —** (in a) joking (manner); **im — meinen** to intend as a joke

spät late

spazieren (ist) to walk

spazieren-gehen, ging spazieren, ist spazierengegangen to go for a walk

der **Spaziergang, ⁻e** walk; **einen — machen** to take a walk

der **Speichellecker, –** sycophant

die **Speisekarte, –n** menu

die **Sperre, –n** gate, barrier

die **Spesen** (*pl.*) expenses

der **Spiegel, –** mirror

spielen to play

der **Spielverderber, –** kill-joy

die **Spielsache, –n** toy

das **Spielzeug, –e** toy

der **Spinat** spinach

der **Sport, –s** sport; **— treiben** to participate in a sport

der **Sportwagen, –** sports car

der **Spötter, –** scoffer

spöttisch mocking

sprechen (spricht), sprach, gesprochen to speak, talk; to see, speak to

das **Sprechzimmer, –** consultation room, doctor's office

springen, sprang, ist gesprungen to leap, jump, spring

spucken to spit

die **Spur: auf der — sein** to be on the track

spüren to feel

ch **sputen** to make haste

ʾr **Staatsanwalt, ⁻e** state's attorney, prosecutor

das **Stadion, Stadien** stadium

die **Stadt, ⁻e** city

das **Städtchen, –** small town

die **Stadtmitte** center of a city

die **Stadtrundfahrt, –en** tour of the city

das **Stadtzentrum** center of a city

die **Stahlfabrik, –en** steel plant

das **Stahlwerk, –e** steel mill

der **Stall, ⁻e** stall

stammen (ist) to be descended, originate

der **Stand, ⸚e** status
ständig constantly
der **Standpunkt, –e** point of view, standpoint
stapeln to stack
stark strong
die **Stärke** strength
stärken to strengthen; to starch
der **Stationsvorsteher, –** stationmaster
statt-finden, fand statt, stattgefunden to take place
der **Staubsauger, –** vacuum cleaner
staunen to be surprised, amazed, astonished
stecken to put, place; to hide (colloquial)
stehen, stand, gestanden to stand; **es steht in der Zeitung** it is (says) in the paper; **es steht mir gut** it looks good on me; **es steht schlecht** things are in bad shape; **wie steht es nun (mit)?** where do we stand (regarding)?; **ich stehe vor** I have ahead of me; **wie steht es um . . . ?** how is it with . . . ?
stehen-bleiben, blieb stehen, ist stehengeblieben to stop
stehlen (stiehlt), stahl, gestohlen to steal
steif stiff
steifbeinig stiff-legged
steigen, stieg, ist gestiegen to climb, rise
die **Stelle, –n** job, place
stellen to place, put; **sich —** to stand, place oneself; **Fragen —** to ask questions
das **Stellenangebot, –e** job offer
das **Stellenvermittlungsbüro, –s** employment office
die **Stellung, –en** position, job
stempeln to stamp
die **Stenotypistin, –nen** stenotypist; secretary
sterben (stirbt), starb, ist gestorben to die
das **Steuer, –** steering wheel; **am — sitzen (sein)** to sit (be) at the wheel, drive
der **Stiefel, –** boot
der **Stiel, –e** handle; stick
still quiet, silent
der **Stil, –e** style
die **Stimme, –n** voice
stimmen to agree; to be all right; to vote; **es stimmt** it is true; it is correct

die **Stimmung** mood; **in gute — versetzen** to put in a good mood
der **Stock, –** story, floor
das **Stockwerk, –e** story, floor, tier
der **Stolz** pride
stolz (auf) proud (of)
stören to bother, disturb
der **Strafzettel, –** summons, ticket
der **Strahl, –en** ray, beam
strahlen to beam, shine
der **Strand, ⸚e** shore, beach
die **Straße, –n** street
strebsam ambitious, industrious
die **Strecke, –n** stretch; distance
streicheln to stroke, caress
das **Streichholz, ⸚er** match
der **Streit, –igkeiten** dispute, quarrel
(sich) streiten, stritt, gestritten to quarrel, argue
die **Streitschrift, –en** polemic, controversial treatise
streng strict, severe
der **Strick, –e** rope
der **Strudel, –** whirlpool, vortex
der **Strumpf, ⸚e** stocking
das **Stück, –** piece; play; **große Stücke halten (auf)** to have a high opinion (of)
das **Stückwerk, –e** fragmentary (work)
die **Studentin, –nen** student, coed
studieren to study
das **Studierzimmer, –** study (room)
das **Studium, Studien** study; attendance at a university
der **Stuhl, ⸚e** chair
stumm mute
stumpf stubby
die **Stunde, –n** hour; lesson; class
stundenlang for (many) hours
stürmisch stormy
(sich) stürzen to plunge, rush
stüzen to support
suchen to look for, seek, search
(das) **Süddeutschland** South Germany
der **Südeuropäer, –** Southern European
die **Summe, –n** amount
die **Suppe, –n** soup
süß sweet
die **Süßigkeit, –en** sweet, candy
sympathisch likeable; sympathetic
die **Szene, –n** scene; action

der **Tabakladen, ⸚** tobacco shop
der **Tag, –e** day
die **Tagesarbeit** daily work
täglich daily
tagsüber in the daytime

das **Tal, ⸚er** valley
die **Tante, –n** aunt
tanzen to dance
die **Tasche, –n** pocket; bag
das **Taschenbuch, ⸚er** notebook
der **Taschenspiegel, –** pocket mirror
das **Taschentuch, ⸚er** handkerchief
die **Tasse, –n** cup
die **Tat, –en** deed
tätowieren to tattoo
der **Taubenton, ⸚e** dove sound
die **Taubnessel, –n** dead-nettle
die **Taufe, –n** baptism
der **Taufpate, –n, –n** godfather
die **Taufpredigt, –en** baptismal sermon
täuschen to deceive
tausend thousand
technisch technical
der **Tee** tea; **eisgekühlter —** iced tea
der **Teil, –e** part
teilen to divide
teil-nehmen (nimmt teil), nahm teil, teilgenommen (an) to take part (in)
telefonieren to telephone
die **Telefonzelle, –n** phone booth
der **Teller, –** plate
die **Terrasse, –n** terrace, patio
der **Testamentsentscheid, –e** court decision regarding a will
teuer expensive
der **Teufel, –** devil
das **Theaterstück, –e** play
das **Thema, Themen** theme
die **Theorie, –n** theory
ticken to tick
tief deep; profound
der **Tisch, –e** table
das **Tischtuch, ⸚er** tablecloth
der **Titel, –** title
die **Tochter, ⸚** daughter
der **Tod** death
die **Toilette: — machen** to dress (up)
toll crazy, mad
die **Tomate, –n** tomato
der **Ton, ⸚e** sound, note
tönen to resound
die **Torte, –n** torte, fancy cake
tragen (trägt), trug, getragen to wear; to carry; to bear
die **Träne, –n** tear; **zu Tränen rühren** to move to tears
transponieren to transpose
die **Traube, –n** (bunch of) grape(s)
trauen to trust; to confide; to join in marriage, marry
träumen to dream

traurig sad
treffen (trifft), traf, getroffen to meet; **sich —** to meet; **eine Wahl —** to make a choice
trefflich first-rate
treiben, trieb, getrieben to drive, push; **Sport —** to go in for sports
trennen to separate
die **Treppe, –n** staircase
die **Treppenstufe, –n** step (of a staircase)
treten (tritt), trat, ist getreten to step; to walk; to pass over
treu loyal, faithful; **— bleiben** to remain faithful
trinken, trank, getrunken to drink
das **Trinkgeld, –er** tip, gratuity
trocken dry
trocknen to dry
der **Tropfen, –** drop
(sich) trösten to console (oneself); to cheer up
der **Trottel, –** idiot, ninny
trotz despite, in spite of
trotzdem nevertheless; in spite of it
trotzen to spite
tüchtig capable
sich tummeln to move, bestir oneself
tun, tat, getan to do; to act; **sich weh —** to hurt oneself
die **Tür, –en** door
der **Tyrann, –en, –en** tyrant

übel sick, ill; bad, wrong; **es ist mir —** I'm not feeling well
überall everywhere
überbieten, überbot, überboten to surpass
sich überdecken to be encompassed, be covered
überflüssig superfluous, unnecessary
übergeben (übergibt), übergab, übergeben to turn over; to give to
über-gehen zu, ging über, ist übergegangen to proceed to
der **Übergriff, –e** encroachment
überhaupt generally, on the whole, at all; **— nicht** not at all
überlassen (überläßt), überließ, überlassen to leave to
der **Überlebende, –n, –n** survivor
sich überlegen to think about, reflect; **sich anders —** to change one's mind, think differently
überlegen superior
übermorgen day after tomorrow
übernachten to spend the night
überqueren to cross

überraschen to surprise
die Überraschung, -en surprise
überreichen to present
die Überschuhe (*pl.*) overshoes, rubbers
überschwemmen to overflow, inundate
übersetzen to translate
übersiedeln (ist) to move (*to new quarters*)
überstehen, überstand, überstanden to survive
übertreiben, übertrieb, übertrieben to exaggerate
überzeugen to convince
üblich customary, usual
übrigens, im übrigen by the way, incidentally, besides
die Übung, -en exercise
das Ufer, - bank, shore
die Uhr, -en hour, o'clock; clock, watch; um wieviel — at what time?
das Uhrwerk clockwork
um at, around; — so mehr all the more
um . . . zu in order to
um-ändern to change
umarmen to embrace, hug
um-bauen to rebuild, make alterations
umdonnern to thunder round
umfassen to embrace
umflattern to flutter about
umgekehrt vice versa
umhin: ich kann nicht umhin, es zu tun I can't help doing it
die Umkleidekabine, -n cabin for changing clothes
umringen to surround, beset
umschlingen, umschlang, umschlungen to embrace
der Umschwung, ⸚e change, reversal
sich um-sehen (sieht sich um), sah sich um, hat sich umgesehen to look around
der Umstand, ⸚e circumstance
um-steigen, stieg um, ist umgestiegen to change (trains, etc.)
sich um-wenden, wandte sich um, hat sich umgewandt to turn around
um-ziehen, zog um, ist umgezogen to move (residence); sich — to change (clothes)
unangenehm disagreeable, unpleasant
unbedingt absolutely; unconditionally
unbeliebt unpopular
und and

undeutlich unclear
unehrlich dishonest
unentgeltlich without pay
unerhört unheard of, excessive
unermüdlich indefatigable
unerwartet unexpected
der Unfall, ⸚e accident
ungebärdig unruly
ungefähr approximately
ungeheuer monstrous
das Ungeheuer, - monster
ungern unwillingly, reluctantly
ungeschickt awkward, clumsy
ungezogen naughty, ill-bred
das Unglück misfortune
unglücklich unhappy
die Universität, -en university
die Unkenntnis ignorance
unmöglich impossible
unrecht: — haben to be wrong
die Unschuld innocence
unschuldig innocent
der Unsinn nonsense
unterbrechen (unterbricht), unterbrach, unterbrochen to interrupt
das Unterdeck, -e lower deck
untereinander with one another, among one another
unterhalb below
unterhalten (unterhält), unterhielt, unterhalten to entertain; sich — to converse, talk; to have a good time
die Unterhaltung, -en conversation
unterlaufen (unterläuft), unterlief, ist unterlaufen to creep in
der Untermieter, - subtenant
unternehmen (unternimmt), unternahm, unternommen to do, undertake
der Unterricht instruction, lesson, class
unterrichten to teach
unterscheiden, unterschied, unterschieden to distinguish, differentiate
der Unterschied, -e difference
unterschlagen (unterschlägt), unterschlug, unterschlagen to suppress
untersuchen to examine, investigate; sich — lassen von to be examined by
die Untersuchung, -en examination
der Unterton, ⸚e undertone
unterwegs on the way, en route
unverhohlen unconcealed; frank, candid
unvernünftig unreasonable

unvorsichtig incautious, unwise, inconsiderate

das Unwetter, – bad weather, stormy weather

üppig voluptuous

der Urlaub, –e leave (military), vacation

die Ursache, –n cause

der Vater, ⁓ father

verabreden to agree upon; sich — to make a date, have a date, make an appointment

sich verabschieden to say good-by, take leave

verachten to despise

sich verändern to change

veranlagt disposed

(sich) verbergen (verbirgt), verbarg, verborgen to hide

verbessern to improve

verbieten, verbot, verboten to forbid

verbrauchen to use up

das Verbrechen, – crime

verbringen, verbrachte, verbracht to spend (time)

verdienen to earn; to merit, deserve

der Verdienst, –e income, earnings

verderben (verdirbt), verdarb, verdorben to spoil

verehrt revered

der Verein, –e club

die Vereinigten Staaten the United States

verfahren (verfährt), verfuhr, verfahren to proceed

der Verfasser, – author

die Verfassung, –en constitution; condition; in guter — sein to be in good condition

die Verfilmung, –en film version

verfliegen, verflog, ist verflogen to pass quickly (time), fly

die Vergangenheit past

vergehen, verging, ist vergangen to pass (time)

vergessen (vergißt), vergaß, vergessen to forget

der Vergleich, –e comparison; Vergleiche ziehen to draw comparisons; im — by comparison

vergleichen, verglich, verglichen to compare

das Vergnügen, – pleasure; sich ein — machen (aus) to get pleasure (from)

vergnügt happy, pleased

vergönnen to permit, grant

das Verhältnis, –se condition; relationship

verhältnismäßig relatively

verhehlen to conceal

sich verheiraten to marry, get married

verhindern to prevent

verhören to interrogate

verjagen to chase away

verkaufen to sell

der Verkäufer, – salesman, clerk

die Verkäuferin, –nen saleslady

verlangen to demand; to insist upon

verlängern to prolong; to extend

verlassen (verläßt), verließ, verlassen to leave; sich — auf to depend on

verlaufen (verläuft), verlief, ist verlaufen to progress; to happen

sich verlegen auf to apply oneself to

die Verlegenheit, –en embarrassment; in — bringen to embarrass

verleihen, verlieh, verliehen to give, bestow, confer; to lend

sich verletzen to hurt, injure oneself

sich verlieben (in) to fall in love (with)

verlieren, verlor, verloren to lose

sich verloben to become engaged

die Verlobung, –en engagement

verloren-gehen, ging verloren, ist verlorengegangen to be lost, get lost

verlöschen (verlischt), verlosch, (ist) verloschen to extinguish

der Verlust, –e loss

vermachen to bequeath

vermehren to increase, enlarge

vermeiden, vermied, vermieden to avoid

der Vermerk, –e note, entry, remark

vermieten to rent (out), let

das Vermögen, – wealth, fortune, property

vermögen (vermag), vermochte, vermocht to be able

vermögend well-to-do, wealthy

vermissen to miss

vernehmen (vernimmt), vernahm, vernommen to examine; to become aware of; to hear, perceive

vernichten to annihilate, destroy

die Vernunft reason

veröffentlichen to make public, publish

verpassen to miss; to let go by

verreisen (ist) to go on a trip

verrichten to perform, execute, do

verrückt crazy

der Verrückte, –n, –n insane person (man)

der Verruf ill repute

versagen to fail; to deny, refuse
sich versammeln to gather, congregate
die Versammlung, –en meeting, gathering
verschenken to give away
verschieben, verschob, verschoben to postpone
verschieden different
verschlafen sleepy
verschlimmern to make worse
verschweigen, verschwieg, verschwiegen to be silent; to keep secret; to pass over in silence
verschwenden to waste
verschwenderisch extravagant
verschwinden, verschwand, ist verschwunden to disappear
das Verschwinden disappearing, disappearance
versetzen to move to another class or place; to promote; **in gute Stimmung —** to put in a good mood
versichern to assure
versorgen to take care of
sich verspäten to be delayed, be late
die Verspätung, –en delay; — **haben** to be late
verspielen to gamble away
versprechen (verspricht), versprach, versprochen to promise; **sich etwas —** to anticipate, hope for something
der Verstand intellect
verständig sensible
die Verständigung, –en agreement
verständlich comprehensible, understandable
verständnisvoll understanding
verstehen, verstand, verstanden to understand
verstorben deceased, late
der Verstorbene, –n, –n dead man
verströmen (ist) to gush forth
der Versuch, –e attempt
versuchen to try; to taste
verteidigen to defend
der Verteidiger, – defender; defense attorney; fullback (in soccer)
das Vertrauen confidence; — **haben zu** to have confidence in
vertraut familiar
vertreten (vertritt), vertrat, vertreten to represent
verursachen to cause
verwandeln to transform, change
verwandt related
der Verwandte, –n, –n relative

verwenden to use
verwöhnen to spoil
verzählen to miscount
verzehren to consume
verzeihen, verzieh, verziehen to excuse, pardon
der Vetter, – cousin (male)
viel much; vieles much, many things; viele many
vielleicht maybe, perhaps
vielmals often
das Viereck, –e square, quadrilateral
das Viertel, – fourth, quarter, section
die Villa, die Villen villa
das Visum, –s or Visa visa
vogelfrei free as a bird
das Volk, ⁻er people; nation
das Volkslied, –er folk song
die Volkswirtschaft political economy
voll full; complete
vollenden to finish, complete
vollends completely
sich voll-essen (ißt sich voll), aß sich voll, hat sich vollgegessen to stuff oneself, overeat
völlig completely
der Vollmond, –e full moon
von of, from; by; von . . . aus from
vor before; ago; in front of
voraus-bestellen or im voraus bestellen to reserve, order in advance
die Voraussicht, –en foresight, prospect; meiner — nach as I (fore)see it
voraus: im — in advance
vorbedacht premeditated
vorbei-gehen, ging vorbei, ist vorbeigegangen to pass by, walk past
vorbei-kommen, kam vorbei, ist vorbeigekommen to walk by, pass by
vor-bereiten to prepare
vorbildlich exemplary; excellent
vorder front
vor-fallen (fällt vor), fiel vor, ist vorgefallen to happen, occur
der Vorführraum, ⁻e showroom
der Vorgang, ⁻e proceeding, process; incident
der Vorgänger, – predecessor, precursor
vorgestern day before yesterday
vor-haben (hat vor), hatte vor, vorgehabt to intend, plan
vor-halten (hält vor), hielt vor, vorgehalten to last
der Vorhang, ⁻e curtain
vorher before; previously
vorig- previous, last; vorige Woche last week

die **Vorkämpferin, –nen** champion
vor-kommen, kam vor, ist vorgekommen to happen, occur; to seem, appear
vor-lessen (liest vor), las vor, vorgelesen to read aloud, read to; to lecture
die **Vorlesung, –en** lecture
die **Vorliebe** preference
vor-machen: einem etwas — to take a person in, put something over on someone
der **Vormittag, –e** morning, forenoon
vormittags in the morning
vorn up front, fore
vornehm elegant, grand, noble
vor-rücken (ist) to push forward, advance
der **Vorschlag, ⸚e** proposal, suggestion
die **Vorschrift, –en** rule, order; prescription, formula
vorsichtig careful, cautious
die **Vorsteherin, –nen** directress
vor-stellen to introduce; **sich —** to imagine, suppose; to introduce oneself
die **Vorstellung, –en** performance; idea
der **Vorteil, –e** advantage
der **Vortrag, ⸚e** lecture, talk
vorüber over, past
das **Vorurteil, –e** prejudice
der **Verwurf, ⸚e** reproach
vor-ziehen, zog vor, vorgezogen to prefer
vorzüglich excellent, first-rate; above all, very much

wach awake
wachen to be awake; to watch over, guard
wachsen (wächst), wuchs, ist gewachsen to grow
der **Wagen, –** car
wagen to dare, risk
die **Wahl, –en** election; choice
wählen to choose, select; to elect
der **Wahlerfolg, –e** (electoral) victory
der **Wahlkampf, ⸚e** election campaign
der **Wahnsinn** madness
wahr true, correct
während while, during
die **Wahrheit, –en** truth
die **Wahrnehmung, –en** observation, perception
wahrscheinlich probably
die **Wahrscheinlichkeit, –en** probability
der **Wald, ⸚er** forest, woods

die **Wand, ⸚e** wall
wandern (ist) to wander
wann when
das **Warenhaus, ⸚er** department store
warm warm
warnen to warn
warten to wait
warum why
was what, which; **— für ein** what kind of a, what a; **so —** something like that
die **Wäsche** laundry; underwear
(sich) waschen (wäscht), wusch, gewaschen to wash (oneself)
das **Wasser** water
der **Weg, –e** way
weg away, gone
wegen because of, on account of
weg-gehen, ging weg, ist weggegangen to go away
weg-räumen to clear off; to remove
weg-sehen (sieht weg), sah weg, weggesehen to look away
weh: sich — tun to hurt oneself
das **Weib, –er** woman
weiberfeindlich misogynous
weiblich feminine
weich weak, soft (-hearted)
die **Weiche, –n** switch
weil because
die **Weile, –n** while
weilen to tarry
der **Wein, –e** wine
der **Weinberg, –e** vineyard
weinen to cry, weep
die **Weise, –n** way
weisen, wies, gewiesen to point
weiß white
weit far; **— und breit** far and wide
weiter further, farther, additional
weiter-lernen to keep learning
weiter-schreiben, schrieb weiter, weitergeschrieben to write on, continue writing
der **Weizen, –** wheat
welcher, welche, welches which, what
die **Welle, –n** wave
die **Welt, –en** world
die **Weltreise, –n** trip around the world
wem (to) whom
wen whom
sich **wenden (an), wandte sich, hat sich gewandt** to turn (to); to apply (to); **— gegen** to turn against
wenig little; **ein —** a little; **wenige** few
wenigstens at least

wenn when; if
wer who, he who, the one who
werden (wird), wurde, ist geworden
 to become, get
werfen (wirft), warf, geworfen to
 throw
das Werk, –e work; deed; workmanship;
 factory
die Werkstatt, ⸚e workshop, place of
 work
wertvoll valuable
das Wesen, – being
wesentlich fundamental, essential
weshalb why
weswegen why; on account of which
wessen whose, of which, of whom
(das) Westeuropa Western Europe
die Wette, –n bet
das Wetter, – weather
der Wetterbericht, –e weather forecast,
 report
wichtig important
wider against
widerstehen, widerstand, widerstanden
 to resist
wie as, how, like
wieder again
wiederholen to repeat, review
die Wiederholung, –en repetition; review
wieder-kommen, kam wieder, ist
 wiedergekommen to come again
wieder-sehen (sieht wieder), sah wieder,
 wiedergesehen to see again; to meet
 again
das Wiedersehen reunion
wiegen, wog, gewogen to weigh
(das) Wien Vienna
wieso why, how come
wieviel, how much; wie viele how
 many; um — Uhr at what time
der Wille, –ns, –n will, intent, will power
willkommen welcome
winken to wave, beckon
wirken to operate, have an effect
wirklich really; real
die Wirklichkeit, –en reality
wirtschaftlich economic
die Wirtschaftskrise, –n economic crisis
wissen (weiß), wußte, gewußt to know
das Wissen knowledge
der Wissenschaftler, – scientist
die Witwe, –n widow
der Witz, –e joke
wo where
die Woche, –n week
das Wochenende, –n week end
wöchentlich weekly

wofern so far as, to the extent
wofür for what purpose; toward
 what goal; for which; for what
wohin where (direction away from
 speaker)
wohl well; no doubt; daresay; es tut
 mir — it does me good
wohlhabend well-to-do
wohnen to live, reside
wohnhaft living, resident
die Wohnung, –en apartment
die Wolke, –n cloud
die Wolle wool
wollen (will), wollte, gewollt to want;
 to be about to; to intend
womit with what, with which
worauf for what, on what
woraus out of what, wherefrom
worin in which, wherein
das Wort, ⸚er (in connected discourse –e)
 word; du kannst mir's aufs Wort
 glauben you can take my word for
 it
das Wörterbuch, ⸚er dictionary
der Wortschatz vocabulary
worüber about what
worum about what, around what
wovon from what, of what
das Wrack, –e or –s wreck
wuchtig heavy
sich wundern to wonder, be astonished;
 sich wundern (über) to be surprised (at); es wundert mich I'm
 surprised
wunderschön magnificent, very beautiful
der Wunsch, ⸚e wish; einem — nach-
 gehen to pursue a wish
wünschen to wish, want
die Würde dignity, propriety
würdig worthy
die Wurst, ⸚e sausage
das Wurstgeschäft, –e delicatessen; sausage shop; butchershop
wüst wild, dissolute
wütend enraged

die Zahl, –en number
zahlen to pay
zählen to count
der Zahn, ⸚e tooth; sich die Zähne putzen to brush one's teeth
die Zahnbürste, –n toothbrush
zart delicate
zebragestreift zebra-striped
die Zehe, –n toe
zeigen to show

die **Zeit, –en** time
zeitgenössisch current, contemporary
die **Zeitschrift, –en** journal, periodical
die **Zeitung, –en** newspaper
die **Zensur, –en** grade, mark
die **Zeremonie, –n** ceremony
zerreißen, zerriß, zerrissen to tear up, tear all to pieces
die **Zerstreuung, –en** diversion
zertreten (zertritt), zertrat, zertreten to crush, stamp out
der **Zettel, –** scrap of paper
der **Zeuge, –n, –n** witness
ziehen, zog, gezogen to pull, draw, move
das **Ziel, –e** goal
ziemlich pretty much, rather; considerable
die **Ziffer, –n** figure, number
der **Zigarrenladen, ⁒** smoke shop
das **Zimmer, –** room
die **Ziviltrauung, –en** civil (marriage) ceremony
zögern to hesitate
der **Zoll** customs (inspection)
der **Zorn** anger
zornig angry
zu to, toward, at; **ab und —** now and then
zuerst first, at first
zu-bereiten to prepare (food)
züchten to breed
der **Zucker** sugar; **— haben** to have diabetes
zu-decken to cover
der **Zufall, ⁒e** accident, chance
zufällig by chance, accidentally, coincidentally
zufrieden satisfied
der **Zug, ⁒e** train; feature, trait
zugänglich accessible; easy to see
zu-geben (gibt zu), gab zu, zugegeben to admit
zu-gehen, ging zu, ist zugegangen to close; to go up; to happen, take place; **es geht lustig zu** there's a lot of fun; **wie geht es bei ihm zu?** what is it like at his place?
zu-gehören to belong to; to appertain to
die **Zugkraft, ⁒e** attraction
zugleich at the same time
zu-greifen, griff zu, zugegriffen to lend a hand
zugrunde richten to destroy
zu-hören to listen (to)
der **Zuhörerkreis, –e** audience
zu-knöpfen to button

die **Zukunft** future
zukünftig future
zu-lassen (läßt zu), ließ zu, zugelassen to admit (to)
zuletzt last, at last
zuliebe: — tun to do as a favor to
zu-machen to close
zunächst first (of all), at first
zu-nehmen (nimmt zu), nahm zu, zugenommen to gain (weight)
zupfen to pull, tug
zurecht: er kam nicht ohne sie zurecht he couldn't manage without her
sich **zurecht-machen** to make oneself up, get ready
**zurecht-setzen: jemandem den Kopf — ** to get someone straight
zu-reden to persuade
zurück back, returned
zurück-geben (gibt zurück), gab zurück, zurückgegeben to give back, put back
zurück-gehen, ging zurück, ist zurückgegangen to go back, return
sich **zurück-halten (hält sich zurück), hielt sich zurück, hat sich zurückgehalten** to restrain oneself, refrain (from)
zurückhaltend reserved
zurück-kehren (ist) to return, come back
zurück-legen to put behind
zurück-weichen, wich zurück, ist zurückgewichen to withdraw
zurück-weisen, wies zurück, zurückgewiesen to reject; to turn back
zurück-ziehen, zog zurück, ist zurückgezogen to draw back; **sich —** to retire, leave
zusammen together
zusammen-falten to fold up
der **Zusammenhang, ⁒e** connection
die **Zusammensetzung, –en** combination; compound
der **Zuschauer, –** spectator
zu-schließen, schloß zu, zugeschlossen to lock up; to close
zu-sehen (sieht zu), sah zu, zugesehen to watch
der **Zustand, ⁒e** condition
zu-steuern (ist) to head for
die **Zustimmung** consent
zuverlässig reliable
zuviel too much
zuvorkommend friendly, kind, charming
der **Zweck, –e** aim, goal, objective, purpose; **das ist der — der Sache** that is the whole point

das **Zweckessen,** – public banquet
der **Zweifel,** – doubt
das **Zwerchfell, –e** diaphragm
die **Zwetschge, –n** plum, prune
der **Zwilling, –e** twin

zwingen, zwang, gezwungen to force, compel
zwischen between, among
der **Zwist, –e** discord, dissension

able: be — können
about über; von; (*adv.*) ungefähr
accept an-nehmen
accompany begleiten
achievement die Leistung, –en
act tun; handeln
actor der Schauspieler, –; der Darsteller, –
actress die Schauspielerin, –nen; die Darstellerin, –nen
addition: in — außerdem; **in —to** außer
admire bewundern
admission ticket die Eintrittskarte, –n
advice der Rat, die Ratschläge
afford: (be able to —) sich leisten (können); sich erlauben (können)
afraid: be —of Angst haben vor; sich fürchten vor
after all schließlich
afternoon der Nachmittag, –e; **this —** heute nachmittag; **in the —** am Nachmittag; **tomorrow —** morgen nachmittag
again wieder
ago vor
all alle; **— Winter** den ganzen Winter; **— the way** die ganze Strecke; **in —** im ganzen; insgesamt
allow: be allowed dürfen
all right: it's — with me es ist mir recht
alone allein
aloud laut; **to read —** vor-lesen
Alps die Alpen
already schon
also auch
always immer
ambitious ehrgeizig, hochstrebend
American der Amerikaner, –; die Amerikanerin, –nen
American (*adj.*) amerikanisch
angry: be (get) — sich ärgern
announce an-sagen; an-zeigen; melden
another ein anderer; noch ein
answer antworten, beantworten
anything etwas; **not —** nichts
apartment die Wohnung, –en
apologize sich entschuldigen
apple der Apfel, ¨
arrive an-kommen
**ashamed: be — ** sich schämen
ask fragen
assure versichern (*plus dat.*)
August (der) August
Austrian der Österreicher, –
aware: be — of gewahr sein (*plus gen.*); unterrichtet sein über; wissen von; sich bewußt sein (*plus gen.*)

bad schlecht; schlimm
bag die Tasche, –n
ball-point pen der Kugelschreiber, –
bank die Bank, –en
basketball der Korbball
Bavaria (das) Bayern
be sein; **— located** (gelegen) sein; sich befinden; **there is, are** es gibt
beach der Strand, ¨e
bean die Bohne, –n
beautiful schön
bed das Bett, –en
before vor; vorher; bevor; **once —** schon einmal
begin beginnen, an-fangen
beginning der Anfang, ¨e; **from the very —** von Anfang an
behave sich benehmen; sich betragen
believe glauben
belong gehören; an-gehören
better besser
big groß
bike ride die Radtour, –en
bill die Rechnung, –en
birthday der Geburtstag, –e
blonde die Blonde, –n
boil kochen
book das Buch, ¨er
bored; be — sich langweilen
boring langweilig
born: be — geboren, sein, geboren werden
boss der Chef, –s
bother stören; belästigen; **it doesn't — me** es stört mich nicht
breakfast das Frühstück, –e
bride die Braut, ¨e
bridegroom der Bräutigam, –e
bring bringen; **— back** zurück-bringen
brother der Bruder, ¨
brush sich bürsten
build bauen
bus der Bus, –se
business das Geschäft, –e
business trip die Geschäftsreise, –n
buy kaufen; **— for oneself** sich kaufen

café das Café,
cake der Kuchen, –
call rufen, an-rufen; **— for** ab-holen
calm ruhig
camera die Kamera, –s
candidate der Kandidat, –en, –en
car der Wagen, –; das Auto, –s
careful vorsichtig; sorgfältig; genau
carry tragen
catch cold sich erkälten

cathedral der Dom, –e; die Kathedrale, –n
century das Jahrhundert, –e
certain gewiß; bestimmt; sicher
change ändern; verändern; (*trains*) umsteigen; (*money*) wechseln, umwechseln; change around um-ändern
chat sich unterhalten; plaudern
chat das Geplauder, –
chauffeur der Chauffeur, –e
cheer: — up ermuntern, erfreuen
cheerful heiter, munter, froh
chemistry die Chemie
cherry die Kirsche, –n
chief der Chef, –s
child das Kind, –er
church die Kirche, n
cigarette die Zigarette, –n
city die Stadt, ⁼e
city hall das Rathaus, ⁼er
class die Klasse, –n; die Stunde, –n; der Unterricht
classmate der Klassenkamerad, –en, –en; der Schulfreund, –e
clear klar
clerk der Verkäufer, –; die Verkäuferin, –nen
close schließen, zu-machen
clothing die Kleidung, –en; — store das Kleidergeschäft, –e
coat der Mantel, ⁼
coed die Studentin, nen
cold kalt
cold die Erkältung, –en
colleague der Kollege, –n, –n
comb sich kämmen
come kommen; — along mit-kommen; — back zurück-kommen; — home nach Hause kommen; heim-kommen; — in herein-kommen
comedian der Komiker, –
company die Gesellschaft, –en; der Anschluß, ⁼sse; der Besuch
complain klagen
composition der Aufsatz, ⁼e
condition der Zustand, ⁼e
congratulate gratulieren; beglückwünschen
Congress der Kongreß
conversation die Unterhaltung, –en
cook kochen
cool kühl
copy ab-schreiben
corner die Ecke, –n
correspondence die Korrespondenz
cost kosten
counter die Theke, –n

country das Land, ⁼er; das Vaterland, ⁼er
couple das Paar, –e; das Ehepaar, –e
critic der Kritiker, –
cross überqueren
cry weinen
cucumber die Gurke, –n
cup die Tasse, –n
customer der Kunde, –n, –n

dance tanzen
dancing das Tanzen
darkness die Dunkelheit
daughter die Tochter, ⁼
day der Tag, –e
December (der) Dezember
delicious köstlich, herrlich
demand verlangen
depend (on) darauf an-kommen; davon abhängig sein, davon ab-hängen
depressed deprimiert
despite trotz
detective der Detektiv, –e; — story die Kriminalgeschichte, –n
diamond der Diamant, –en, –en
die sterben
difference der Unterschied, –e
different verschieden
difficult schwer
diligent fleißig
disappointed enttäuscht
discharged: be — entlassen werden
discuss diskutieren; besprechen
distance die Strecke, –n; die Entfernung, –en
distinct deutlich
do tun; machen
doctor der Arzt, ⁼e
dog der Hund, –e
door die Tür, –en
downtown in die Stadt; in der Stadt
dramatist der Dramatiker, –
dress das Kleid, –er
dress sich an-ziehen; get dressed sich an-ziehen
drink trinken
drive fahren; — on weiter-fahren
driver der Fahrer, –; der Chauffeur, –e

early früh
earn verdienen; — a living sich ernähren
easy leicht
eat essen; — supper zu Abend essen; — lunch zu Mittag essen
economic wirtschaftlich
economics die Wirtschaft
editor der Redakteur, –e

effort die Anstrengung, –en; die Mühe, –n
elect wählen
elegant elegant
else: something — sonst noch etwas, etwas anderes
employer der Arbeitgeber, –
end das Ende, –n
enemy der Feind, –e
England (das) England
English (*adj.*) englisch; (*language*) (das) Englisch
enjoy Vergnügen haben an (*plus dat.*); genießen; sich erfreuen an (*plus dat.*)
enough genug
enter ein-treten, hinein-treten; betreten
enthusiastic begeistert
especially besonders
Europe (das) Europa
evening der Abend, –e; **in the** — am Abend; **all** — den ganzen Abend
ever je, jemals
everybody jeder, jedermann
everyone jeder, jedermann
everything alles
everywhere überall
exact genau
examination das Examen, –; die Prüfung, –en; **final** — die Abschlußprüfung, –en
examine untersuchen; prüfen
example das Beispiel, –e; **for** — zum Beispiel (z. B.)
excellent ausgezeichnet, vorzüglich
excited aufgeregt; erregt
excuse entschuldigen; — **oneself** sich entschuldigen
exhibited: be — ausgestellt sein
expensive teuer
explain erklären

face das Gesicht, –er
factory die Fabrik, –en
fall der Herbst, –e
fall asleep ein-schlafen
family die Familie, –n
famous berühmt
far weit
fast schnell
father der Vater, –̈
favorite Lieblings–; — **sport** der Lieblingssport
February (der) Februar
feel fühlen; — **well** sich wohl fühlen
few wenige; **a** — einige
film der Film –e
finally endlich
find finden; — **out** aus-finden, ausfindig machen

fine vortrefflich
fine: I am — es geht mir gut
first zuerst
fling werfen
flower die Blume, –n
follow folgen
fool der Narr, –en, –en
foreign ausländisch; fremd
foreigner der Ausländer, –
forget vergessen
form die Form, –en
formerly früher
France (das) Frankreich
free frei
freeze frieren; **it is freezing** es friert
fresh frisch
friend der Freund, –e; die Freundin, –nen
front: in — **of** vor (*plus dat. or acc.*)
fruit das Obst, –e *or* –arten
future die Zukunft

general allgemein; **in** — im allgemeinen
German (*adj.*) deutsch; **in** — auf deutsch; (*language*) das Deutsch; (*nationality*) der Deutsche, –n, –n; die Deutsche, –n, –n
Germany (das) Deutschland
get bekommen; — **up** auf-stehen
girl das Mädchen, –
girl friend die Freundin, –nen
give geben; — **up** auf-geben
glad froh; **I am** — es freut mich
go gehen; fahren; — **back** zurück-gehen; — **with** mit-gehen; — **out** aus-gehen; — **away** weg-gehen, fort-gehen
golf das Golfspiel
good gut
good-by auf Wiedersehen; **say** — sich verabschieden
good-looking gut aussehend
government die Regierung, –en
grateful dankbar
gray grau
great: a — **deal** viel; **greatly** sehr; viel
Greece (das) Griechenland
green grün
groom der Bräutigam, –e
group die Gruppe, –n
guest der Gast, –̈e

hail hageln; **it is hailing** es hagelt
hair das Haar, –e
half halb; — **an hour** eine halbe Stunde
hand die Hand, –̈e
hand reichen; — **in** ein-reichen
handbag die Handtasche, –n
handsome schön, gut aussehend
happy glücklich, froh

hard schwer; **hard-working** fleißig
hat der Hut, ¨e
have haben; — **to** müssen; — **something done** etwas tun lassen
hear hören
heat die Hitze
heavy schwer
help helfen
help die Hilfe
helper der Helfer, –; die Helferin, –nen; der Gehilfe, –n, –n
helpful behilflich; zuvorkommend
high hoch
history die Geschichte, –n
history class die Geschichtsstunde, –n
home nach Hause; **(at)** — zu Hause
honest ehrlich
hope hoffen
hospital das Krankenhaus, ¨er
hot heiß
hotel das Hotel, –s
hour die Stunde, –n
house das Haus, ¨er
how wie; — **long** wie lange
however jedoch; aber
hundred hundert
hurry sich beeilen
hurt schaden
husband der Mann, ¨er; der Gatte, –n, –n

ice cream das Eis
idea die Idee, –n
ill krank
illness die Krankheit, –en
immediately sofort
important wichtig, bedeutend
improve verbessern
inexpensive billig
injection die Einspritzung, –en; die Spritze, –n
inside innerhalb (*plus gen.*)
intelligence die Intelligenz
intelligent klug, intelligent
interesting interessant
interrupt unterbrechen
introduce vor-stellen; ein-führen
invitation die Einladung, –en
invite ein-laden
Italy (das) Italien

job die Arbeit, –en; die Stelle, –n
joke der Witz, –e
judge beurteilen
July (der) Juli
just gerade; eben

killer der Mörder, –

knock klopfen
know (*a fact*) wissen; (*a person*) kennen; (*a language, instrument*) können

lady die Dame, –n
lake der See, –n
landscape die Landschaft, –en
language die Sprache, –n
last dauern
last letzt
late spät; **be** — sich verspäten
laugh lachen
law das Gesetz, –e
lawyer der Rechtsanwalt, ¨e; der Anwalt, ¨e; der Advokat, –en, –en
lay legen
lead: **play the** — die Hauptrolle spielen
learn lernen
leave verlassen; fort-gehen
lecture die Vorlesung, –en
lend leihen
less weniger
letter der Brief, –e
librarian der Bibliothekar, –e
library die Bibliothek, –en
lie (*tell a falsehood*) lügen; — (*recline*) liegen; — **down** sich hin-legen
life das Leben, –
like verb plus gern; mögen; gefallen; **would** — möchte(n)
listen zu-hören; — **to the radio** Radio hören
literature die Literatur, –en
little wenig
live leben; **(dwell)** wohnen
lively lebhaft
long lang(e); **how** — wie lange; **seit wann**; **no longer** nicht mehr
look (*appearance*) aus-sehen; **take a** — **at** sich an-sehen
look for suchen
lot: **a** — viel; **a** — **of** viele
loyal treu
lucky; **be** — Glück haben
luggage das Gepäck
lunch das Mittagessen, –

mad: **make** — ärgern; **get** — sich ärgern
maid das Dienstmädchen, –; die Magd, ¨e
make die Marke, –n
man der Mann, ¨er; der Mensch, –en, –en
many a mancher
mark (*grade*) die Note, –n; (*money*) die Mark
marry heiraten; **to get married** sich verheiraten
mathematics die Mathematik

May (der) Mai
maybe vielleicht
mayor der Bürgermeister, –
meal die Mahlzeit, –en
meat das Fleisch
medication das Medikament, –e; das Heilmittel, –; die Arznei, –en
meet begegnen; treffen
memorize auswendig lernen
minute die Minute, –n
mistake der Fehler, –; **to make a —** einen Fehler machen; sich irren
moment der Moment, –e; der Augenblick, –e
Monday (der) Montag
money das Geld, –er
morning der Morgen, –; **in the —** morgens
mostly meistens
mother die Mutter, ¨
mountain der Berg, –e; das Gebirge, –
movie der Film, –e; **to the movies** ins Kino
murderer der Mörder, –
museum das Museum, die Museen
must müssen
mystery der Kriminalfilm, –e

nationality die Nationalität, –en
naturally natürlich; selbstverständlich
near nahe
necessary nötig
need brauchen; benötigen
neighbor der Nachbar, –n, –n
nervous nervös
never nie, niemals
news die Nachricht, –en; die Neuigkeit, –en
newspaper die Zeitung, –en
next nächst
nice schön, nett
night die Nacht, ¨e; **last —** gestern abend; **at —** abends, nachts
nobody niemand, keiner
noon der Mittag, –e; **at —** mittags
nothing nichts
novel der Roman, –e
November (der) November
now jetzt

obedience die Gehorsamkeit
occupation der Beruf, –e; die Beschäftigung, –en
office das Büro, –s
often oft
old alt
once einmal; **at —** sofort, auf einmal
only nur; erst

open offen
open öffnen, auf-machen
opportunity die Gelegenheit, –en
outside of außerhalb (*plus gen.*)
owe schulden
own eigen
overnight über Nacht; während der Nacht

pack das Päckchen, –
package das Paket, –e
painter der Maler, –
paragraph der Paragraph, –en, –en; der Absatz, ¨e
pardon (die) Verzeihung; (die) Entschuldigung
pardon verzeihen; entschuldigen
parents (*pl.*) die Eltern
park der Park, –s
part der Teil, –e; (*theatrical*) die Rolle, –n
party die Partei, –en; die Gesellschaft, –en
pastor der Pastor, –en
pastry shop die Konditorei, –en
patient der Patient, –en, –en
pay (for) bezahlen
pear die Birne, –n
people die Leute (*pl.*); das Volk, ¨er
perfect perfekt
perform leisten; tun; dar-stellen
perfume das Parfüm, –e
personal persönlich
photographer der Photograph, –en, –en
pick (out) aus-suchen, aus-wählen; **— up** ab-holen
picture das Bild, –er; die Aufnahme, –n
picturesque malerisch
pity: it is a — es ist schade; es tut mir leid
place der Ort, –e; **from — to —** von Ort zu Ort; **take —** statt-finden
plan planen; vor-haben
plane das Flugzeug, –e
play spielen
play das Schauspiel, –e; das Stück, –e
pleasant angenehm
please (verb) gefallen; **I am pleased** ich freue mich; es freut mich; es gefällt mir
pocket die Tasche, –n
poem das Gedicht, –e
poet der Dichter, –
police die Polizei
policeman der Polizist, –en, –en
polite höflich; anständig
politics die Politik
poor arm; schlecht

postcard die Postkarte, –n
poster das Plakat, –e
poverty die Armut
prefer vor-ziehen
prepare vor-bereiten; (*food*) zu-bereiten;
  (*for a trip*) sich bereit-machen
present das Geschenk, –e
price der Preis, –e
print drucken
probably wahrscheinlich
professor der Professor, –en
profession der Beruf, –e
promise versprechen
pronunciation die Aussprache
proprietor der Inhaber, –
punish bestrafen

quarrel sich streiten
question die Frage, –n; **ask a** — eine
  Frage stellen
quickly schnell

radio das Radio, –s
rain der Regen
rain regnen; **it is raining** es regnet
raise die Lohnerhöhung, –en
rather ziemlich; eher
really wirklich
read lesen
receive erhalten; bekommen
recognize erkennen
recommend empfehlen
red rot
regarded angesehen; geachtet
regular regelmäßig
relationship das Verhältnis, –se
rely on sich verlassen auf (*plus acc.*)
remember sich erinnern an (*plus acc.*)
remind erinnern
rent mieten; — **(out)** vermieten
report berichten
republic die Republik, –en
rest ruhen; **take a** — sich aus-ruhen
restaurant das Restaurant, –s
return die Rückkehr
return zurück-kommen; zurück-gehen;
  (give back) zurück-geben
rich reich
ripe reif
river der Fluß, –sse
room das Zimmer, –
royalty: **treated like** — wie ein König
  behandelt
run laufen, rennen

sake: **for his** — ihm zuliebe; um seinet-
  willen

saleslady die Verkäuferin, –nen
same selb–; **the** — derselbe, dieselbe,
  dasselbe
satisfied zufrieden
Saturday (der) Samstag; (der) Sonnabend
save sparen
say sagen
scene die Szene, –n
school die Schule, –n
seashore der Strand, ¨e; die Seeküste, –n
secretary die Sekretärin, –nen
section der Teil, –e; der Stadtteil, –e; das
  Viertel, –
seem scheinen
seldom selten
sell verkaufen
send senden
serious ernst; ernsthaft
serve servieren; bedienen; dienen
service der Dienst, –e; die Bedienung
several mehrere
shame: **it is a** — es ist schade
shine (*shoes, etc.*) putzen
shirt das Hemd, –en
shoe der Schuh, –e
shore der Strand, ¨e; **to the** — ans Meer;
  an den Strand
short kurz
shortly kurz; — **before** kurz vorher
shoot erschießen
show zeigen
sick krank
side die Seite, –n; **on this** — **of** diesseits
  (*plus gen.*)
sign unterschreiben; unterzeichnen
simple einfach
sing singen
sister die Schwester, –n
sixty sechzig
ski Schi laufen; **skiing** das Schilaufen
sleep schlafen
slogan das Schlagwort, ¨er
slow langsam
small klein
smile lächeln
snow schneien; **it is snowing** es schneit
some einige; etwas
somebody jemand
sometimes manchmal
somewhat etwas
son der Sohn, ¨e
song das Lied, –er
soon bald; **as** — **as** sobald
sorry: **I am** — es tut mir leid
sour sauer
speak sprechen
specialist der Spezialist, –en, –en

speech   die Rede, –n; die Ansprache, –n;
   give a —   eine Rede halten
spend   (*time*) verbringen; (*money*) ausgeben
square   der Platz, ̈–e
stand   stehen; (*bear*) ertragen
station   der Bahnhof, ̈–e
stay   bleiben
step   treten; gehen; schreiten
stick   stecken
still   noch
stop   an-halten; stehen-bleiben; **— over-**
   night   übernachten
store   das Geschäft, –e; der Laden, ̈–
storekeeper   der Ladenbesitzer, –; der
   Geschäftsmann, die Geschäftsleute
story   die Geschichte, –n; die Erzählung,
   –en
stranger   der Fremde, –n, –n
strawberry   die Erdbeere, –n
street   die Straße, –n
strict   streng
student   der Student, –en, –en; die Studentin, –nen
study   studieren; lernen
stupid   dumm
subject   das Fach, ̈–er
succeed   gelingen
suddenly   plötzlich
suit   der Anzug, ̈–e
suit: it suits me   es paßt mir; es ist mir
   recht
summer   der Sommer, –
Sunday   (der) Sonntag
supposed: be — to   sollen
sure   gewiß
surprised: be — (at)   überrascht sein; sich
   wundern (über *plus acc.*)
sweet   süß
swim   schwimmen
swimming: go —   schwimmen gehen
Swiss   schweizerisch; Schweizer–; der
   Schweizer, –
Switzerland   die Schweiz

take   nehmen; führen; bringen; **— along**
   mit-nehmen; **— a trip**   eine Reise
   machen; **— a rest**   sich aus-ruhen; **—**
   out   (her)aus-nehmen; aus-führen; **—**
   place   statt-finden
talented   begabt
talk   sprechen, reden
taste   schmecken
taste   der Geschmack, ̈–er
tax   die Steuer, –n
taxi   das Taxi, –s
teacher   der Lehrer, –

telegram   das Telegramm, –e
tell   sagen, erzählen
tennis   das Tennis
thank   danken
theater   das Theater, –; **to the —**   ins
   Theater
theme   das Thema, die Themen
then   dann
there   dort; da; dahin
thereafter   danach
think (of)   denken (an *plus acc.*)
threaten   drohen
throw   werfen
thunder   donnern; **it is thundering**   es
   donnert
ticket   die Eintrittskarte, –n
tie   die Krawatte, –n
till   bis
time   die Zeit, –en; **on —**   pünktlich; **for**
   a long —   eine Zeitlang; **have a good —**
   sich amüsieren; sich unterhalten
tired   müde
today   heute
together   zusammen
tomato   die Tomate, –n
tomorrow   morgen
tonight   heute abend
too   zu; auch
tooth   der Zahn, ̈–e
town   die Stadt, ̈–e
toy   das Spielzeug, –e
train   der Zug, ̈–e
travel   reisen; fahren
treat   behandeln
trip   die Reise, –n; **take a —**   eine Reise
   machen; **business —**   die Geschäftsreise,
   –n
trousers   die Hose, –n
true   wahr
trust   Vertrauen haben; trauen
try   versuchen
Tuesday   (der) Dienstag
type   auf der Maschine schreiben; tippen

understand   verstehen
unfortunately   leider
unhappy   unglücklich; unzufrieden
United States   die Vereinigten Staaten
university   die Universität, –en
unpleasant   unangenehm
usually   gewöhnlich

vacation   die Ferien (*pl.*); **go on —**   in die
   Ferien gehen
vacation land   das Ferienland
valley   das Tal, ̈–er
vegetable(s)   das Gemüse

very sehr
villa die Villa, die Villen
village das Dorf, ⸚er
visit besuchen

wages der Lohn, ⸚e
wait for warten auf (*plus acc.*)
waiter der Kellner, –; der Ober, –
walk spazieren-gehen; gchen; **take a —** spazieren-gehen; einen Spaziergang machen
wallet das Portemonnaie, –s; die Geldtasche, –n; die Brieftasche, –n
want wünschen; wollen
warm warm
wash sich waschen
waste verschwenden
water das Wasser
wealth das Vermögen, –; der Reichtum, ⸚er
wear tragen
weather das Wetter
wedding die Hochzeit, –en; **at the —** bei der Hochzeit
week die Woche, –n; **last —** letzte Woche
week end das Wochenende, –n

well gut; **I don't feel —** ich fühle mich nicht wohl; **well-to-do** wohlhabend; **well-known** gut bekannt; **well-dressed** gut gekleidet
white weiß
whole ganz; **on the —** im großen ganzen
wife die Frau, –en; die Gattin, –nen
winter der Winter, –; **all —** den ganzen Winter
woman die Frau, –en
wonder sich fragen
work arbeiten; **hard-working** fleißig
work die Arbeit, –en
worker der Arbeiter, –
worry sich sorgen; **be worried** besorgt sein (um)
worst das Schlimmste, das Schlechteste
write schreiben
writer der Schriftsteller, –; der Autor, –en

year das Jahr, –e; **last —** letztes Jahr
yes ja
yesterday gestern
your Ihr; dein; euer
young jung

INDEX

aber 202
accusative
  after prepositions 127–129, 308
  direct object 124–125
  of time and space 126–127
address
  forms of **Sie, du** 5, 11
  in the imperative 8, 13
adjectives
  after **alles, etwas, nichts** 187
  after indefinite numericals 186
  after **der**-words 184
  after **ein**-words 185
  comparison 188–192
  irregular 194
  declension: weak 184, 304; strong 182,
    304; mixed 185, 305
  in attributive position 182–186; in ex-
    tended-adjective construction 244; in
    predicate position 181
  mixed endings 305
  past participle as adjective 243
  possessive 116
  predicate 181, 243
  present participle as adjective 242
  strong endings 304
  superlative 190
  unpreceded 182, 304
  used as nouns 187, 243
  used as pronouns 118–119, 303
  weak endings 304

adverbs
  comparison 192–193
  of time and place (word order) 198
  present participle as adverb 243
alles, was 222
als
  as subordinating conjunction 204
  compared with **wann, wenn** 204–205
  with comparative 189
als ob 258
anstatt zu plus infinitive 224
apparent passive 237
article, definite 111–112, 302
  contracted with prepositions 144
  declension (summaries) 302
  omission of 112
  referring to parts of body 24
  with abstract nouns 112
  with generic nouns 112
  with geographic names 113
article, indefinite 111–112, 303
  declension (summaries) 303
  with predicate nouns of nationality and
    vocation 112
auxiliary verbs
  forms 89, 287–290
  modals: see modal auxiliaries

bleiben (double infinitive) 224

cardinal numbers 209, 309

cases: see nominative, genitive, dative, accusative
-chen 166 (footnote)
cities, names of 157
classes of nouns: see nouns and plural
clauses: see main and dependent clauses
comparison
  of adjectives 188–192
  of adverbs 192–193
compound nouns 131
compound past: see present perfect
compound tenses 63
  position of pronouns 67–68
conditional mood 253 (footnote)
conditions
  contrary-to-fact 251–256
  omission of **wenn** 208, 253
conjunctions
  coordinating 202
  subordinating 203–204

da(r)-compounds 55–56
daß (omitted) 207
dates 210
dative 140–146
  after certain adjectives 145
  after certain verbs 35, 145, 297
  after prepositions 141–143, 308
  indirect object 140
  plural -n 171
decimals 210
declension of nouns: see nouns
definite article: see article
definite time, expressed by accusative 126
demonstrative pronouns (see **der**-words) 116–117, 302
dependent clauses 201
dependent word order: see word order
der, die das: see article, relative pronouns
derjenige 223, 305
derselbe 223, 305
der-words 116–117, 302
dieser, inflection of 117, 302
direct object, position of 31–34, 199
discourse
  direct 264–272
  indirect 264–272
doch 18
double infinitive 66–67, 199, 205, 224
duration of time
  accusative 126–127
  seit plus dative 87
durch (instrumentality in passive) 236
dürfen 18–20, 66–67, 290–291

einander 27
ein-words 115, 303

declension 303
  used as pronouns 118, 303
emphatic reflexives 27
es gibt 102–103
es ist, es sind 102–103
extended-adjective construction 244

familiar address (**du**) 11
  in the imperative 13
fühlen (double infinitive) 224
future 52–55
  present tense with future meaning 52–53
  probability 54
future perfect 86–87, 90
  probability 86–87

ge-, omitted 69
gehen (double infinitive) 224
genitive 152–156
  adverbial use 155
  after certain adjectives and verbs 154 (note)
  after prepositions 154–155, 308
  of possession 152
  substitutes for 157
gern, comparison of 192–193
groß, comparison of 194
gut, comparison of 194

haben
  as auxiliary verb 63
  forms (summaries) 287–290
helfen (double infinitive) 224
hoch, comparison of 194
hören (double infinitive) 224

-ieren verbs 69
imperative
  conventional 7–8
  familiar 13
  third-person singular and first-person plural subjunctive 272
impersonal pronouns 105
impersonal verbs and expressions 99
  with direct object 100–101
  with indirect object 101–102
  followed by **daß** or infinitive 101
indefinite article: see article
independent clause: see main clause
indicative in indirect discourse 271
indirect discourse 264–268
  subjunctive in 264–268
  indicative in 271
indirect object, position of 38, 199
infinitive
  as noun 131

constructions 224
double 66, 199, 205, 224
of verbs with separable prefix 224
perfect 147
position of 53, 199–200
with modal auxiliaries 20, 66
with **sein** as passive substitute 240–241
with **sich lassen** as passive substitute 241
without **zu** 224
inseparable prefixes: see prefixes
interrogative adverbs 51
interrogative pronouns 51, 302
inverted word order 201
irregular verbs (strong)
summaries 292–296
principal parts 106; summaries 297–301
irregular weak verbs (mixed) 106

kein 116, 118–119
kennen 27, 106
know, three German words for 26–27
können 21, 26–27, 290–291

lassen
double infinitive 224
passive construction 241
special use 224
-lein 166 (footnote)

main clause 200–201
after dependent clause 206
man 104
as passive substitute 240
Mensch 158
modal auxiliaries
basic meanings of 18–20
double infinitive 20, 66, 199
forms (summaries) 290–291
with dependent infinitive 20, 66, 199–200
without dependent infinitive 20, 66
mögen 18–20, 66–67, 290–291
Monat 157
müssen 18–20, 66–67, 290–291

nahe, comparison of 194
nicht 40–41
nichts, was 222
nie 41
nominative 114
normal word order 200
nouns
classes of 165–171, 305–307
compound 131
ending in **-n** or **-en** in all cases but nominative 158
formed from adjectives 187

irregular 172, 307
of quantity and place 157
plural 165–171
numerals
cardinals 209, 309
ordinals 209, 309

objects, noun, order of 37, 199
objects, pronoun
direct 31–34
indirect 34–37
order of 37–39, 199
ohne . . . zu plus infinitive 224
ordinals: see numerals

participle
past 69–70, 243
present 242
passive
agent 235–236
apparent passive 237
forms 234, 294–296
impersonal with **es** 238–239
instrument 236
substitutes for 239
word order 234
past participle 63, 69–70
as noun-adjective 243
formation of 69
ge- omitted 69
in infinitive form 66
in extended-adjective construction 244
of modals 66
position of 63, 199
with verbs having separable prefix 70
past perfect 84–86, 90
past tense: see simple past
perfect infinitive 147
personal pronouns (summaries) 304
direct object 31–34
indirect object 34–37
two objects: word order 37–38
replaced by **da(r)-** and **wo(r)-**compounds 55
word order in compound tenses 67–68
plural of nouns: see nouns
possession 152
possessive adjectives: see adjectives
predicate nouns 114
predicate adjectives 181
prefixes
inseparable 9, 69
separable 9, 70, 89
prepositions
contracted with article 144
with accusative 127–129, 308
with accusative or dative 143–144, 308

with **da** and **wo** 55–56
with dative 141–142, 308
with genitive 154–155, 308
with verbs requiring idiomatic prepositions 57–58
present perfect 63–66
modals 66–67
present tense 4–7, 11–13
expressing future meaning 52–53
idiomatic 87–88
irregular 2nd and 3rd persons singular
11–12
of auxiliary verbs 12, 287
of regular verbs 4–7
with verbs having inseparable prefix 9
with verbs having separable prefix 9
principal parts of verbs (strong) 69–70,
106; summaries 297–301
pronouns: see demonstrative, impersonal,
interrogative, personal, possessive, reflexive, relative
punctuation 310

quantity, nouns of 157
questions 49–52
direct 50
indirect 51
question words 51
yes-and-no questions 50

reciprocal meaning 27–28
reflexive pronouns 23
position in compound tenses 68
reflexive verbs 22–26, 297
direct object 23–25
forms (summaries) 297
indirect object 23–25
passive substitute 241
regular verbs (summaries of all tenses)
292–296
relative clause 215
relative pronouns 215–217
agreement 217
forms 218, 302
objects of preposition 219–220
word order 217

sehen (double infinitive) 224
sein
as auxiliary verb in compound tenses 63
forms 287–290
with past participle to express state or
condition 237
with **zu** plus infinitive (passive substitute) 240
seit (with expressions of time) 87
selbst 27

separable prefixes: see prefixes
simple past
meaning and use 83–84
forms 88–90
idiomatic past 87–88
so . . . wie 189
sollen 18–20, 66–67, 290–291
sondern 202
strong adjective endings: see adjectives
strong verbs (summaries) 292–296
principal parts 297–301
subjunctive
after **als ob** 258
forms 248–251
in contrary-to-fact conditions 251–256
in expressions of politeness 272
in expressions of possibility 272
in indirect command 269
in indirect discourse 264–268, 271
in indirect questions 269
in (unfulfilled) wishes 256, 272
third-person singular and first-person
plural commands 272
subordinate word order: see word order
superlative: see comparison of adjectives
syllabication 310

time
adverbial expressions of 198
definite time 126–127
duration expressed by accusative 126–
127
habitual time with genitive 156
past action continued into present 87
telling time 209

um . . . zu plus infinitive 224

verbs: see impersonal, irregular, mixed,
reflexive, regular, strong, weak
viel, comparison of 194

wann, compared with **als, wenn** 204–205
was
as interrogative pronoun 50–51, 125,
302
as relative pronoun 221
weak adjective endings: see adjectives
weak verbs (summaries) 292–296
welcher
as interrogative adjective 117
as relative pronoun 302
wem 51
wen 51, 125
wenn
compared with **als, wann** 204
omission of 208, 253

wer
    as interrogative pronoun   51, 302
    as relative pronoun   221
werden
    as auxiliary of future   53
    as auxiliary of passive   234
    forms   287–290
wessen   51, 152
wie (comparative)   189
wissen   21, 26–27, 291
wo   129
wo-compounds   55–56
wohin   129
wollen   18–20, 66–67, 290–291
word order
    adverbs of time and place   199

    dependent clauses   63, 201, 206
    dependent infinitive   199
    double infinitive   66, 199
    interrogative   50–51
    inverted   201
    normal   200
    passive constructions   235–236
    position of infinitive   53, 199–200
    position of objects: see objects, direct
      and indirect
    position of participles   199
    relative clauses   215
    separable prefixes   9, 70, 89, 199
    summary   198–199

zu   224

GLOSSARY

Accusative: That case of a noun, adjective, or pronoun which indicates the (direct) object of certain verbs and prepositions and which is used in expressions of definite time.

Adverb: A word that modifies a verb, an adjective, or another adverb.

Antecedent: The word, phrase, or clause to which a later word refers.

Attributive Adjective: A word with certain inflectional endings that qualifies or limits a noun it normally precedes.

Auxiliary Verb: A verb which helps form tense, mood, or voice of another verb (**haben, sein, werden**).

Cardinal Number: A numeral which answers the question "How many?"

Case: The form of a noun, pronoun, or adjective which indicates its relationship to other words (nominative, genitive, dative, accusative).

Clause: A group of words containing a subject and predicate. A main (independent) clause can stand alone; a subordinate (dependent) clause can function only as part of another clause.

Comparison: The change in the form of an adjective or adverb showing degrees of quality: positive (*old*—**alt**), comparative (*older*—**älter**), superlative (*oldest*—**ältest**).

Conjugation: The inflections or changes of form in verbs showing number, person, tense, mood, voice.

Conjunction: A word used to connect words, phrases, or clauses.

Coordinating and correlative conjunctions connect expressions of equal value. Subordinating conjunctions connect a dependent clause with a main clause.

Dative: That case of a noun, adjective, or pronoun which indicates the (indirect) object of certain verbs and certain prepositions.

Declension: The change of form in nouns, pronouns, or adjectives indicating gender, number, case.

Definite Article: der, die, das.

Der-Words: Words declined like the definite article.

Ein-Words: Words declined like the indefinite article.

Finite Verb: The inflected (conjugated) verb form (other than infinitive and participles) limited as to person, number, tense.

Gender: The grammatical distinction of nouns and pronouns (masculine, feminine, neuter).

Genitive: That case of a noun or adjective which denotes possession or a close relationship between two nouns. The genitive also indicates the object of a few verbs and prepositions and is used in expressions of indefinite time.

Imperative: The mood of the verb expressing a command or directive.

Indefinite Article: ein, eine, ein.

Indicative Mood: The mood which states a fact or asks a question.

Infinitive: The form of the verb that expresses the general meaning of the verb without regard to person or number.

Interrogative: Asking a question; also a word used for that purpose.